Reinelt

Puppen und Spielzeug aus Zelluloid

Sabine Reinelt

Puppen und Spielzeug aus Zelluloid

Handbuch der deutschen Fertigung

Für Frau Arnold
mit herzlichen Grüßen
Sabine Reinelt
27. 4. 86

Weingarten

Titelabbildung:
30 cm große Puppe von Buschow & Beck mit modellierten (!) Haaren. Kopf- und Haarform gehen auf das ehemalige Hermsdorfer „Trinkbebi" zurück. Diese Puppe wurde mit Mohairperücke und Tracht als Mädchen ausstaffiert. Ein Junge ohne Perücke mit modelliertem, bemaltem Haar gehört als Pendant dazu. Unbespielter Originalzustand, Ende der zwanziger Jahre. (Kopfmarkierung Minerva Helm, Germany, No. 4)

CIP-Kurztitelaufnahme der Deutschen Bibliothek

Reinelt, Sabine:
Puppen und Spielzeug aus Zelluloid:
Handbuch d. dt. Fertigung/Sabine Reinelt. –
Weingarten: Kunstverlag, 1986.
ISBN 3-8170-1005-2

Satz: Fotosatz F. Riedmayer GmbH, Weingarten
Reproduktion: repro-team gmbh, Weingarten
Gesamtherstellung: Freiburger Graphische Betriebe, Freiburg
Printed in Germany
ISBN 3-8170-1005-2

Inhalt

Meiner Mutter gewidmet,
die – mit nur ganz leisem Murren – meine Familie vor dem Verhungern bewahrte,
während ich in Magazinkellern und hinter Aktenbergen verschwand.

Vorwort

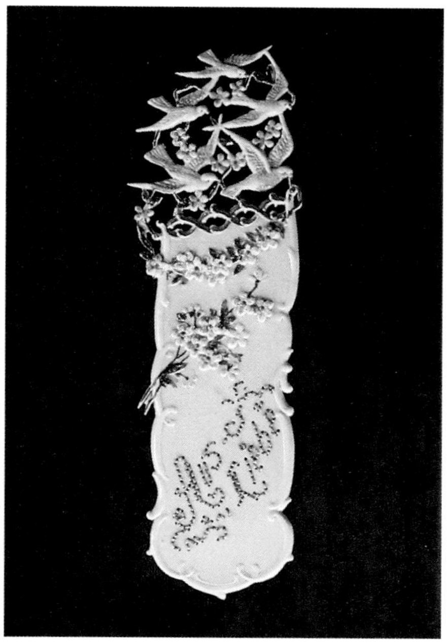

So manches entwickelt sich ganz anders als man erwartet: Da entdeckt ein Forscher vor gut 150 Jahren, als man noch Kriege mit Kugeln und Kanonen gewinnen konnte, einen Stoff, der so wunderbar explodiert: die Schießbaumwolle (Nitrozellulose). Ein halbes Jahrhundert später setzt ein anderer Mann seinen ganzen Ehrgeiz daran, das gleiche Grundmaterial für die Fertigung von Puppen und Spielzeug zu nutzen. Wer von beiden hat wohl den größeren Erfolg? Pessimisten würden sicher sein: Natürlich der mit dem „Treibmittel für Schußwaffen" – weit gefehlt: Der Mann mit dem Spielzeug macht das Rennen. Die Abteilung seiner Firma, die Spielzeug produziert, wächst und wächst, andere Firmen schließen sich diesem Produktionszweig an, Zelluloid wird einer der entscheidenden Fabrikationsstoffe für Spielwaren. 1939 ist jede zweite verkaufte Puppe eine Zelluloidpuppe.

Dieses Material mit den „unbegrenzten Möglichkeiten" – so Hyatt, der als erster die Chancen dieses Materials erkannte – macht alles mit: Jede Farbe, jede Form, alles nimmt es willig an. Es erlaubt eine außergewöhnlich phantasievolle Gestaltung. So sind die Spielwaren aus diesem Material auch besonders vielfältig und reizvoll, teilweise kurios und überraschend, manches urkomisch, anderes wieder so edel und liebenswert, daß man vergißt, daß es sich um Erzeugnisse aus einem Kunststoff handelt.

Trotzdem blieb der Siegeszug der Zelluloidspielwaren nicht unangefochten. Die außergewöhnliche Brennbarkeit des Materials führte letztendlich auch zu seiner Ächtung. Jeder Funke konnte gefährlich werden, das geliebte Puppenkind blitzschnell in Flammen aufgehen. Ende der fünfziger, Anfang der sechziger Jahre wurde Zelluloidspielzeug endgültig von anderen Kunststoffprodukten abgelöst. Nun waren die Puppen endlich ganz ungefährlich – aber waren sie auch noch so schön?

Ich jedenfalls schaue mit Wehmut zurück auf die bunte, vielfältige Welt der Zelluloidspielwaren, die reizvollen Formen, ihre Verspieltheit im wahrsten Sinne des Wortes. Nachdem ich intensiv nachgeforscht habe, welche unglaubliche Fülle geformt worden war, bin ich betroffen, wie wenig uns davon geblieben ist – und wie wenig sie bis vor kurzem geschätzt wurde. Wohl die meisten Zelluloidspielsachen landeten achtlos im Müll, eingebeult, zerquetscht, zerbrochen. Inzwischen sind wieder Sammler allerorten dabei, die kleinen und großen Zeugen der rund sechzigjährigen Zelluloidspielzeuggeschichte auszugraben, zu restaurieren und zu bewahren.

Dieses Buch gibt die erste vollständige Zusammenfassung aller deutschen Firmen, die Zelluloidspielwaren hergestellt haben. Aus Werbungen, Artikeln und Katalogen, Firmenberichten, Patent-, Warenzeichen-, Gebrauchsmuster- und Handelsregistereintragungen, sowie in Gesprächen mit ehemaligen Mitarbeitern von Zelluloidherstellern habe ich versucht, das Puzzlebild der Geschichte des Zelluloidspielzeugs wieder zusammenzusetzen, die einzelnen Produkte zeitlich und nach Herkunft zu ordnen. Bei Beginn meiner Arbeit ahnte ich weder, welche Fülle ich vorfinden würde, noch ahnte ich, welche Begeisterung – und schließlich auch Sammelleidenschaft – dieses Material in mir erwecken würde.

Vom Kamm zum Spielzeug

Die Vorgeschichte des Zelluloids und die Entwicklung der deutschen Zelluloidspielwaren-Industrie

Zelluloid ist wie vieles Wichtige auf der Welt eigentlich einem Zufall zu verdanken. Daß am Schluß besonders viel Spielzeug daraus entstehen würde, war den ersten Vorläufern des Zelluloids nicht im entferntesten anzumerken. Vielmehr schien eine ganz andere Zielrichtung für die Forscher attraktiv.
1832 entdeckte Braconnot in Nancy, daß aus Stärke, Holzfasern, Baumwolle, Leinwand und ähnlichem zusammen mit konzentrierter Salpetersäure und Wasser leicht entzündliche Stoffe entstanden, die lebhaft verbrannten.
1845/46 stellte Schönwein und gleichzeitig auch Böttger aus Baumwolle mit Salpetersäure und Schwefelsäure die Schießbaumwolle her. Diese empfahl er als Treibmittel für Schußwaffen, und so war es nicht überraschend, daß sogleich größte Aufmerksamkeit diesem Produkt zuteil wurde. Mit dieser Schießbaumwolle oder Nitrozellulose (nitrierte Baumwolle) stellte man nun Versuche aller Art an.
Dabei entdeckte Alexander Parkes etwa 1855, daß die Auflösung der Schießbaumwolle in Anilin, Nitrobenzol und Eisessig ein hornartiges, biegbares Produkt ergab. Weitere Experimente – Kollodiumwolle wurde in Holzgeist aufgelöst und mit Öl elastischer gemacht – ergaben eine ganz brauchbare Masse, die er „Parkesin" nannte und 1862 zum ersten Mal auf der Londoner Weltausstellung präsentierte. Er wurde mit einem Preis für „Quality and Excellence" geehrt, und das neue Produkt schien geeignet, Kautschuk, Guttapercha, aber auch Perlmutt oder Elfenbein zu ersetzen. Die Herstellungskosten waren allerdings noch extrem hoch, die Fabrik, die das neue Material herstellte, konnte nicht überleben. „Parkesin" verschwand sehr schnell wieder vom Markt, 1867 schloß die Fabrik von Parkes.
Die allgemeine Aufmerksamkeit war jedoch längst geweckt. Auch in Amerika experimentierte man gleichzeitig mit denselben Grundstoffen. 1861 erfand John Wesley Hyatt, ein Buchdrucker in Albany (New York) ebenfalls eine formbare Masse, deren Grundstoff die Nitrozellulose war. Eigentlich hatte Hyatt nur vor, einen Wettbewerb zu gewinnen, bei dem Billardbälle ohne Elfenbein erfunden werden sollten. Hyatt fügte zur Nitrozellulose Kampfer als Lösungsmittel. Das ganze wurde erhitzt und dann unter großem Druck gepreßt. Dadurch entstand eine Masse, die sich als recht widerstandsfähig gegen Säuren erwies. Sie war haltbar, fest und doch formbar und nicht besonders empfindlich – ideal geradezu für etwas, was Hyatt täglich in Gang setzte: die Buchdruckwalzen.
Auf die Frage, was man mit dem neuen Material sonst noch anfangen könnte, soll er meist schlicht „alles" geantwortet haben. Zusammen mit seinem Bruder Isaiah Smith Hyatt gründete er in Albany die erste „Zelluloidfabrik" – der Name leitete sich von der Zellulose ab – zur Herstellung von Billardbällen. 1869 ließ er sich seine Erfindung patentieren (amerikanisches Patent 88 634) und 1872 wurde die „Celluloid Manufacturing Company" in Newark (New Jersey) gegründet.
Ungefähr gleichzeitig fabrizierte E. E. Spiers in Birmingham ein ähnliches Produkt, das er „Xyloidin" nannte. Unter dem Namen „British Xyloid Company"

war diese Firma, die später ihren Sitz nach London verlegte, lange Zeit erfolgreich.
Noch etliche, vor allem amerikanische, Erfinder kamen bei ihren Versuchen zu ähnlichen Ergebnissen und erreichten auch teilweise Patentierungen – wirtschaftlich durchsetzen konnten sich nur die Gebrüder Hyatt, die bis 1878 eine Weltmonopolstellung durch ihr Patent inne hatten. 1876 wurde ihr Verfahren Grundlage der Arbeit der ersten Kontinentaleuropäischen Zelluloidfabrik in Stains, Frankreich. Ein typischer Besuch unter Geschäftsfreunden sorgte eines Tages dafür, daß auch Deutschland eine Probe des neuen Materials erhielt. Ein Hamburger Großindustrieller aus der Hartgummibranche veranlaßte Ende 1878, daß die Fabrik Schreiner & Sievers in Offenbach (Hartgummischmuckwaren, 1863 gegründet als erste ihrer Art in Deutschland) eine Probe des Rohzelluloids erhielt, und zwar eine Platte roten Zelluloids, eine Korallenimitation. Die Offenbacher stellten aus dieser Platte korallenartige Verzierungen auf ihre schwarzen Hartgummibroschen und Armbänder her (wegen der schwarzen Farbe Trauerschmuck genannt). Da die versandten Muster großen Anklang fanden, wurde 1879 in Offenbach die Zelluloidwarenfabrikation aufgenommen.
Auch C. Magnus & Co. und Ernst Dobler & Gebr., beide in Berlin, fertigten schon Zelluloidwaren. Es ist zu vermuten, daß auch sie zuerst aus Stains beliefert wurden, genau wie ein Jahr später eine gewisse Firma in Mannheim, die in einem zeitgenössischen Bericht (Dr. Fr. Böckmann, 1880) als „Filialbetrieb" der Zelluloidfabrik in Stains bezeichnet wird!
1880 werden für Deutschland schon eine ganze Reihe von Zelluloidwarenfabriken aufgezählt:
Magnus & Co. (Berlin, stellt Zelluloid und Zelluloidschmuckwaren u.a.m. her), Dobler und Gebr. (Berlin), A. Dietzscher (Berlin), Jedek & Co. (Berlin), C. Grunewald (Berlin), Otto Rafflendeil (Hamburg), Heelgas & Möller (Ottensen), Schreiner & Sievers (Offenbach), Kohl & Wengenroth (Offenbach), und ein Dutzend Zelluloidkammfabrikanten, unter denen – als die bedeutendste – sich die Mannheimer Firma befindet. Nur zwei von diesen Pionieren der Zelluloidfertigung wurden später weltberühmt, und zwar ausgerechnet durch Spielzeug.
Am 6.11.1878 schon hatte die Firma Magnus das Reichspatent 8273 erworben, womit sie ihre Fabrikation von Zelluloid als erste in Deutschland beschrieb und schützte:
Man bringt fünfzig Gewichtstheile Collodiumwolle in ein Gefäß aus Steingut und übergießt dieselbe mit einer Mischung von hundert Gewichtstheilen Aether von specifischem Gewicht 0.728 und 25 Gewichtstheilen Kampher. Hierauf wird das Gefäß zur Verhütung der allzu raschen Verflüchtigung des Aethers mit einer Kautschukplatte bedeckt und Letztere beschwert.
Von Zeit zu Zeit entfernt man die Platte und rührt die Mischung um. Da der Aether eine höchst leicht entzündliche, schon bei 35 Grad siedende Flüssigkeit ist, so muß natürlich die größte Vorsicht bei der Fabrikation des Celluloids nach dieser Methode beobachtet werden...
Es entsteht allmählich eine durchscheinende, gallertartige klebrige Masse. Der angewandte Aether verflüchtigt sich während des Fabrikationsprocesses zum großen Theile...
Das Roh-Celluloid wird zwischen zwei übereinanderliegende Callanderwalzen solange gewalzt, bis das Material plastische Eigenschaften zeigt. Die ausgewalzten zähen Platten werden zunächst der Luft ausgesetzt, bis dieselben einen gewissen Grad von Härte erlangt haben.
Hierauf werden die erwärmten Celluloid-Platten unter einem sehr starken Drucke gepreßt. Es geschieht dies aus dem Grunde, weil das Celluloid in seinen Eigenschaften bis zu einem gewissen Grade desto werthvoller wird, je schärfer es gepreßt wurde. Die Presseplatten sind folgendermaßen angeordnet. Zunächst kommt eine Eisenplatte, auf diese eine Zinkplatte und auf Letztere das zu pressende Celluloid. Alsdann kommt wieder eine Zinkplatte und auf diese wieder eine Eisenplatte. Natürlich kann man mehrere solcher Plattensysteme übereinander anbringen.

Zuvor hatte die Berliner Firma mit einer Lizenz der französischen Firma in Stains (die ihrerseits wieder mit einer Hyatt-Lizenz arbeitete) eine bescheidene Rohzelluloidfabrikation aufgenommen. Allerdings erwies sich das in Berlin produzierte Zelluloid vorerst als in jeder Beziehung zu teuer: Die Herstellung war sehr aufwendig und zwei Jahre später brannte die Firma nieder. Ein Arbeiter kam dabei ums Leben.

Der anfängliche Optimismus der deutschen Unternehmer schien recht gebrochen. Magnus gab nach der Katastrophe auf. Die Nachfrage nach Zelluloid, dem man jetzt mißtrauisch gegenüberstand, ging spürbar zurück. Die Gebrüder Dobler schrieben 1880 an Dr. F. Böckmann über die Zukunftsaussichten des Zelluloids:

Wir glauben daß alle guten Eigenschaften des Celluloids demselben wenig nützen werden, da eine unvernünftige Geschäftspraxis es bereits abgewirtschaftet hat und in vielen Fällen bei halbem Versuche für seine Einführung in die einzelnen Industriezweige stehen geblieben ist, so daß man es theilweise bereits als einen überwundenen Standpunkt betrachtet.

Ferner schädigten das Ansehen, welches Celluloid beim Publikum genoß, jene Zeitungsartikel, welche von concurirenden Interessenten ausgingen und die größten Naivitäten mit der ernstesten Mine hervorbrachten, am schwersten dadurch, daß sie die ersten Zeitschriften abdruckten.

Bei Fabrikanten und Händlern ist heute der Glaube, daß Celluloid überhaupt eine Zukunft haben könne, absolut gewichen. Es hätte dieser geschäftlich so schlecht behandelte und unschuldiger Weise so arg verlästerte Stoff wahrlich mehr Liebe verdient als ihm bisher geworden ist.

Schreiner & Sievers hielten zwar Zelluloid zu diesem Zeitpunkt noch für beliebt, äußerten sich aber ebenfalls skeptisch:

Es ist ja möglich, daß sich die Beliebtheit des Celluloids nicht auf seiner jetzigen Höhe erhält, namentlich, wenn man es von interessirter Seite her an Agitationen gegen dasselbe nicht fehlen läßt; keinesfalls aber wird es ganz wieder von der Oberfläche verschwinden, wie ihm hin und wieder prognosticirt worden ist, sondern es wird dauernd einen hervorragenden Platz neben Elfenbein, Schildpatt, Hartgummi etc. behaupten.

So schloß Dr. Böckmann denn seine Abhandlung über Zelluloid auch mit den Mahnungen, daß besseres und billigeres Zelluloid benötigt würde, keine schlechten Imitationen hergestellt werden sollten, die Brennbarkeit vermindert werden müsse und *vor allen Dingen Belehrung des Publikums über die Eigenschaften des Celluloids* nötig wären.

Diese Überlegungen scheint sich Friedrich Julius Bensinger, der mit Rohzelluloid aus Stains („Filialbetrieb") eine Kammfabrikation betrieb, sehr zu Herzen genommen zu haben. Er warb für viel Geld einige Arbeiter aus Stains ab, die das „know how" mitbrachten und experimentierte mutig ab Ende 1880 drauf los (bis 1878 hatten die Gebrüder Hyatt ein Monopol auf die Zelluloidherstellung). Kaum wähnte sich die Firma fast unabhängig von den Importen, da explodierte eine Trockenanlage für Nitrozellulose. Ein auf dem Dach beschäftigter Arbeiter fand dabei den Tod und Bensinger wurde die Rohzelluloidproduktion vorerst untersagt: Man fürchtete das Werk „unbekannter Kräfte".

Bensinger ließ sich nicht so leicht aus dem Konzept bringen: Er kaufte Zelluloidabfälle aus Deutschland und Frankreich zu Schleuderpreisen auf, schmolz sie mit Lösungsmitteln, preßte sie und erhielt so wieder sein begehrtes Rohzelluloid. Nebenbei konnte er noch genauestens die unterschiedlichen Zusammensetzungen studieren. So gelang ihm denn auch die Entwicklung eines Verfahrens, das die Billigung der Obrigkeit fand.

Einer der wichtigsten Schritte auf dem Weg zu einer preiswerten Zelluloidspielwarenfabrikation war 1888 die Herstellung von Zelluloidröhren („wie Maccaroni"). Ab 1889 wurde in der Offenbacher Firma Schreiner & Sievers (als erster!) das „Röhrenaufblasverfahren" angewendet. 1894 blies man zwei an den Rändern zusammengepreßte Platten auf. Das Patent hierfür war hart umkämpft, und diese Offenbacher Firma ist der Konkurrent, von dem die Mannheimer in ihrer

Firmenfestschrift berichten. Es handelt sich hier keinesfalls, wie gelegentlich behauptet wird, um Paul Hunaeus, der im übrigen ebenso wie die „Rheinische" u.a. auch die Spielwarenherstellung anstrebte.
Schreiner & Sievers gehörten von Anfang an zu den Vorreitern der Zelluloidwarenfertigung, was die „Rheinische" immer diskret verschweigt, hatten aber zum Glück für die Mannheimer tatsächlich zu diesem Zeitpunkt mit Spielwaren nichts im Sinn. So konnte man eine recht schmerzlose Einigung finden: Offenbach nutzte das neue Verfahren für alle Gegenstände außer Spielwaren und Puppen, Mannheim dagegen nur für diese.
Hier nun, Mitte der neunziger Jahre, beginnt die wechselvolle Geschichte der deutschen Zelluloidspielwarenfertigung. Die Entwicklungen der einzelnen Firmen werden in den jeweiligen Kapiteln kurz beschrieben. Allen Firmen jedoch sind bestimmte Grundzüge der Geschichte gemeinsam: Hervorstechendstes Merkmal dieser speziellen Branche war es, daß das Auf und Ab in extremen Kurven verlief. Die ersten Jahre waren sehr mühevoll – das Produkt wurde wegen des hohen Preises und der Verdächtigungen, die eine „neidische Konkurrenz" schürte, zuerst nur zögernd angenommen. Nach der Jahrhundertwende entstand jedoch eine florierende und expandierende Fertigung, gab es Firmengründungen, Programmausweitungen und neue Erfindungen – Zelluloidspielwaren schienen die zukunftsträchtige Investition. Die deutsche Zelluloidspielwarenindustrie wurde die stärkste der Welt (so Dr. Leiniger von der „Rheinischen" 1930).
Durch ihren Anteil an Schießbaumwolle aber war die Industrie höchst „kriegsanfällig" – die Rohmaterialien wurden in Kriegszeiten teuer bis unerreichbar, die Betriebe mußten teilweise Kriegsgüter fertigen. Anfang der zwanziger Jahre setzte eine zuerst allmähliche, dann gekräftigte Erholung ein, wurde aber schon im gleichen Jahrzehnt wieder spürbar gestoppt durch die inzwischen stark gewordenen Auslandsprodukte. Besonders die Japaner machten mit ihren niedrigen Preisen der anspruchsvollen deutschen Fabrikation das Leben schwer. Gegen Ende der zwanziger Jahre ging etlichen Firmen die Puste aus: Die Hermsdorfer Zelluloidwaren verschwanden (1927), Kohl & Wengenroth wurde von Hunaeus übernommen (1927), die „Rheinische" wurde von der IG Farben unter die Fittiche genommen (1929), die dann (1930) auch die Firma Dr. Paul Hunaeus zur „Gesundschrumpfung" übernahm und deren Spielwarenproduktion einstellte. Von Karl Standfuß hörte man ab 1931 nichts mehr (vermutlich von der Deutschen Zelluloidwarenfabrik Eilenburg übernommen) und andere – wie Reich, Goldmann & Co. z. B. – stellten die Produktion von Spielwaren ein. Die Gebrüder Wolff und auch „Wacker" fabrizierten nur noch ein ganz bescheidenes Sortiment. Nachdrücklich forderten die Vertreter der Zelluloidspielwarenindustrie bei einem „Hearing" der Spielwarenindustrie spezielle Schutzzölle für Zelluloid. 1930 wurden die Eingangszölle für dieses Produkt erhöht, d. h. sie erhielten eine andere Zollnummer und wurden nicht mehr nach Gewicht verzollt. Dadurch verteuerte sich die Einfuhr der japanischen Konkurrenz. Drei größere Produktionsbetriebe konnten sich in die dreißiger Jahre retten und auch wieder wachsen. Die „Rheinische" (mit mehreren kleineren Fischen im Bauch), Buschow & Beck und Schöberl & Becker. Einige mittlere Betriebe wie Bruno Schmidt, August Haidorfer, Kämmer & Reinhardt und kleinere Betriebe wie Gebrüder Wolff, Bayerische Celluloidwarenfabrik Wacker und Paul Müller z. B., überlebten ebenfalls und konnten sogar teilweise bis in die sechziger Jahre hinein Puppen fabrizieren.
Die Firmenpolitik der „Rheinischen", die ohne Zweifel den größten Weltruf erlangte (obwohl ihr Minerva in Bezug auf Qualität und Quantität der Modelle dichter als eingestanden auf den Fersen folgte), war stark geprägt von dem Vorbild der Zelluloiderfinder und Produzenten Hyatt. Den schlauen Schachzug, sich fast ein Jahrzehnt das Monopol für die Zelluloidfertigung und damit für diese Zeit hohe Preise zu sichern, versuchten die Mannheimer in Deutschland zu wiederholen. Nach den Firmenveröffentlichungen und den Berichten der Spielwarenzeitschriften (auf Informationen der „Rheinischen" basierend) schien

dieses Vorhaben auch geglückt zu sein, und es entstand der Eindruck, als gäbe es keine anderen Zelluloidgötter neben denen mit der Schildkröte. Die Forschung heute hat es schwer, ein von „Rheinischer" Propaganda gesäubertes korrektes Bild zu erarbeiten. Tatsächlich war es weder so, daß aller Ursprung der Fertigung oder Herstellung von Mannheim ausging („...als Erster in Deutschland", siehe Firmengeschichte), noch, daß die anderen Zelluloidwarenfabrikanten von der „Rheinischen" abhängig gewesen wären. Einzig bei Koenig & Wernicke und Kestner blieb eine enge Produktionsgemeinschaft auf Dauer erhalten. Selbst Kämmer & Reinhardt lösten sich, und die anderen Firmen waren nie abhängig. Eine Ausnahme bildet Buschow & Beck, an denen ein Exempel statuiert werden sollte, das aber mißlang. Nach vorübergehenden Schwierigkeiten erstarkte diese Firma so ausreichend, daß sie weit weniger krisenanfällig war als die Mannheimer. Unter anderem war der Grund des Überlebens der Firma mit dem Helm sicherlich die richtige Mischung zwischen einem vielfältigen, nie aber überdimensionalen Programm und einem hohen, aber keineswegs extremen Qualitätsanspruch.Mehrere andere Firmen – beispielhaft sind hier die Gebrüder Wolff und teilweise auch Dr. Paul Hunaeus (der auch ein billiges Sonderprogramm, möglicherweise ungezeichnet, entwickelte) – hatten zuerst ein sehr anspruchsvolles Fertigungsideal, das sie dann, um zu überleben, einschränken mußten.
Bruno Schmidt dagegen bestand mit einem kleinen feinen Programm recht unangefochten bis in die siebziger Jahre. Noch heute sagen alte Walthershausener: „Die Herzpuppen waren die Schönsten". Umwerfende Änderungen fanden in ihrem Programm kaum statt und eine Mutter konnte für ihr Kind noch fast die gleiche Puppe kaufen, die sie selbst schon als Kind bekommen hatte.
Die „Rheinische" dagegen entwickelte immer wieder anspruchsvolle, größer und größer werdende Programme, bis mit absoluter Regelmäßigkeit der Zwang zur Entschlackungskur kam und ein „gestrafftes Sortiment" unumgänglich war. 1930 erklärte die Firma, daß die Kapazität nur mit 40 bis 50% ausgenutzt sei. Massenentlassungen waren unvermeidbar. Andere Firmen hingegen hatten auch in guten Zeiten nicht zu stark expandiert. 1930 wird die Zahl der Zelluloidspielwarenhersteller von Dr. Leininger („Schildkröt") auf rund dreißig geschätzt. Nach 1945 existieren nur noch etwa zehn, vier davon nur noch einige Jahre.

Die Thüringer Firmen Bruno Schmidt und Kämmer & Reinhardt wurden Bestandteil des VEB „Biggi", Cellba, Babenhausen wurde von Mattel (USA) aufgekauft. Buschow & Beck und die Schwäbische Zelluloidwarenfabrik beendeten die Produktion mit Beginn der neuen Kunststoffzeit und die traditionsreiche Schildkröte wurde mehrfach adoptiert – ob sie jetzt, da das Bewußtsein für den Reiz alter Zelluloidpuppen wächst, noch einmal in ihren Repliken auferstehen kann, wird letztendlich davon abhängen, wie gut die Neuauflagen sind und wie groß die Sehnsucht nach den „guten alten Schildkrötkindern" ist.

Dieser Artikel in der „Deutschen Spielwarenzeitung" vom August 1926 gibt beredtes Zeugnis von den Sorgen, mit denen die deutsche Zelluloidspielwarenindustrie ab Mitte der zwanziger Jahre zu kämpfen hatte und ihren Versuchen zu überleben. Die Probleme wurden später noch härter, und die 1930 erhöhten Eingangszölle für Zelluloid retteten viele Firmen nicht mehr – sie mußten aufgeben.

Japanische Zelluloid-Spielwaren.

„Spielwarenindustrie und Schutzzoll" überschrieb sich ein Artikel in der Nr. 26/27 der „Deutschen Spielwaren-Zeitung", der die gefährlichen Folgen jener unsinnigen Zolltarifierung bei der Einfuhr von fremden Zelluloidspielwaren nach Deutschland aufzeigte. Kommt ein der deutschen Spielwarenindustrie Fernstehender nicht zu der Ansicht, daß wir keine einheimische Industrie zu schützen haben, wenn er hört, daß die Zelluloidspielwaren bei der Einfuhr in Deutschland mit dem Zoll für gewöhnliche Spielwaren belegt werden, mit anderen Worten, daß der Zoll in anbetracht des leichten Gewichtes von Zelluloid gleich null ist? Immer und immer wieder hat die Zelluloidwaren-Industrie bei den maßgebenden Stellen auf die Sinnwidrigkeit dieser Verzollung und die damit verbundenen Gefahren hingewiesen, ohne daß dieser dringende Ruf irgendwelches Gehör gefunden hätte. In fast allen übrigen Ländern werden Zelluloid-Spielwaren als „Zelluloid" verzollt und auf die deutsche Ware kommt damit in vielen Fällen ein Zoll, der das Geschäft geradezu unmöglich macht.

Wenn die gehegten Befürchtungen bis vor kurzer Zeit nicht in so schwerwiegendem Ausmaße eingetreten sind, so lag dies glücklicherweise an der Tatsache, daß die deutschen Kunden die Qualität des einheimischen Fabrikats wohl zu schätzen wußten und durch die Bevorzugung der deutschen Qualitätsware jener unglücklichen Zolltarifierung die Spitze brachen. Daß aber die zunehmende Arbeitslosigkeit, die Verarmung des Volkes und die damit zwangläufig in Verbindung stehende verminderte Kaufkraft, die Preisfrage mehr und mehr auf Kosten der Qualität in den Vordergrund rücken und damit die Gefahr der Einfuhr ausländischer Zelluloidspielwaren heraufbeschwören würde, war für den der Lage nicht ganz verständnislos gegenüberstehenden vollkommen klar. Dem Umstand dieser Tarifierung ist es in erster Linie zu „danken", daß für die deutsche Zelluloid-Spielwaren-Industrie das Kapitel „japanische Zelluloid-Spielwaren" in letzter Zeit nicht nur für den Export, sondern auch im Inland von einer recht traurigen Aktualität geworden ist. Die Kurzsichtigkeit dieser Zoll-Politik hat es begünstigt, daß die Einfuhr japanischer Schundware seit den letzten Monaten möglich war und auf ihr Konto geht es, wenn heute gutes deutsches Geld ins Ausland wandert und die deutsche Industrie in ihrem Absatz starke Einbuße erleidet, deren Folgen weitere Einschränkung der Betriebe und zunehmende Arbeitslosigkeit sind.

Nur die stark verminderte Kaufkraft macht es einigermaßen entschuldbar, wenn eine derartige Ware, die mit Qualität nur wenig mehr zu tun hat, Eingang finden konnte in einem Lande, das den Begriff „Qualität" in alle Länder trug, ja, ihn dort vielfach erst bildete.

Ist es zu verwundern, daß die einheimische Industrie, von den maßgebenden Stellen so wenig unterstützt, zur Selbsthilfe greift und diesem Eindringen fremder Waren zu begegnen sucht? Gewiß ist es, ein zweischneidiges Schwert, die fremde Schundware mit ihren eigenen Waffen zu schlagen. Wenn aber die Celluloidwaren-Fabrik Dr. P. Hunaeus, Hannover-Linden, die seit ihrem mehr als 35jährigem Bestehen den Begriff „Qualität" mit ihrem Fabrikat auf das engste verknüpft hat, diesen Versuch wagte, und damit von ihrem Grundsatz abging, so darf man überzeugt sein, daß dieser Entschluß von der bitteren Notwendigkeit diktiert war, dem Eindringen der japanischen Ware erfolgreich entgegenzutreten.

Wenngleich der japanischen Industrie durch das Kampfer-Monopol und eine hohe Export-Prämie ein kräftiger Auftrieb zur Ausfuhr gegeben worden war man beachte dagegen die verhägnisvolle Untätigkeit in deutschen Zollpolitik — wenngleich weiter die niedrigen japanischen Löhne die Herstellungskosten jener Ware außerordentlich begünstigten, ist es der Celluloidwaren-Fabrik Dr. P. Hunaeus, Hannover-Linden, gelungen, trotz der schwierigen Lage der deutschen Industrie, der höheren Materialpreise, der höheren Löhne, neuerdings eine Serie von Schwimmtieren herauszubringen, die nicht teurer sind als die japanische Ware.

In der Ausführung ist diese Ware immer noch besser als die japanische, wenn sie auch mit dem bisherigen deutschen Qualitätsfabrikat nicht im entferntesten auf die gleiche Stufe gestellt werden kann. Die Firma hat auch gar nicht die Absicht, die Ware allgemein in Deutschland an Stelle ihres Qualitätsfabrikates einzuführen, sondern sie möchte nur demjenigen Teil der Kundschaft, der glaubt, nun einmal nicht ohne minderwertige Ware auskommen zu können, zeigen, daß er derartiges Zeug auch bei deutschen Fabriken erhalten kann, so daß kein Grund mehr besteht, für minderwertige Ware gutes deutsches Geld ins Ausland zu geben. Natürlich können hierfür nur Grossisten in Frage kommen, die den Absatz an den anspruchlosesten Teil der Konsumenten vermitteln, nicht aber solche, die mit Spielwaren-Spezialgeschäften arbeiten, die Wert auf Qualität legen.

Man muß es tief bedauern, daß infolge des mangelnden Zollschutzes heute eine Firma, die den Grundsatz der Qualität seit über drei Jahrzehnten hochgehalten hat, sich veranlaßt sehen mußte, der Not der Zeit gehorchend, neben ihrem Qualitätsfabrikat eine minderwertige Ware einzuführen. Und trotzdem muß man es der Industrie zu Dank **wissen, wenn sie unter Verzicht ihres bisherigen Grundsatzes über ihre engeren Grenzen hinaus im Interesse der deutschen Wirtschaft unter denkbar ungünstigen Verhältnissen gegen einen wirtschaftlich begünstigteren Gegner erfolgreich zu kämpfen versteht.**

Man kann dabei nur wünschen, daß dieser Schritt eine hoffentlich nur recht kurze Kampfmaßnahme sein möge, um nach Beseitigung dieser Einfuhrgefahr sich von der Herstellung minderwertiger Ware wieder abzuwenden zum ausschließlichen Qualitätserzeugnis.

Was ist Zelluloid, und wie wird eine Puppe daraus?

Der älteste thermoplastische Kunststoff ist ein Umwandlungsprodukt von Naturstoffen. Die Grundbestandteile von Zelluloid sind Kampfer und Schießbaumwolle – oder Kollodiumwolle, was durchaus nicht das gleiche ist. Kollodiumwolle ist in einer Mischung von Äther und Alkohol lösbar, Schießbaumwolle ist in höherem Grade nitriert als Kollodiumwolle, sie ist unlöslich in Wasser, Alkohol, Äther, Chloroform, Essigsäure, unverdünnten Säuren und Alkalien, sie löst sich in Azeton und Methylalkohol. Der Stickstoffgehalt von Kollodiumwolle ist geringer (nicht über 12,6%) als der der Schießbaumwolle. Hagedorn in Osnabrück arbeitete beispielsweise bei seiner Zelluloidherstellung mit Kollodiumwolle.
Kollodium- und Schießbaumwolle entstehen aus zellulosehaltigen Stoffen (Papier, Baumwolle, Leinen, Hanf, bestimmten Holzsorten), die gemahlen, zerrieben oder zerrissen werden und dann mit einem Gemenge von Schwefelsäure und Salpetersäure in Behältern verrührt werden. Die Gebrüder Hyatt und auch die „Rheinische" benutzten dünnes, zerfetztes Seidenpapier, das leicht von den Säuren durchtränkt werden konnte. Wie ein Kuchenteig wird dieses Gemisch auf etwa 30 Grad angewärmt und durchgeknetet. Die überschüssige Säure wird in einer Zentrifuge ausgeschieden. Das fertige Produkt ist die Nitrozellulose. Dieses – in früheren Zeiten etwas angsterregende – Gemisch explodiert auf Schlag. Auch bei rascher Erhitzung kann es explodieren – normalerweise aber beginnt es sich erst ab 130 Grad zu zersetzen.
Magnus in Berlin stellte sein Zelluloid mit Kollodiumwolle her, Stains in Frankreich arbeitete wie erwähnt mit Schießbaumwolle. Beide werden auf die gleiche Weise weiterverarbeitet. Die Masse wird mit alkoholgelöstem Kampfer (auf warmem oder kaltem Weg nach verschiedenen Fertigungsweisen) durch Kneten oder Walzen vermengt. Das sich bildende Gemisch ist das Zelluloid, das gegebenenfalls schon in diesem Stadium gefärbt wird. Der für die Rohzelluloidproduktion benötigte Kampfer wurde aus dem Kampferlorbeerbaum gewonnen, anfangs vor allem aus Japan und Formosa eingeführt. Nachdem die Japaner um 1900 den Kampferhandel monopolisiert hatten und hohe Preise diktierten, machten sich die Chemiker an die Entwicklung synthetischen Kampfers. Als dieser zur Zufriedenheit ausfiel und mehrere Kampferfabriken entstanden waren, senkten die Japaner den Preis des Naturkampfers so weit, daß die Produktion des synthetischen Kampfers sich kaum noch lohnte. Etliche Hersteller mußten schließen. Prompt stolperte auch die „Rheinische" später unter anderem über ihre eigene Kampferfabrikation.
Während des Knetprozesses verflüchtigt sich der Alkohol, der nur als Lösungsmittel dient, weitgehend. Die Zelluloidmasse wird dann zu Platten gewalzt, diese werden übereinander geschichtet und unter hohem Druck und Hitze zu einem homogenen Block verschmolzen. Daß Druck und Wärme bei dieser Masse genügen, eine feste Verbindung herzustellen, wird später sowohl bei der Herstellung als auch der Reparatur von Puppen von großer Bedeutung.
Von diesen gepreßten Blöcken werden Platten in beliebiger Stärke abgehobelt, die anschließend noch völlig austrocknen müssen. Röhren aus Zelluloid werden mit großen Schneckenpressen gezogen. Vereinfacht beschrieben ähneln diese einem großen Fleischwolf, durch den erwärmtes – also plastisches – Zelluloid

durchgedreht wird und in Form eines beliebig langen und dicken Schlauches herauskommt. Auch diese Röhren müssen noch austrocknen. Spielwaren wurden aus beiden Formen von Rohzelluloid hergestellt. Die ersten Puppen wurden aus Platten gepreßt, dann folgte das umkämpfte Röhrenaufblasverfahren, danach das Aufblasen zweier verklebter Plattenteile, dann das Gußverfahren und auch Mischfertigungen. Zum Beispiel formten Kohl & Wengenroth Platten vor, stanzten sie dem Umriß nach grob aus, verklebten sie und wandten dann das Aufblasverfahren an.
Nachdem die Experimentierphase vorbei war und sich ein perfektioniertes System entwickelt hatte, war das übliche Verfahren etwa folgendermaßen: Platten wurden für Glieder verwendet, Röhren für Köpfe und Körper. Die Platten erweichte man zuerst in heißem Wasser, bis sie etwa die Beschaffenheit dicker nasser Wollappen hatten. Dann wurden zwei Platten übereinander in die erwärmte Form gelegt, diese geschlossen und zwischen die Platten Dampf geblasen (es gab Verfahren mit trockenem und feuchtem Dampf). Die heiße Form von außen und der Dampf von innen bewirkten, daß sich das Zelluloid geschmeidig und weich in die einzelnen feinsten Konturen der Form anschmiegte. Durch mehrfaches kurzes Öffnen und Zuschlagen der Form wurden die Platten an den Trennflächen fest miteinander verschweißt. Dieser sogenannte „Blasling" wurde nun auf die gleiche Weise wie zuvor mit Hitze mit Kälte behandelt, so daß das Zelluloid in der Form erhärtete. Die Blaslinge hingen bei der Entnahme mit dünnen Häutchen in Pressrahmen, wurden ausgebrochen und versäubert. Die Nähte wurden mit einem (heißen) Schaber von Hand oder mit rotierenden Scheiben verschliffen.
In den Anfangsjahren der Zelluloidspielwarenfabrikation wurde die maschinelle Fertigung durch Heimarbeit ergänzt. 1904 gab es schon über einhundert Heimarbeiterinnen bei der „Rheinischen", teils Schwangere oder Rekonvaleszentinnen, die genau wie die Fabrikarbeiterinnen bezahlt wurden. Sie entfernten Formnähte, setzten Glasaugen ein, schnitten die Zähne aus Streifen und setzten sie ein, bemalten Puppenköpfe, zogen die Puppen auf und verschönerten sie mit Perücken. In späteren Jahren wurden auch diese Fertigungsteile in der Fabrik – am Fließband – durchgeführt. Einzelne besonders ideenreiche Fabrikationsvarianten und die Beschreibungen besonderer Oberflächenbehandlungen finden sich bei den jeweiligen Herstellern und ihren Patentbeschreibungen.

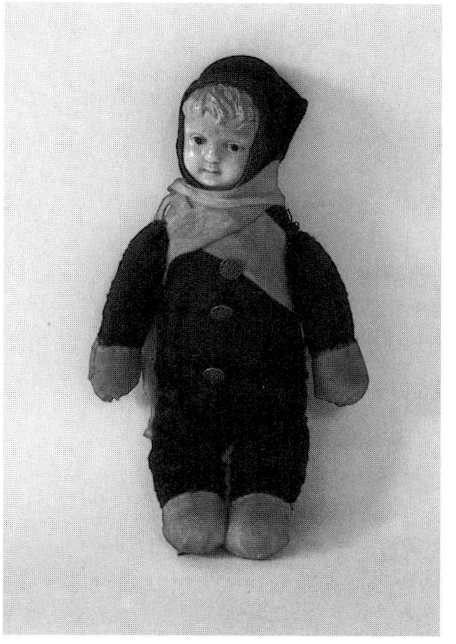

Kleines Püppchen aus den Anfangsjahren der Zelluloidspielwarenherstellung: Eine Gesichtsmaske und ein „teddyähnlicher" Körper mit Kopfhinterteil ergeben ein preiswertes Püppchen.

Dicht nebeneinander angeordnet sind die Kopf- und Gliederteile auf der Metallform, in die das Zelluloid geblasen wird. Auf diese Weise entsteht nur wenig Materialabfall (Foto: Peter Rauls).

„Zelluloidkosmetik"

Das nahezu farblose Zelluloid kann mit Zusätzen schon bei der Produktion in jeden beliebigen Farbton eingefärbt werden. Auf diese Weise entsteht ein völlig durchgefärbtes Material. Während 1880 von zwei Farben (rot als Korallenimitation und braun für Schildpattnachahmungen) in Europa (in Amerika gab es schon weit mehr Farben) die Rede war, berichtete Ertel 1908 davon, daß „jede große Rohzelluloidfabrik zweihundert bis dreihundert Farbmuster aufzuweisen vermag". Fertige Zelluloidgegenstände können bemalt werden, indem entweder die Farbstoffe mit Alkohol oder anderen mehr oder wenig tief eindringenden Lösungsmitteln versetzt und aufgetragen werden oder indem man das Zelluloid aufrauht, die Farbe wie Schminke mit dem Pinsel „aufpudert" und dann den ganzen Gegenstand mit einem Firniß überzieht. Kämmer & Reinhardt entwikkelten etwa 1902 diese Methode. Gefärbt wurde mit Karmin und Zinnober, was den eher dunklen Teint der Zelluloidköpfe von Kämmer & Reinhardt (Köpfe in Mannheim geformt) dieser Zeit erklärt. Besonders stolz war die Firma auf den Mattlack, mit dem sie die Puppen ab 1912 anschließend überzog: Er würde den fettigen Glanz des Zelluloid beseitigen, einen matten Fleischton erzeugen, die Farbe unabwaschbar machen und die Köpfe vor dem Vergilben schützen. Die beiden letzten Behauptungen stimmen allerdings keineswegs uneingeschränkt, man darf solche Köpfe nur äußerst behutsam reinigen, sonst wäscht man die Farbe mit ab. Und der „Gilb" setzte ihnen genauso zu wie den anderen Zelluloidköpfen.
1903 ließ Kestner ein Verfahren zum Einfärben mittels wachslackierter Unterfläche patentieren (s. Kestner S. 119) und 1906 schminkten Kley & Hahn ihre Puppen ebenfalls patentgeschützt mit einer mit Klebemitteln vermengten Farbe (s. Kley & Hahn S. 122). Die „Miblu" und „Cellowachs" und „Natura" Ober- bzw. Unterflächenbehandlungen werden genauer in den Firmenkapiteln dargestellt.
Ende der dreißiger Jahre konnte ein ganz matter Farbauftrag aufgespritzt werden, denn inzwischen war für die Automobilindustrie das Nitrospritzverfahren erfunden worden und wurde – seit Ende der Zwanziger Jahre – auch für die Puppenherstellung genutzt (auch Porzellanköpfe werden in dieser Zeit „gespritzt").
Meist wurde einfach hautfarben oder schwarz durchgefärbtes Zelluloid verwendet, das durch Polieren oder Mattieren seinen letzten Schliff erhielt. Das Polieren geschah durch „Schwappeln" mit rotierenden nesselbezogenen Polierscheiben. Als Schleifmittel diente Bimsstein mit Wasser, Bimssteinpulver, Schleiföl oder Schmierseife. Oder man verwendete einen mit Leder überzogenen Holzzylinder und eine Paste aus Bimssteinpulver und Öl oder feinpulverisierter Kohle. Kleine und billige Zelluloidartikel wurden in rotierenden Trommeln poliert, in denen sich Späne oder Juteabfälle befanden.

Die Eigenschaften des Zelluloids und seiner Nachfolger

Rohzelluloid ist farblos bis leicht „blond", durchsichtig, je nach Stärke der Platte elastisch, fest und nur bei dünnwandiger Verarbeitung zerbrechlich. Bei starker Erwärmung (ca. 140 Grad Celsius) verliert das Zelluloid seine Durchsichtigkeit. Es riecht und schmeckt schwach nach Kampfer, ist unlöslich im Wasser, kann allerdings etwas Wasser aufnehmen, „aufquellen". Konzentrierte Salpetersäure, Schwefelsäure und Aceton lösen Zelluloid auf. Das wichtigste Lösemittel ist Äthylazetat („Essigäther"). Darin über Nacht gelöstes Zelluloid wird zu einer Paste, mit der man gut Reparaturen ausführen kann.
Bei normaler Zimmertemperatur ist Zelluloid elastisch, aber fest. Ab etwa 75° C beginnt es, plastisch zu werden, nimmt aber bei Abkühlung (sofern nicht in eine andere Form gepreßt) wieder seine ursprüngliche Gestalt an. Es darf weder hinter Fensterscheiben, die die Wärme des Sonnenlichts erhöhen, noch auf Öfen oder Heizungen gelagert werden. Auch die Nähe moderner Strahler muß

vermieden werden. Druckstellen oder andere Verformungen, die in einer solchen Situation entstehen, sind außerordentlich schwer rückgängig zu machen. Bei Temperaturen unter 0° C wird es spröde, was jedoch bei normalen Temperaturen wieder vergeht, so daß keine anhaltenden Schädigungen zu befürchten sind. Die physikalischen und chemischen Eigenschaften werden weder durch Kälte noch durch mäßige Erwärmung verändert. Bei Temperaturen über 120° C jedoch beginnt sich das Material allmählich zu zersetzen. Bei 200° C und darunter bei gewissen Bedingungen – z. B. mangelhafter Wärmeabführung – entzündet es sich von selbst.

Zelluloid ist ein schlechter Wärmeleiter und wird durch Reibung nicht elektrisch aufgeladen. Es ist nicht ganz lichtbeständig, und je nach Intensität der Strahlung zeigt sich im Laufe der Zeit eine gewisse Vergilbung. Die Puppenhersteller haben durch alle möglichen Firnisüberzüge und Einfärbungen diese Entwicklung gelegentlich unterbinden wollen. Häufig haben sie aber auch den natürlichen Eigenschaften des Materials keinen Zwang angetan, und man findet viele „altersvergilbte Köpfe".

Der größte Nachteil dieses Rohstoffs liegt in seiner Entflammbarkeit. Zwar kann es nur durch direkten Kontakt mit Feuer oder einer außergewöhnlichen Erwärmung entzündet werden, aber gerade die zahlreichen Brände in Fabriken haben die auf diesem Punkt gerichteten Bedenken gegen den Rohstoff sehr vergrößert. Wenn Zelluloid Feuer gefangen hat, brennt es außerordentlich schnell (fünf Mal rascher als Papier) und intensiv. Es brennt mit einer heftigen gelben bis rußigen Stichflamme und die Dämpfe riechen nach Kampfer. Die Schnelligkeit und Heftigkeit von Bränden, bei dem Zelluloid beteiligt war, führten auch dazu, daß mehrmals ganze Firmen oder Firmenteile abbrannten, ohne gelöscht werden zu können. Explosionen entstanden dabei nur, wenn Zelluloidstaub vorhanden war.

Obwohl aufgrund der ersten – hauptsächlich durch Leichtsinn entstandenen – Brände die Feuergefährlichkeit des Materials stark übertrieben gesehen wurde, waren natürlich die Firmen unermüdlich damit beschäftigt, schwer entzündliches Zelluloid zu entwickeln.

Die Rheinische Gummi- und Celluloidfabrik in Mannheim ersetzte den Kampfer im Zelluloid durch verschiedene organische Säureester der Zuckerarten wie Glykose, Lävulose und Sacharose (DRP Nr. 140263; 1902), welche die Nitrozellulose ebenso vollständig wie Kampfer lösen, das erhaltene Produkt brennt schwerer als gewöhnliches Kampferzelluloid.

Mindestens sechzehn verschiedene Zusätze beziehungsweise Ersatzmittel testete die Firma auf der Suche nach feuerungefährlichem Zelluloid. In der Patentschrift Nummer 140480 (1902) läßt sie sich Kampferersatzstoffe schützen, die ein fast geruchloses Zelluloid liefern, nicht färben, sowie seine Transparenz nicht zerstören.

Etliche dieser Lösungsversuche hatten jedoch den Nachteil, daß die Qualität des auf diese Weise geschaffenen Produkts geringer war. Völlig unbrennbar konnte man Zelluloid dadurch auch nicht machen, sondern nur die Entflammbarkeit erschweren. Erst ab 1952/53 wurde ein unbrennbares Material in größeren Mengen produziert – die Herstellung dieses Acetatzelloids war allerdings schon um 1910 bekannt.

1899 wurde es zum ersten Mal hergestellt, seine technische Verwendbarkeit aber nicht erkannt. Auch Acetylzelloid (Zelluloseacetat) ist ein thermoplastischer Kunststoff, hat aber den Vorteil, daß er nicht heftig entflammt werden kann, sondern beim Brennen zusammenschmilzt und schnell wieder erlischt. Zelluloseacetat kam 1953 unter den Namen „Nonflamm", „Tortulon" und „Cellit" in den Handel. Wegen der Feuergefährlichkeit hatten seit der Erfindung des Zelluloids die Forscher sich immer wieder mit der Acetylierung des Zelluloids befaßt, und es entstanden schon im ersten Jahrzehnt unseres Jahrhunderts brauchbare Verfahren. Da die meisten ihre „Spezialmixturen" geheim hielten und auch bei weitem nicht jedes Verfahren durch Patentierung einsehbar wurde, kann man heute schwer beurteilen, wer genau diesen Kunststoff verwendete. Zum Beispiel

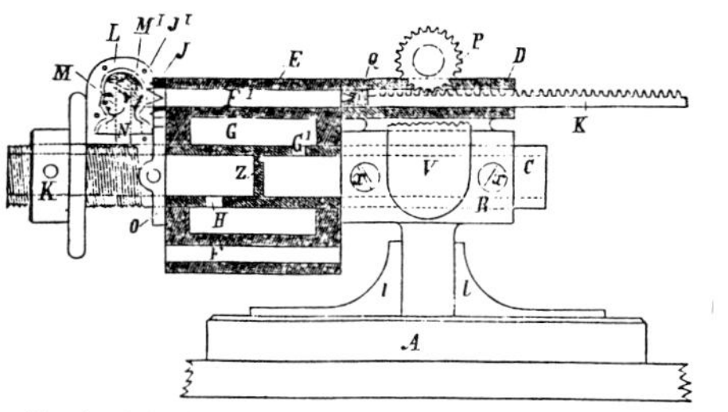

Revolverspritze für Zelluloidhohlkörper von Rud. Stübling.

Celtid

Nr. 71564. R. 5826/21. **Rheinische Gummi- & Celluloid-Fabrik,** Mannheim-Neckarau. Anmeldung vom 11. 3. 1904. Eintragung am 24. 8. 1904.

Geschäftsbetrieb: Gummi- und Zelluloid-Fabrik.

Waren: Zelluloidersatz und daraus hergestellte Artikel, nämlich: Rohmaterial in der Form von Platten, Stäben und Röhren in allen Farben; Kämme; Bürsten; Bürstenhänger; Etuis für Zigarren, Zigaretten, Brillen, Ringe, Uhren, Broschen, Armringe, Nadeln, Münzen, Ohrringe, Kämme, Bürsten, Scheren, Nagelfeilen, Spiegel, Zahnstocher, Ohrlöffel, Briefmarken, Billets, Notizen, Hutpinsel, Nackenpinsel; Dosen; Photographenschalen; Pinzetten; Würfel; Dominosteine; Schachfiguren; Figuren; Puppen, Puppenköpfe, Puppenbestandteile; Spielwaren: Tiere, Soldaten, Bälle, Rasseln, Fangbecher; Blumen; Akkumulatorenkasten; Akkumulatorengabeln; Akkumulatorenseparatoren; Wäsche (Kragen, Manschetten, Vorhemden, Halsstreifen, Krawatten); Hemdenknöpfe; Knöpfe; Einbanddecken für Bücher, Albums, Landkarten; Armringe; Armreife; Halsketten; Fingerringe; Ohrringe; Broschen; Zwicker- und Brillen-Fassungen; Zahnstocher; Ohrlöffel; Messergriffe; Rasiermesserschalen; Salatbestecke; Pfeifenspitzen; Zigarren- und Zigaretten-Spitzen; Haarschmuck; Seitenkämme, Aufsteckkämme, Nadeln, Pfeile, Haarspangenklammern; Bilderrahmen; Federhalter; Halter für Bleistifte und Griffel; Handschuhdehner; Kammreiniger.

Schon 1904 ließ sich die „Rheinische" „Celtid" als Namen für Zelluloidersatz schützen und fertigte daraus auch Puppen und Spielwaren. Interessant ist der lange Warenkatalog, der den Zelluloidwarenaufzählungen entspricht. In Amerika (Marshall Field Katalog von 1914) wird „Celtid" als „gleichwertig in jeder Beziehung mit Zelluloid" bezeichnet, und die Köpfe der „Rheinischen" werden fast durchweg als „Celtid-Köpfe" angeboten. Bei den Geschmacksmustereintragungen werden jedoch nur bestimmte Köpfe und Figuren ausdrücklich als „Celtid"-Produkte aufgeführt, z.B. der bekannte Jünglingskopf.

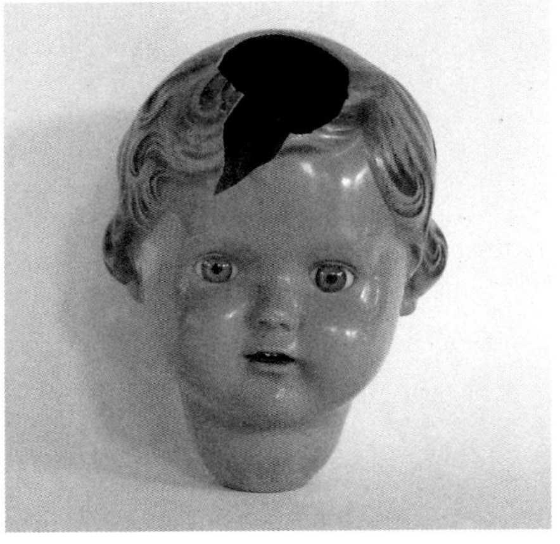

Wenn Zelluloid zerbricht, entstehen häufig gefährliche spitze, scharfkantige Bruchränder.

scheint es sich bei der Erfindung von Hugo Braun, die dann Grundlage für die „Cellolubrin"-Fertigung von Franz Schmidt wurde, um solch ein Zelluloseacetat gehandelt zu haben. Jedenfalls wurde die Fabrikation von Acetylzelloid ab 1910 von mehreren deutschen und französischen Firmen aufgenommen. Während jedoch in Frankreich das neue Produkt sich schon in den dreißiger Jahren durchsetzt, behauptete sich in Deutschland zunächst Zelluloid erfolgreich, denn immerhin war Acetylzelloid teurer, wasserempfindlicher und schwerer zu verarbeiten als Zelluloid.

Zwar gab es in den fünfziger Jahren noch kein Verbot von Zelluloid für Spielwaren, aber es erfuhr allmählich eine Art Ächtung. Anfang der sechziger Jahre wurde dann das leicht entflammbare und nicht speichelfeste Material für Spielwaren untersagt. Die Berufsgenossenschaften für Papier, Chemie und Lebensmittel hielten das Material für zu gefährlich für Kinder. Es gab übrigens einen weiteren Gefahrenpunkt, der allerdings nie in den einschlägigen Schriften erwähnt wird, weil zur Werbung für Zelluloid der Hinweis auf seine angebliche Unzerbrechlichkeit gehört. Alle Puppenkliniken und manch eine Mutter können ein Lied davon singen, daß es doch zerbrechlich ist. Wenn so ein Puppenkopf von einem etwas stürmischen Kind zerschlagen wird, entstehen sehr scharfkantige gefährliche zackenartige Bruchränder, an denen sich das Kind erheblich verletzen kann. So etwas konnte mit den nachfolgenden Kunststoffprodukten – mag man sie auch sonst nicht so lieben – nicht passieren. Die Sprödigkeit und damit Bruchempfindlichkeit von Zelluloid erhöht sich übrigens im Laufe der Zeit dadurch, daß die „Weichmacher" Aceton und vor allem Kampfer etwas entweichen. Bei Zelluloseacetat (z. B. Tortulon) ist der Massegehalt höher, der Acetongehalt geringer, so daß das Material sich im Laufe der Zeit nicht entscheidend verändert.

Mitte der fünfziger Jahre schien Zelluloid ein alter Hut mit Fehlern im Vergleich zu den neuen Stoffen – es kam aus der Mode und wurde zuerst durch das beschriebene Zelluloseacetat abgelöst (Tortulon). Dieses ist geruchslos, hat eine glatte porenfreie Oberfläche und federt bei Druck weniger elastisch zurück. Es ist etwas fester und schwerer als Zelluloid. Die Brennprobe ergibt, daß Acetatschnitzer mit sprühender gelb-grüner, dunkler Flamme aufbrennen und dabei wachsartig abtropfen. Der Rauch riecht nach Essig. Auch Acetat (Tortulon) läßt sich – entgegen häufiger Meinung – mit Aceton lösen, allerdings außerordentlich langsam. Aus diesem Grund kann es auch nicht über den Weg des „Anlösens" mit Hilfe von Aceton, sondern nur mit Acetatkitt verklebt werden. Gegen Temperaturschwankungen ist es ähnlich empfindlich wie sein Vorgänger. Wenn es sich durch Hitze verzogen hat, kann es nicht mehr repariert werden. Die Verarbeitung des Acetats unterscheidet sich von der Zelluloidwarenherstellung dadurch, daß das Material granuliert wird (zu Körnchen von 3 bis 8 mm) und dann die Puppen im Spritzblasverfahren entstehen.

Ebenfalls ein Spritzgußartikel ist das dem Polyvinylchlorid (PVC-Tortuflex) nachfolgende Produkt Polysterol. Bald wurde auch Polyäthylen und danach fast ausnahmslos Vinyl zur Puppenherstellung verwendet. Ende der fünfziger Jahre setzten sich viele Puppen aus mehreren verschiedenen Grundstoffen zusammen, z. B. Körper, Arme und Beine aus Acetat, der Kopf aus PVC oder Körper und Beine aus Polyäthylen, Arme aus Vinyl und der Kopf aus Polystyrol. Bis in die sechziger Jahre wurden noch vereinzelt Zelluloidspielwaren gefertigt, vor allem aus Resten der teilweise großen Rohzelluloidvorräte. Danach setzte sich Vinyl endgültig durch.

Herstellungsbetriebe von Zelluloidspielwaren

BAIERSDORFER PUPPEN- UND SPIELWARENFABRIK OTTO EICHHORN

Baiersdorf
Fünfziger Jahre

Otto Eichhorn, der in den dreißiger Jahren Vorstandsmitglied und einer der Hauptaktionäre bei Kämmer & Reinhardt war, gründete nach dem Krieg in Baiersdorf (Bayern) eine Puppenfabrik. Er zeichnete seine Produkte mit einem Eichhörnchen im Dreieck. Ich fand nur zwei Inserate zu Beginn der fünfziger Jahre und eine Puppe von ihm. Er scheint nur wenige Typen angeboten zu haben: Ein Strampelchenimitat und ein rundbäckiges Mädchen mit Kunsthaarperücke und Flirtaugen.

Puppen aus der Baiersdorfer Spielwarenfabrik 1952.

Flirtaugen, Kunsthaarperücke, offener Mund, Stehbabykörper: Eine der wenigen Puppen von Otto Eichhorn. 40 cm groß, Kopf mit Eichhörnchen im Dreieck gemarkt.

Firmenansicht 1925

BAYERISCHE CELLULOIDWARENFABRIK,
vorm. Albert Wacker AG,
Nürnberg
1897–1943

Mitte der zwanziger Jahre waren „Wunderkugeln" äußerst beliebt.

Aus dem Programm 1926

Außerordentlich selten findet man heute noch Zelluloidspielzeug mit dem dicken „W" im Ring oder dem Schriftzug „Noris". Tatsächlich gehörte jedoch die „Bayerische Celluloidwarenfabrik" gut 40 Jahre lang zu den wichtigsten Zelluloidproduzenten und stellte viel Spielzeug her.
Am 14.11.1896 meldete Albert Wacker in Nürnberg einen Geschäftsbetrieb an, der die Fabrikation von Taschenuhrengehäusen, Etuis, Dosen und Taschenspiegeln aus Zelluloid zum Gegenstand hatte. Vorerst begann man – wie etliche andere Firmen auch – mit Taschenuhrengehäusen.
Schon 1899 wurde das Warenzeichen „Noris" geschützt, die vormalige Albert Wacker AG in Bayerische Celluloidwarenfabrik umbenannt und ein umfangreiches Warenverzeichnis vorgelegt. Es umfaßte über 30 Positionen „Galanterie-Waren" (u.a. Hosenschoner, Zahnstocher und Brillenwischer) – das ganz übliche Sortiment eines rührigen Zelluloidwarenherstellers.
Noch um 1900 befaßte sich die Bayerische Celluloidwarenfabrik vor allem mit den üblichen Kämmen und Gehäusen. Es wurde ein Verfahren patentiert, solche Gegenstände aufs Dekorativste plastisch zu verzieren (DRP Nr. 120240).
Etwa 1903 wandte sich die Firma intensiv der Spielwarenherstellung zu und im Jahre 1909 wurde ein umfangreiches Sortiment vom Angelspiel bis zum Zirkus angeboten. Diese Spielwaren wurden entweder mit dem Schriftzug „Noris" und/oder einem großen „W" im Kreis gekennzeichnet. Schon damals war ein „weinendes Baby", eine Schwimmpuppe mit Stimme (dies läßt tief schließen auf übliche Beobachtungen beim ersten Schwimmunterricht der Sprößlinge) unter den Modellen. Außerdem fällt auf, daß Tiere und Schiffe ebenfalls schon mit Mechanik zu beziehen waren.

Bewegliche Zelluloid-Spielwaren

Für die diesjährige Herbstmesse bringt die Bayerische Zelluloidwarenfabrik vorm. Albert Wacker, Akt.-Ges. in Nürnberg neben ihrer bekannten umfangreichen und vielseitigen Musterkollektion auch wieder eine überraschende Auswahl schöner Neuheiten zur Ausstellung. Neuheiten üben, besonders auf der Leipziger Messe, immer eine große Anziehungskraft aus und dürfte die für das diesjährige Weihnachtsgeschäft ganz besonders interessierende Gruppe von beweglichen Spielwaren mit auswechselbaren Triebwerken allgemeinen Beifall und bereitwillige Aufnahme finden. Dieses neue Spielzeug wird in einer großen Auswahl der verschiedensten Modelle und vieler abwechslungsreicher Arten von Gegenständen und Figuren auf der Messe ausgestellt und in ihren sämtlichen Bewegungsarten vorgeführt werden. Die hervorragendste und vollständig neue Eigenschaft dieser Spielfiguren besteht darin, daß von den Kindern selbst an denselben die auswechselbaren Triebwerke angebracht bzw. ausgewechselt werden können. Von letzteren sind bis jetzt drei Arten vorhanden, und zwar die Universal Wacker Rollerwerke, Universal Wacker Schwimmwerke und die Universal Wacker Flugwerke. Ein großer Vorteil dieser Neuheit ist, daß je nach ihrer Art die Figuren auch ohne Triebwerk als Spielzeug verwendbar sind, so daß die Enten, Fische, Boote usw. von den kleinsten Kindern im Bade und viele Figuren zum Aufstellen oder als Rasseln verwendbar sind. Neben den Gegenständen, welche mit den Universal-Rollerwerken versehen werden und zum Spielen auf dem Tisch oder Boden dienen und denen, welche, nur zum Schwimmen oder Fliegen bestimmt, mit Universal-Schwimm- oder Universal-Flug-Werken ausgestattet sind, gibt es kombinierte bewegliche Zelluloid-Spielwaren. Diese zeichnen sich dadurch aus, daß die Figuren durch Austausch des Werkes in Roller-, Schwimm- oder Flug-Spielzeuge verwandelt werden können. Ein Teil der Spielfiguren wird mit zwei dieser Triebwerke und wieder andere mit allen drei Arten der Universalwerke geliefert. Es kann also die gleiche Figur nicht nur zum Laufen und Schwimmen, sondern auch noch zum Fliegen gebracht werden. Andere Serien von Kombinationsausstattungen bilden die Kartons mit einer kleinen oder größeren Anzahl von Figuren mit einem Rollerwerk oder solche mit einem Schwimmwerk und wieder andere mit einem Flugwerk, so daß alle in dem betreffenden Karton befindlichen Spielfiguren jeweils mit dem gleichen Werk entweder als Lauf-, Schwimm- oder Flug-Spielzeug gebraucht werden können. Die farbenprächtige Ausführung der Figuren, sowie die geschilderte vielseitige Verwendungsmöglichkeit, seine Eigenart und Originalität machen diese Neuheit zu einem unterhaltenden, idealen Spielzeug von ungewöhnlicher Wirkung. Außerdem bringt die Firma noch zahlreiche reizende Neuheiten auf den verschiedenen Gebieten ihrer vielseitigen Fabrikationstätigkeit. Die Neuheiten sowie die bekannte große Anzahl von Zelluloidwaren, Toiletteartikeln, Spiegeln, Bürsten, Galanterie- und Phantasiewaren usw. werden zur Leipziger Herbstmesse im vollen Umfange im Zentral-Meßpalast, Neumarkt 2—4, IV. Obergeschoß (Lift) ausgestellt.

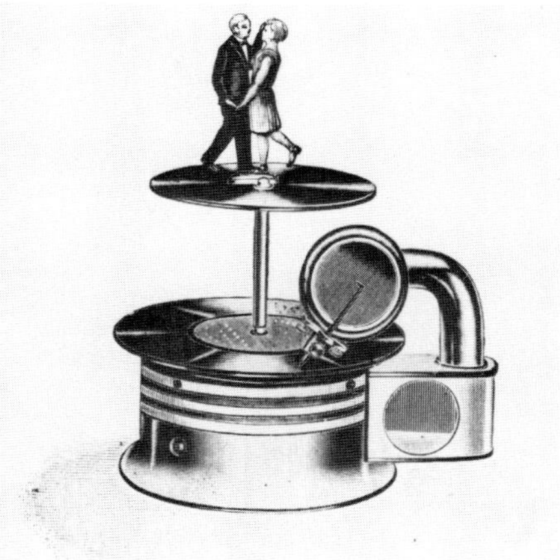

Links:
1927 tanzte ein Paar auf dem Plattenspieler aus Nürnberg.

Rechts:
„Charlie Chaplin" wurde zusammen mit Schuco hergestellt. Werbung 1930.

Es blieb ein typisches Merkmal dieser Firma, technisch trickreiche Erfindungen anzubieten, z. B. Tauchfiguren (DRP 429618 und DRP 434347), eingebaute Triebwerke (DRP 471069 und DRP 508768) und sogar „Wackerphone", Grammophone (die von der Firma selbst hergestellt wurden) mit Tanzpärchen drauf.
Im Jahre 1912 streikten die Arbeiter bei „Wacker" – sie wollten höheren Lohn. Der Streik endete von allein: die wackeren Kämpfer kehrten freiwillig an ihre Arbeitsplätze zurück, da sie „die Ergebnis- und Fruchtlosigkeit ihrer unmöglichen Bedingungen und Forderungen einsahen" – so jedenfalls berichtete die „Rundschau" über diese Machtprobe.
1926 gab es neben „rätselhaften Eiern" und „fidelen Laubfröschen" auch zwei besondere Puppen: Der „kleine Spatz" war eine 20 cm kleine Badepuppe mit drei auswechselbaren Perücken (aus Haaren) und „Cleo" (35 cm) mit der „schönen Mädchengestalt" und dem „lieblichen Gesicht" hatte sogar sechs Zelluloidfrisuren zur Auswahl. 1929 konnte man „Bubi" sowohl in „Nöten" als auch bei fröhlichem Spiel erwerben und ein Jahr später trippelte „Charlie Chaplin" (gemeinsam mit „Schuco" produziert) über die Ladentische.
Die Bayerische Celluloidwarenfabrik scheint nie im besonderen Maße Babys oder größere Puppen produziert zu haben wie die meisten anderen Zelluloidspielwarenhersteller in dieser Zeit. Witzige uhrwerkbetriebene, überraschende Spielsachen waren der Schwerpunkt des Programms. Nur selten tauchen heute noch kleine Figuren von Wacker auf. In den dreißiger Jahren wirbt die Firma nur noch sehr sparsam in den Spielwarenzeitschriften. Es scheint, als habe sie sich von der Spielwarenfabrikation, die ja bekanntlich unter großen Konkurrenzdruck geraten war, zurückgezogen. Mit der Herstellung von Galanterie- und Toilettenartikeln überlebte die Firma noch bis 1943. Im Februar dieses Jahres wurde sie nach einer Notiz in einer Spielwarenzeitschrift liquidiert.

Links:
Programm 1926

Mitte:
Cleo wurde nur ganz selten produziert. Ein einziges Inserat weist auf sie hin. (1926, Deutsche Spielwarenzeitung).

Rechts:
1929 litt Bubi Nöte – ein Abbild der bedrängten Lage der Zelluloidwarenfabriken?

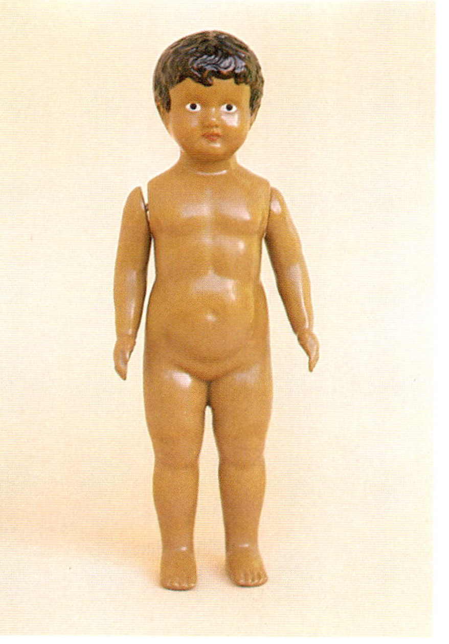

Oben links:
Herrlich buntes Flug- und Schwimmspielzeug, das mit Hilfe kleiner Motoren angetrieben werden konnte. Schmetterlinge und Vögel sind dabei allerdings wahrscheinlich massenweise zu Bruch gegangen.

Darunter:
Tiere von Wacker (Markierung „Noris") Hunaeus und ohne Markierung. Alle zwischen 2,5 und 3,5 cm klein, zwanziger Jahre.

Mitte:
Diese ungemarkte Steifbeinpuppe von sehr guter Qualität ist von der Bayerischen Celluloidwarenfabrik um 1906 hergestellt worden. Eine Puppe mit gleicher Kopfmodellierung konnte gefunden werden, die die DRGM Nummer 326 902 trägt. Dieses Gebrauchsmuster wurde von „Wacker" im Dezember 1906 für eine Puppe „mit Gewichten beschwerter Balgenstemme" beantragt.

Rechts:
10 cm kleiner Trommler der Bayerischen Celluloidwarenfabrik, zwanziger Jahre.

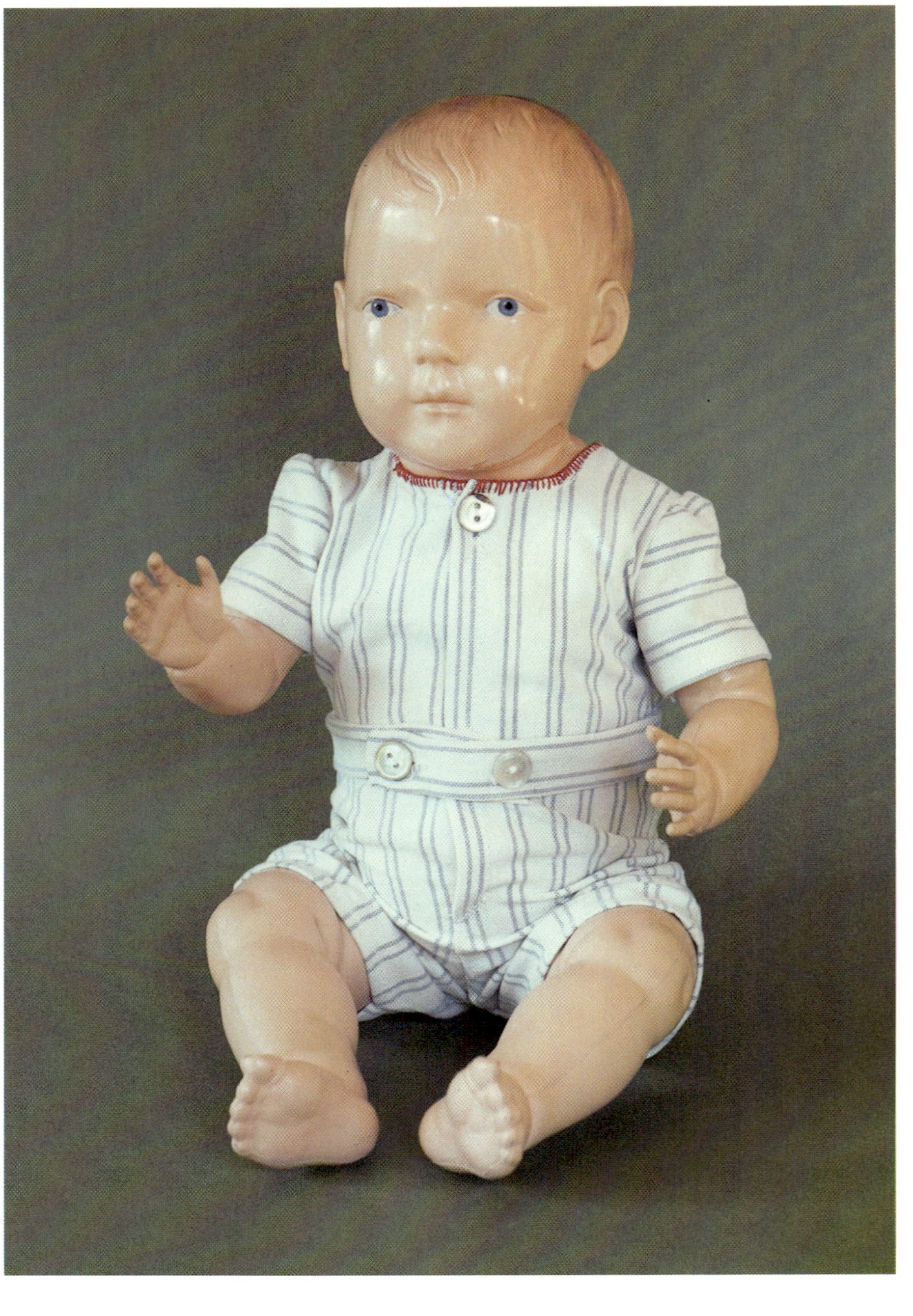

Rechts:
Dieses große Sitzbaby wurde vermutlich Ende der zwanziger Jahre hergestellt. Die Verarbeitung ist einfach, die Nähte sind auffallend grob verkittet, das Zelluloid eher dünn – man merkt den Zwang zur preiswerten Produktion. Da man nur selten größere Puppen von „Wacker" findet, ist diese Puppe eine Rarität.

MAX BEUSTER CELLULOIDWARENFABRIK
Kiel
ca. 1950 bis 1955

Eigentlich neigte sich die Blütezeit des Zelluloids ihrem Ende zu. Trotzdem versuchten einige Firmen noch in der Phase des Wiederaufbaus nach dem Zweiten Weltkrieg mit den praktischen und beliebten Zelluloidpuppen Fuß zu fassen, und erstaunlich viele Firmen – wenn man gleichzeitig bedenkt, daß schon das endgültige Verbot des brennbaren Materials Zelluloid in Sicht war – wurden noch neu gegründet. So auch die Celluloidwarenfabrik von Max Beuster in Kiel. Er nannte seine Puppen „Maxi" und brachte einige übliche, an Helga („Schwäbische"), Ursel und Christel („Schildkröt") angelehnte Modelle in den Handel, zusätzlich aber ein ganz merkwürdiges Mädchen mit einer auffallend hoch gewölbten Haartolle (nur die polnische Kalischer Celluloidwarenfabrik gab ihren Sprößlingen eine ähnliche Frisur). Die „nett gekleideten" Kinder wurden in sonnenbraun und fleischfarben angeboten. Den Puppen war jedoch kein überzeugender Erfolg beschieden. Im Februar 1955 wurde die Firma einschließlich Blasform und Halbfertigfabrikaten zum Verkauf angeboten.

1950 wurde die Puppe mit der Tolle zum ersten Mal angeboten – 1955 stand die ganze Fabrik zum Verkauf.

Diese Puppe mit dem Segelschiff als Warenzeichen und dem Schriftzug „Maxi" stammt von Max Beuster, ist 35 cm groß und ab 1950 hergestellt worden.

MINERVA
Schutz-Marke

Warenzeichenschutz am 22. 12. 1900

BUSCHOW & BECK

Puppen- und Spielwarenfabrik
Nossen/Sachsen
1890–etwa 1945/50

Vor allem von zwei Firmen findet der Sammler heute noch Puppen: Von „Schildkröt“ und von „Minerva“. Dies weist darauf hin, daß die 1890 von Buschow & Beck gegründete (bzw. von Max Dittrich & Schoen übernommene) Firma die zweitgrößte Zelluloidpuppenproduzentin war. Es ist auch diejenige Firma, die – neben „Schildkröt“ und Hagedorn – eine besonders lange Firmengeschichte vorweisen kann.

Schon die Vorgänger der beiden neuen Firmeninhaber hatten sich offensichtlich der unzerbrechlichen Puppe verschrieben, die sie aus Metall nach einem Patent von Schoen (DRP 38714) fertigten. Diese Metallbrustplattköpfe wurden mit Emaille überzogen und so dem Aussehen der Porzellanpuppen angepaßt. Ihre Schönheit wurde gelobt, die Produktion aber war teuer. Ein Ausweg schien sich durch das in Mode kommende Zelluloid zu öffnen und die Firma bezog von „Schildkröt“ Rohzelluloid zum Überziehen der Metallköpfe. Das Zelluloid wurde in Lösungsmittel (bestimmte Säuren oder Äthylacetat) gelöst und die Metallköpfe in das flüssige Zelluloid getaucht, das einen festen Überzug bildete, nachdem sich das Lösungsmittel verflüchtigt hatte. Auch nach eigenen Entwürfen gefertigte Zelluloidköpfe kamen von Mannheim nach Nossen. 1900 wurde für die Firma das Helmzeichen mit der Überschrift „Minerva“ als Warenzeichen eingetragen – als Sinnbild für die Widerstandsfähigkeit ihrer Puppenköpfe. An den vielen Patenten, die im Laufe der Zeit erworben wurden, läßt sich leicht ablesen, daß es sich um erfindungs- und experimentierfreudige Unternehmer handelte. Verständlicherweise ließ auch das neue Material – das sie nicht gerade billig vom Branchenriesen bezogen – ihrem Forscherdrang keine Ruhe und sie begannen etwa 1903 mit einer eigenen Zelluloidproduktion. Bis dahin hatten sie nach eigenen Angaben allein seit 1900 für 200000 Reichsmark Zelluloidprodukte aus Mannheim bezogen. So war es auch nicht überraschend, daß „Schildkröt“ einen Boykott gegen die aufmüpfige Firma durchzusetzen versuchte: Wer Minerva-Produkte in sein Vertriebsprogramm aufnahm, wurde mit „Schildkröt“-Ware nicht mehr beliefert. Die selbstbewußte Konkurrentin aber konnte nur vorübergehend in Schwierigkeiten gebracht werden. Immerhin hatte die Firma schon fünf Jahre vorher ebenfalls mit Zelluloid experimentiert und sah daher keinen Grund, weiter abhängig zu bleiben. Minerva produzierte dickköpfig sein eigenes Zelluloid, auch wenn durch die ausbleibenden Lieferungen aus Mannheim eine schmerzliche Lücke klaffte. Von einem Feuer in „dem Vorrichteraum“, in dem die Puppenteile abgeschliffen wurden, wurde 1911 in einer Zeitung

Fig. 3.

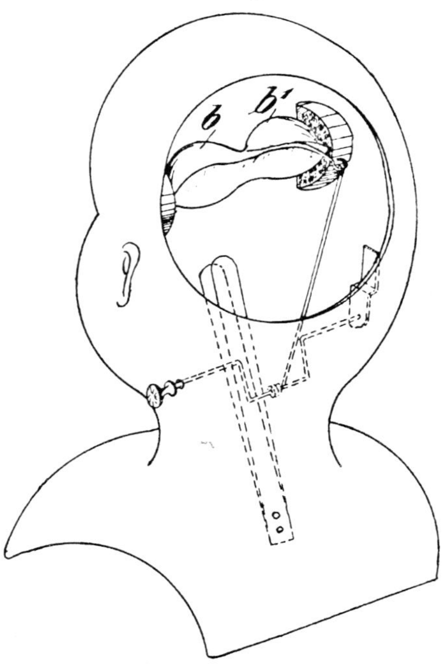

Zwei Patente für Schlafaugen erwarb Buschow & Beck 1903. Dieses ist das Patent 147817.

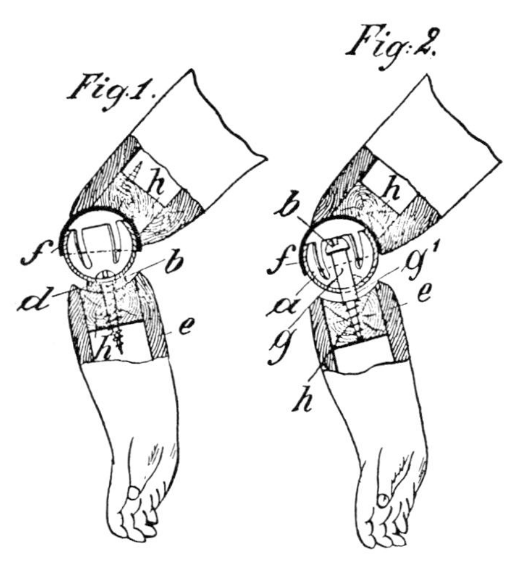

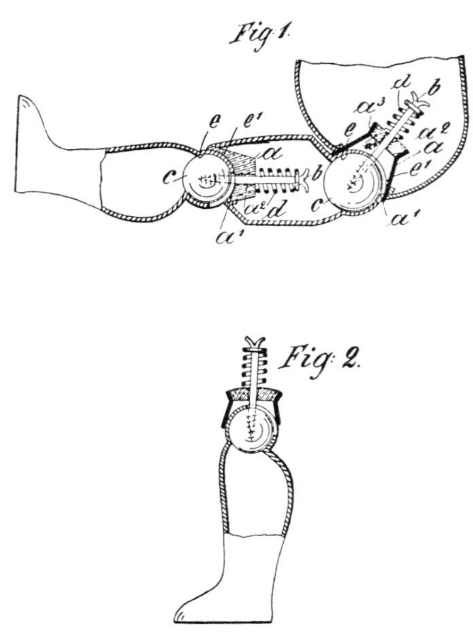

Links:
„Vorrichtung zur sicheren Befestigung der Innenkugeln bei Metallkugelgelenken“ – eine aufwendige Konstruktion von „Minerva“ 1904. (DRP Nr. 153 551)

Rechts:
Ein besonders bewegliches und haltbares Kugelgelenk für Puppenkörper aus „dünnwandigen Stoffen“ ließen Buschow & Beck 1904 patentieren. (DRP Nr. 162 856)

berichtet. Drei Jahre später begann der Erste Weltkrieg und damit eine zeitweilige Unterbrechung der Zelluloidfabrikation. Zelluloid wurde fast unerreichbar teuer, Schießbaumwolle war jetzt an anderer Stelle begehrt.
Zum Glück aber stand „Minerva“ auf zwei Beinen, das „Metallbein“ erwies sich als belastungsfähig. 1916 annoncierte Minerva, daß sich die Kundschaft vorerst wegen der unerschwinglichen Kosten für Zelluloid wieder mit den Metallköpfen befreunden möge, die immerhin billiger und „nicht feuergefährlich“ (!) seien.
Schon seit 1903 hatten Buschow & Beck sich besonders um die Verbesserung der Puppenschlafaugen bemüht. Mit dem Patent 145860 schützten sie Schlafaugen, die durch ein Schräubchen am Nacken festgestellt werden konnten. Das Patent 147817 diente dazu, flache Pupillen in zusammenhängende Lagerschalen aus fleischfarbenem Zelluloid einzusetzen und dadurch nicht nur leichter montierbar, sondern auch haltbarer zu machen. 1904 wurde dann eine aufwendige Gliederverbindung (DRP 153 551) und eine weitere Schlafaugenlagerung (DRP 157 873) geschützt sowie ein besonders gut bewegliches Gelenk für dünnwandige Puppenkörper (DRP 162 856). 1910 gab es noch einmal Schlafaugen, die sich beim Neigen des Puppenkopfes schlossen oder öffneten (DRP 234 721).
In dieser frühen Produktionsphase trugen die Brustplattköpfe häufig ein Schild mit dem Firmennamen um den Hals oder den vollständigen Schriftzug ohne Warenzeichen. Der – zumeist vorne – eingeprägte Helm wurde zu dieser Zeit noch nicht regelmäßig verwendet.
Buschow & Beck hatten sich nach dem Ersten Weltkrieg offensichtlich von der Auseinandersetzung mit „Schildkröt“ erholt; soweit man von der Intensität der Werbung rückschließen kann, ging es ihnen möglicherweise sogar besser als dem angeschlagenen Großunternehmen am Rhein. Die Firma scheint sich – eine Ausnahme unter den Zelluloidwarenproduzenten – auf die Herstellung von Puppen beschränkt zu haben. Die üblichen Rasseln, „Wunderkugeln“, Stehauf-Figürchen usw., finden sich auf keiner Anzeige. Und noch etwas anderes fällt beim Studium der Anzeigen auf: Während die Zelluloidpuppen (sofern sie keine gemalte Kleidung besitzen) von den Herstellern damals meist als Nackedeis angeboten wurden, sind die Püppchen von „Minerva“ schon von Haus aus häufig züchtig bekleidet.
Die Kollektion von „Minerva“ hatte zeitweilig durchaus große Ähnlichkeit mit dem Programm von „Schildkröt“. Anfangs produzierte man Brustplattköpfe mit stark modellierten Haaren, kleine Bade- und Steifbeinfigürchen. Dann bekamen die Puppendamen Haare und Schlafaugen. Zugleich machte sich die Charakterpuppenbewegung bemerkbar und einige Babytypen entstanden, die man eher als außergewöhnlich denn als niedlich beschreiben kann. Typisch für Minerva war und blieb, daß die Modellierung der Haare meist auffallend stark ist.
In den zwanziger Jahren formten Buschow & Beck kleine rundbäuchige Stehbabys und Stehkinder mit weggespreizten Händchen, deren Ausdruck „kokett“ ist, die daher gelegentlich „Kokettypen“ genannt werden. Die Mädchen trugen modellierte Bänder im Haar und waren zwischen 5,5 und rund 20 cm groß.
In den zwanziger Jahren wuchsen bei Minerva die Puppen genauso wie in der übrigen Puppenbranche. Die Babypuppenwelle bestimmte mehr und mehr das Bild.
Im Jahre 1927 kam es zu einer interessanten, bisher noch völlig unbeachteten Übernahme: Die junge Firma „Hermsdorfer Celluloidwarenfabrik“ – 1922 erst eingetragen – scheint unter dem Konkurrenzdruck aufgegeben zu haben. Im August 1927 annonciert „Dada“ zum letzten Mal sein „automatisch trinkendes Celluloid-Baby“ – 4 Monate später wird dasselbe „Originaltrinkbebi“ unter Angabe der (Hermsdorfer-) Patentnummer (451275) von „Minerva“ angeboten. Die Spielwarenzeitschriften hüllen sich in Schweigen über die Transaktion. Der Warenzeichenschutz von „Dada“ wird nicht mehr verlängert und „Minerva“ bietet auch weiterhin genau dieses Baby an – allerdings nicht mehr als Trinkbaby, sondern als normales, dem Zeitgeschmack entsprechendes Baby (vgl. Babys von „Schildkröt“, Bruno Schmidt und anderen zur gleichen Zeit).
In den dreißiger Jahren entstanden bei „Minerva“ vergleichbare Kinder wie im

Minervaanzeige im Kriegsjahr 1916 – Zelluloidpuppenköpfe werden zu teuer.

1921 gibt es die erste Werbung mit dem Charakterbaby.

Kokette Badepüppchen, Babies und gekleidete Stehpuppen mit Stoffkörper, 1925.

Seite 27:
Ein sorgfältig getönter und mattierter Brustkopf mit Schlafaugen, offenem Mund und Echthaarperücke. Lederkörper mit Zelluloid-Unterarmen. 61 cm groß, etwa 1904. Markierung: hinten Germany. Deponirt. 7. Vorne: Minerva Helm.)

Drei Badepuppen im Vergleich. Links eine Puppe von „Schildkröt" mit beweglichen Armen und Beinen, modellierten und gemalten Schuhen und Strümpfen. (Schildkröte ohne Raute. 28 1/2.)
Rechts: ein „Minerva" Steifbein Badepüppchen mit gemalten Augen und beweglichen Armen. (Minerva Helmzeichen. 24 1/2.)
Die beiden Puppen sind zwar im Stil ähnlich, haben aber einen sehr unterschiedlichen Ausdruck. In der Mitte dahinter steht eine ungemarkte Steifbeinpuppe mit Cäsarfrisur.

Linke Puppe: sehr gelbliches Zelluloid, modellierte Haare, feststehende Glasaugen, offener Mund, Lederkörper mit Zelluloid-Unterarmen, 36 cm, hinten mit 3 1/2, vorne: „deponirt" und mit „Minerva" Helmzeichen markiert.
Rechte Puppe: gelbliches Zelluloid, kräftig modellierte Haare, gemalte Augen, offener Mund, Körper ganz aus Leder, 53 cm. Mit „Minerva" Helmzeichen markiert. Beide Puppen zwischen 1900 und 1905.

1941 gibt es von Buschow & Beck Zelluloidmädchen mit ordentlich „ondolierten" Haaren und ein „Strampelchentyp".

1927 bietet „Minerva" das ehemalige Hermsdorfer „Trinkbebi" an.

Hause „Schildkröt" und „Cellba". Es gibt einen „Hans"-ähnlichen Knaben (die Locken ringeln sich etwas weniger), ein Baby, das dem Strampelchen sehr verwandt scheint und Mädchen, die recht deutlich an Inge und Christel erinnern. Vereinzelt erhalten die Puppen nun auch wieder Perücken. 1938 – im Erscheinungsjahr von „Bärbel" hatten auch Buschow & Beck bereits ein Mädchen mit Schneckenfrisur (und zwar aus Haaren und nicht aus Zelluloid modelliert), im Programm. Schon 1934 exisitierte übrigens auch das Mädchen mit der modellierten, welligen Kurzhaarfrisur, das bisher meist um 1940 eingeordnet wurde.
Die Werbung der Firma betont häufig die Qualität (als Gegensatz zur geringwertigeren japanischen Konkurrenz) und die naturalistische Formung: „Wie lebendig" seien die Zelluloidkinder von „Minerva" und „von allen Seiten Qualitätsware". Diese Werbung war durchaus nicht übertrieben, die Qualität der „Minerva"-Puppen ist zu allen Zeiten sehr gut geblieben und bleibt nicht im mindesten hinter den Erzeugnissen der „Rheinischen" zurück, oft übertrifft sie diese eher. Weiterhin gehören auch in den dreißiger Jahren Metallköpfe zur Produktion, außerdem Filzpuppen, Kleinpuppen, Künstlerpuppen, Puppenteile, Perücken, Kleidung und Zelluloidspielwaren. Und unverändert, wie schon seit Beginn des Jahrhunderts, „Minerva"-Christbaumlichthalter.
Im Jahre 1943 ist „Minerva" mit 14 Typen in einer Preissenkungsliste vertreten und im Sommer 1944 bietet die Firma noch ihre lockigen „idealisierten" Kinder an. 1950, als alle Warenzeichen, die Gültigkeit behalten sollten, neu beantragt werden mußten, tritt die Firma nicht mehr in Erscheinung. Das Warenzeichen wird am 30.9.1950 gelöscht.
Zusammen mit „Schildkröt" und „Cellba" gehörte „Minerva" zu den Zelluloidpuppenherstellern, die sowohl besonders gute Qualität als auch ein umfangreiches Programm zu bieten hatten. Es war die einzige Zelluloidwarenfabrik, die fast ausschließlich Puppen herstellte. Der unternehmerische Mut, der sich schon in der rigorosen Abkehr von der marktbeherrschenden Rheinischen Gummi- und Celluloidwarenfabrik zeigte – eine für die damalige Situation sehr mutige Aktion – half auch später der Firma, sich trotz aller Krisen, rund ein halbes Jahrhundert auf dem Markt zu behaupten.

Ein Brustkopf im Stil der frühen Zelluloidpuppen. Feststehende Augen, offener Mund mit fünf Zähnen, stark modellierte Haare, Lederkörper, Zelluloidunterarme, 27 cm, um 1905 hergestellt. (Auf der Rückseite mit 3, auf der Vorderseite mit dem Minerva Helm markiert.)

Links:
Winziges originalgekleidetes Pärchen, sie 9 cm, er 8 cm klein. (Markiert: Minerva. 9)

Rechts:
Eine „Minerva" Puppe mit Dutt und Filzkörper von etwa 1910 im Vergleich mit einer „rosigeren" Steifbeinpuppe mit Band im Haar aus den zwanziger Jahren. 10 und 12 cm groß.

Metallschulterkopf mit Zelluloidüberzug. Er war leider nicht so haltbar, wie seine Hersteller das behaupteten! Gemalte Augen, Zelluloidunterarme und Hände, Wachstuchkörper, 45 cm. Das Zelluloid wurde für den Tauchüberzug mit einer Säure versetzt. „Minerva" stellte solche Puppen sowohl vor als auch nach dem Ersten Weltkrieg, bis Ende der zwanziger Jahre, her.

Eine der schönsten „Minerva" Puppen. Schulterkopf, gemalte Augen, außergewöhnlich ordentliche und doch anmutige Frisur. Liebevoll-freundlicher Gesichtsausdruck. Geschlossener Mund, gemalte Augen. Sehr schlanker Wachstuchkörper mit Zelluloidunterarmen. Diese Puppe wurde 1927 inseriert. Sie ist 45 cm groß und auf der Rückseite der Brustplatte ist sie mit Germany 6 gemarkt, auf der Vorderseite unter dem Wachstuch mit dem Minerva-Helm. Im Arm hält sie eine 9 cm kleine Minerva Puppenstubenpuppe mit modellierten und gemalten Schuhen und Strümpfen und einer Pagenfrisur.

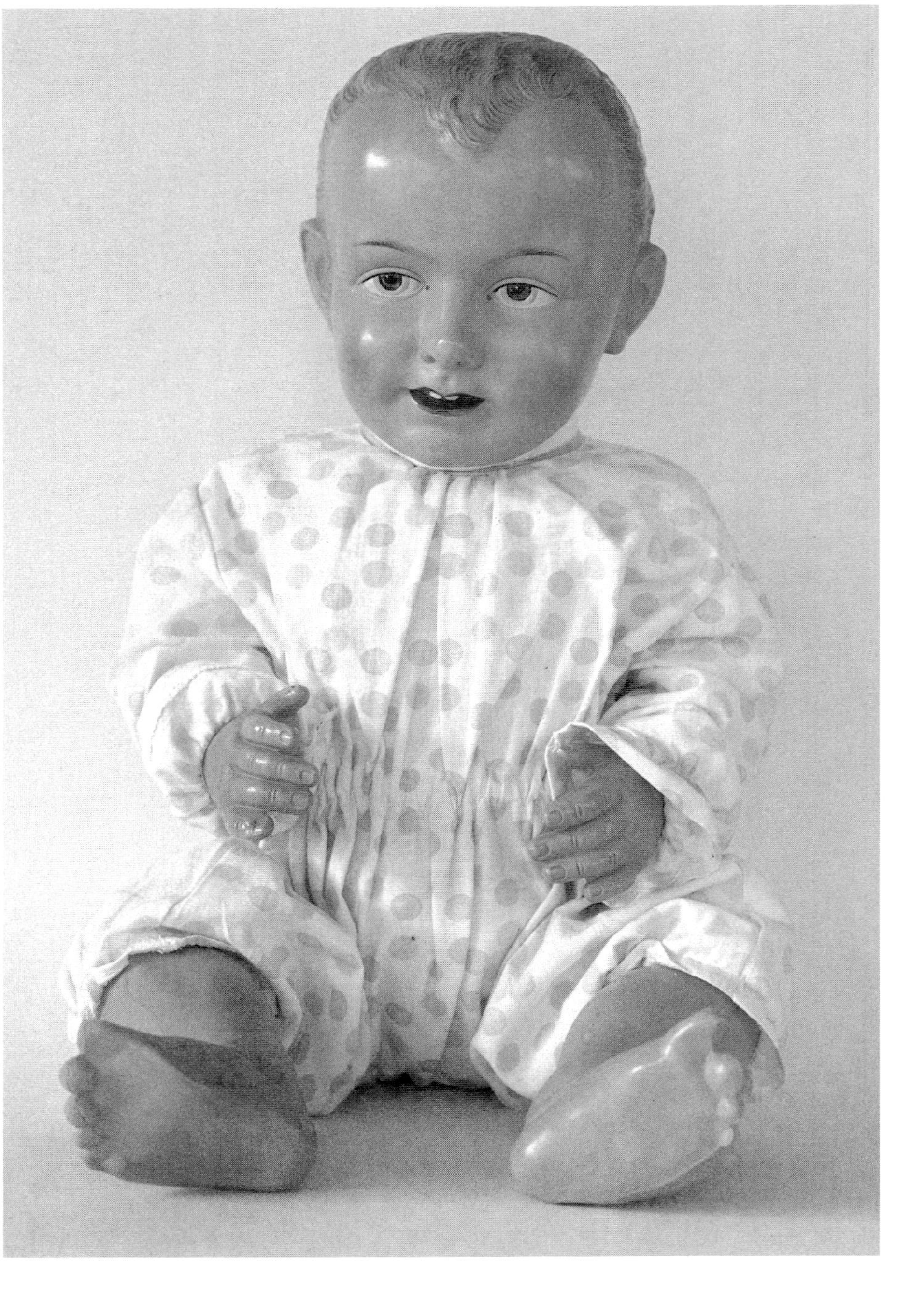

Dieses Baby ist der von kleinen Steifbeinpüppchen umschwärmte Mittelpunkt der Werbung um 1925. Ein großer Charakterkopf (in Relation zum Körper) mit blauen Intaglio-Augen, bei denen die Pupille eingezogen, die Iris aber wieder vorgewölbt modelliert ist. Offen-geschlossener Mund mit zwei Zähnen. Sehr gut modellierter Körper mit besonders ausdrucksvollen Händen. 53 cm groß. (Kopfmarkierung: Minerva Helm. 10.)

Links:
„Minerva“ Steifbeinpüppchen im Kewpie-Stil: Von links nach rechts: Ein Mädchen mit grünem Haarband mit „kokettem“ Blick aus braun gemalten Augen, 18 cm. Eine kleine Schwester mit rotem Haarband, 13 1/2, und die allerkleinste der Familie mit blauem Haarband, 8 cm. Daneben ein etwas o-beiniger Kewpie-Nackedei mit Pagenfrisur. 17 1/2 cm. Alle Puppen mit Helmzeichen, Größenangabe und „Germany“ gemarkt und aus den zwanziger Jahren.

Rechts:
Kleines Pärchen in BDM-Uniform, Arme und Beine beweglich, modellierte Haare, beide 9 cm, dreißiger Jahre.

„Max“ grinst zwar, aber etwas verdrossen: Moritz ist nicht da! Einbindekopf mit dem Minerva Helm markiert. Strohgestopfter Filzkörper, flache Filz- „Flossen“-Hände, Filzkleidung. 30 cm groß, etwa 1912.

Seite 35:
Drei Puppenjungen, die auf das Modell des Hermsdorfer Babys zurückgehen. Kleiner Junge: gemalte Augen, Stoffkörper, 26 cm. (Helmzeichen No. 2.)
Junge mit Glasaugen, Zelluloid-Stehbabykörper. (No. 4. 30 cm.)
Großer Junge mit gemalten Augen, Sitzbabykörper. (No. 7. 42 cm.)
Alle drei Puppen dreißiger Jahre.

Dieses tanzende Pärchen wurde von Schuco und „Minerva" gemeinsam produziert. Schuco inserierte es 1937, es kann aber etwas früher entstanden sein. Der bayerisch gekleidete Mann hebt im Tanz das Mädchen hoch, daß das Unterhöschen „blitzt"... Er ist 17 cm groß, sie 13 cm. (Markierung von beiden: Helmzeichen. 10.)

Eine Spreewälderamme mit Schützling, ebenfalls eine Coproduktion von „Minerva" und Schuco Ende der dreißiger Jahre. Die Amme ist 13 cm groß.

Diese Puppe befindet sich auf einem Inserat von 1944. Ganz mattes Zelluloid. Stark modellierte Haare mit Stirnlocke. Intensiv bemaltes Gesicht mit sehr rotem, leicht lächelndem Mund. Gerader, matter Zelluloidkörper, 42 cm groß. (Minerva Helm. Germany)

Das Mädchen links wurde 1937 inseriert, es hat eine typische „Minerva" Frisur, blaue Glasaugen und ist 33 cm groß. (Markierung Kopf: Minerva Helm. Germany. 4. Körper: Minerva Helm. 30. Germany. 32.) Daneben stehen zwei Mädchen, die nach dem Krieg entstanden, sie tragen die Haartolle der vierziger Jahre. Beide haben gemalte Augen, modellierte Schuhe und Strümpfe und einen Zelluloidstehkörper. Die größere ist 28 1/2, die kleinere 25 gemarkt. Ganz rechts ein Mädchen von etwa 1934 mit einer modellierten Lockenfrisur, deren Spitzen hinten am Nacken in zwei Wellen nach außen aufspringen. 28 cm. (Alle vier Puppen mit Helmzeichen, Germany und Größenmarkierung.)

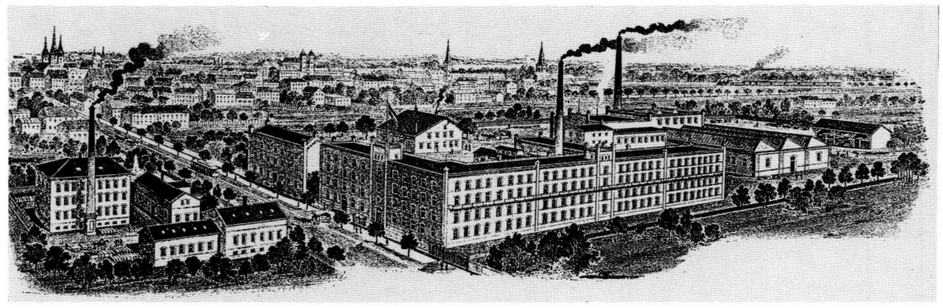

Die Firma Hagedorn 1910

A. HAGEDORN & COMP.

Celluloid- und Korkwarenfabrik
Osnabrück
1897 bis Gegenwart

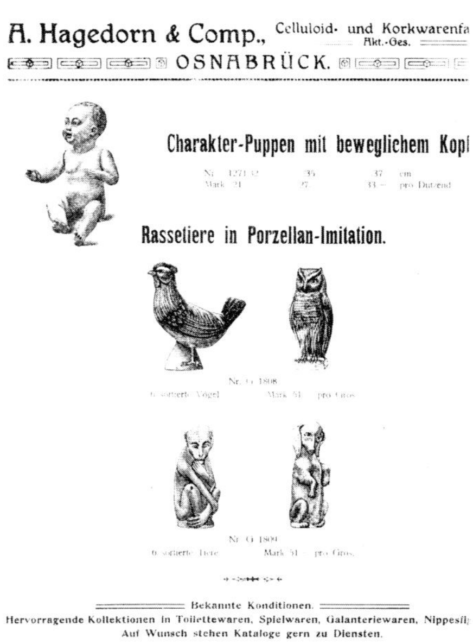

Aus einem Katalog um 1910, der auch Negercharakterpuppen und Steifbeinbadepuppen enthält.

1897 wurde die offene Handelsgesellschaft A. Hagedorn & Fricke gegründet, die eine Gußstahlkugel-Produktion aufnahm. Ein Jahr später kamen Kugellager auf den Markt, die rationeller gefertigt werden konnten. Die Firma mußte die Fabrikation aufgeben und nach neuen Aufgaben suchen. Die damals aufblühende Fahrradindustrie legte es nahe, Zubehörteile für Fahrräder anzubieten. Die verbesserten Fahrradgriffe erhielten einen Zelluloidrohrüberzug. Damit begann die Firma etwa von der Jahrhundertwende an das Material zu verarbeiten, das ihren weiteren Weg entscheidend bestimmte. Immer mehr Waren für den täglichen Bedarf wurden aus Zelluloid produziert – bald machten sie 50% der Fabrikation aus.

Schon etwa 1904/05 gehörten Spielwaren mit zum Programm, und 1906 begann die Firma mit der Herstellung von Rohzelluloid. 1908 wurde auch das Vorprodukt Nitrozellulose selbst gefertigt, und die Firma wuchs zu einem der führenden Zelluloid- und Zelluloidwarenproduzenten in Deutschland heran. Etliche Spielwarenhersteller bezogen ihr Rohmaterial von Hagedorn.

Das eigene Warenangebot erstreckte sich über Toiletteartikel, Fahrradgriffe, Füllfederhalter, Teigschaber, Fotolaborbedarf, Tischtennisbälle und „Beadsketten" (Ketten aus bunten Zelluloidblättchen, die in großen Mengen als Schmuck nach Afrika exportiert wurden) bis hin zu einem recht breiten Spielwarenangebot.

Frühzeitig nahm die Osnabrücker Firma die neuen Charakterbabys in ihr Programm auf. Außerdem gab es zahlreiche Rasseln, Ringe, Vogelspielsachen,

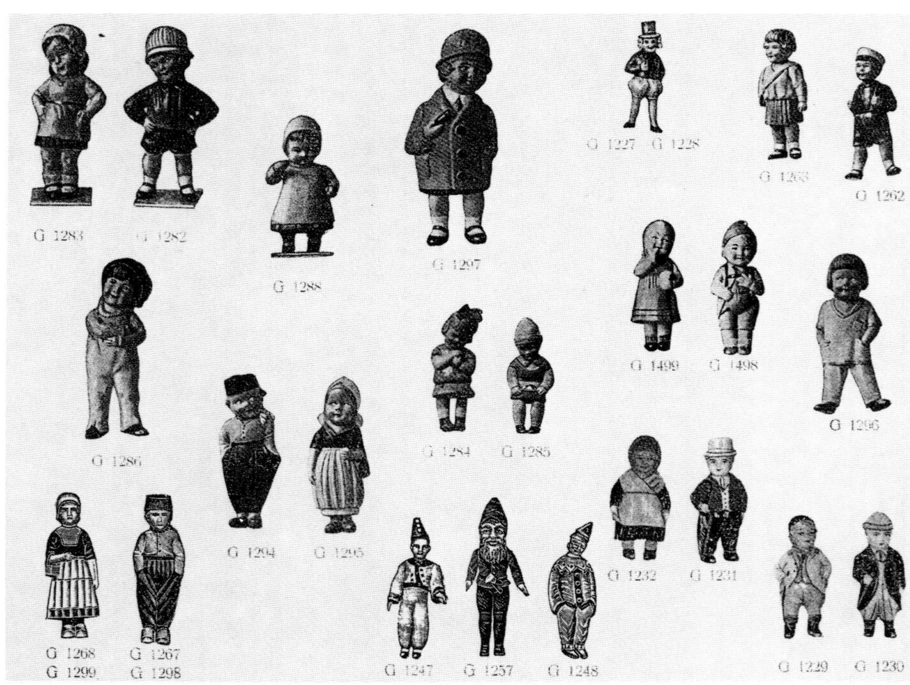

Ausschnitte aus dem Katalog von 1928, der sogar zwei Zelluloidautos enthielt.

Eine freche Gans von Hagedorn zwackt nach dem kleinen Postboten von „Schildkröt“. Gans mit beweglichem Kopf, 16 cm lang, 10 cm hoch, 1928.
Postbote von „Schildkröt“ (mit Raute gemarkt), 12 1/2, um 1915.

Schwimmtiere und eine witzige Kollektion von Schaukelköpfen, Stehaufs und bunten Kleinfiguren. Die Schaukelköpfe veralberten zum Teil Persönlichkeiten der Zeit. Die kleinen Figürchen mit bunter modellierter Kleidung hatten Ähnlichkeit mit den Gestalten von „Schildkröt“, Kowenko, Hunaeus und Juno.
In den zwanziger Jahren gehörten auch die lustigen Badepüppchen mit steifen oder beweglichen Beinen zum Programm – ebenfalls deutlich mit ihren Zeitgenossen aus anderen Häusern verwandt. Auch an Bällen, Trompeten und Blasspielzeug (z. B. für Seifenblasen) ließen es die Osnabrücker nicht fehlen. Zu den nettesten Kleinigkeiten von Hagedorn gehört eine Gans, deren langer Hals (pendelnd aufgehängt) bedächtig auf- und abwippt.
Bis zum Zweiten Weltkrieg wurde von Hagedorn Spielzeug fabriziert. Die Vertreter der renommierten Firma bereisten mit Spezialmusterkoffern den ganzen Kontinent von der Atlantikküste bis ins tiefe Rußland.
Heute noch stellt Hagedorn mit einem kleinen Blümchen markierte weiße und gelbe Tischtennis- und Bingobälle her. Das Rohzelluloid dafür wird seit Ende 1973 nicht mehr in Osnabrück (und auch sonst nirgends mehr in Deutschland) hergestellt, sondern aus anderen Ländern der EG und dem Fernen Osten bezogen.

Zwischen 4 und 6 cm klein sind diese Stehaufs von Hagedorn. Sie sind unmarkiert. Glücklicherweise fand sich ihre Abbildung in einem Katalog aus den zwanziger Jahren, der noch im Besitz der Firma ist.

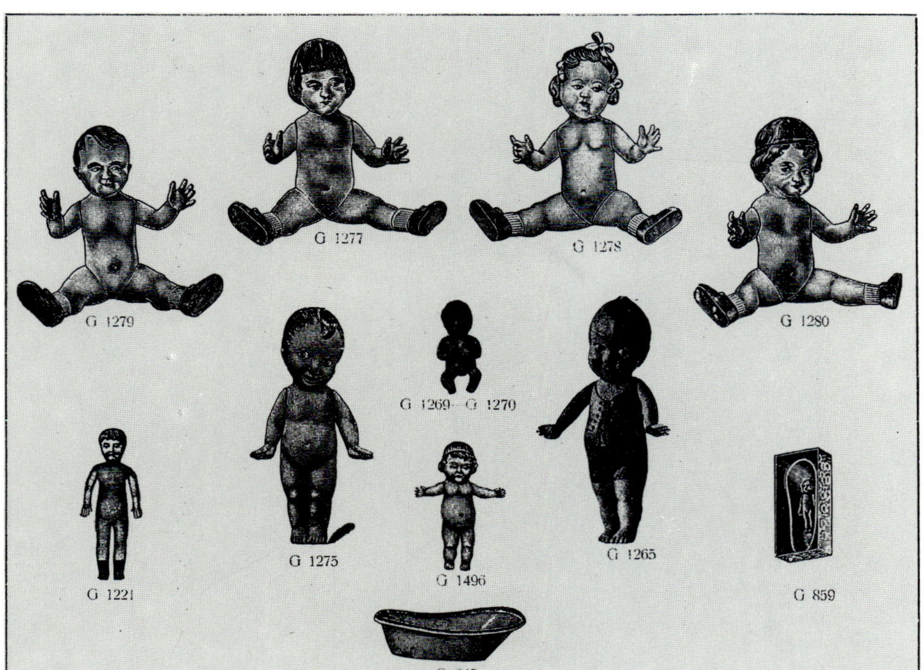

Ausschnitte aus dem Katalog von 1928, der sogar zwei Zelluloidautos enthielt.

HAYN & ENGELS

Bad Zwischenahn/Oldenburg
1949 bis 1960

In Bad Zwischenahn bei Oldenburg begann die Firma Hayn & Engels nach der Währungsreform mit der Herstellung eines kleinen Zelluloidspielwarensortimentes: Ein Kleinpuppensortiment, geschickt auf wenigen Grundmodellen aufgebaut, die durch Farbe (Neger oder Europäer) und kleine Variationen „vermehrt“ wurden. Diese Püppchen waren zwischen 7 und 10 cm groß. Dazu gab es Mädchenpuppen mit modellierten Frisuren in 42 cm Größe und Puppengarnituren mit Spiegeln und Kämmen. Kleine Schwimmtiere – einfach und etwas breitschnabelig – in bunten Farben ließen sich immer verkaufen. Ein Kleinpüppchen wurde mit bodenlangem Rock geliefert – es ergab ein Tanzpüppchen: Dieser Rock nahm das Vibrieren eines Lautsprechers auf und drehte sich so zur Musik.
Die kleine Firma mit dem Schmetterling als Markenzeichen beendete 1960 ihre Herstellung. Gelegentlich findet man noch heute ein Tütchen mit fabrikneuen Kleinpuppen auf Flohmärkten.

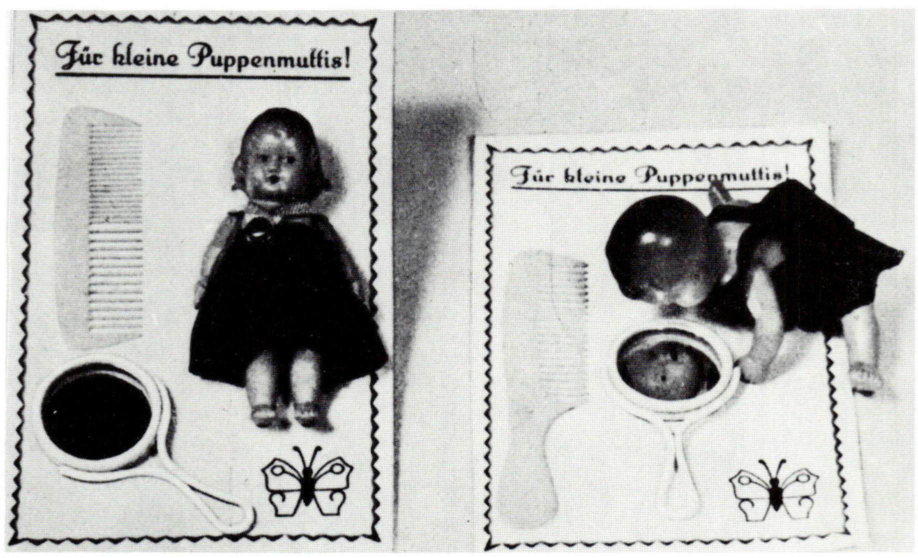

Links und rechts:
42 cm große Puppen, Tier- und Puppenstehaufs und die notwendige Ausstattung für ein gepflegtes Puppenmütterchen boten Hayn & Engels Mitte der fünfziger Jahre an.

Kleinpuppen (7 bis 8 cm) aus dem Sortiment von Hayn & Engels. Rechts das Tanzpüppchen, das mit den Spitzen des Bastunterrockes die Schwingungen eines Lautsprechers aufnimmt und dadurch „zur Musik tanzt“.

HERMSDORFER CELLULOIDWARENFABRIK GMBH

Berlin-Hermsdorf
1922 bis etwa 1927

Im Mai 1922 beantragte die Hermsdorfer Celluloidwarenfabrik GmbH in Berlin den Schutz ihres Warenzeichens: ein kleiner Käfer mit den Buchstaben „DADA" auf dem Rücken versuchte seine Beinchen auf die Erde zu bekommen, sich gegen schild- und helmbewährte andere Zelluloidwaren durchzusetzen.
Die Firma scheint nur einen Kopftyp entwickelt zu haben – zumindest ist mir weder in einer Werbung noch in irgendeiner Sammlung bisher ein anderes Grundmodell begegnet. Dieser Babytyp wurde in verschiedenen Größen (vermutlich zwischen 21 und 48 cm) hergestellt, teilweise mit Sitz- und teilweise mit Stehbabykörper. 1925 gelang der Firma eine Erfindung, die sie erst durch Gebrauchsmusterschutz (DRGM 912 503) und ein Jahr später durch Patentierung (DRP 451 275) schützen ließ: Die Babypuppe erhielt ein am rechten hohlen Arm befestigtes Milchfläschchen, das sich beim Heben der Flasche zum Mund scheinbar in diesen, tatsächlich aber in den Arm entleerte. Wurde der Arm wieder gesenkt, floß der Inhalt zurück in die Flasche. Einfach und äußerst wirkungsvoll! Die Erfindung wurde als die Sensation der Herbstmesse 1925 gepriesen und sofort begierig vom Handel aufgenommen.
Zwei Jahre später verbesserte die Firma noch einzelne Konstruktionsteile dieses Babys:
„1. Abnehmbare Trinkhand zum besseren An- und Auskleiden der Puppen.
2. Leichtes Herausnehmen des Korkens und Saugers zum Nachfüllen der Milchflüssigkeit.
3. Blechflaschen mit Ersatzflüssigkeit und Trichter, um jederzeit fehlende Flüssigkeit zu ersetzen".
Dieses Baby T nannte sie das „Schönste des Weltmarktes".
Zum weiteren Programm gehörten „lebende", d.h. mit Zelluloidtieren gefüllte Bälle und Stehauffiguren, die praktischerweise ein Bandmaß in der Bodenrundung beherbergten. Dennoch scheint es der Firma zum Verhängnis geworden zu sein, daß sie sich auf einen Puppentyp allein verließ. Stolperten andere Firmen gelegentlich über eine zu große Ausweitung des Programms, so scheint hier die selbstsichere Beschränkung auf einen „Star" und nur wenige „Rauchmodelle" doch zu riskant gewesen zu sein. Wie schon im Kapitel über Buschow & Beck erwähnt, konnte die Hermsdorfer Celluloidwarenfabrik vermutlich die Rechte an ihrem Baby an die sächsische Firma „Minerva" verkaufen. Die übrigen Produkte verschwanden zusammen mit dem kleinen Marienkäfer im September 1927 aus den Anzeigen der Spielwarenblätter. Am 10.9.1932 wurde von Amts wegen das Warenzeichen gelöscht, da kein Antrag auf Verlängerung nach Ablauf der üblichen Zehn-Jahresfrist eingereicht worden war.

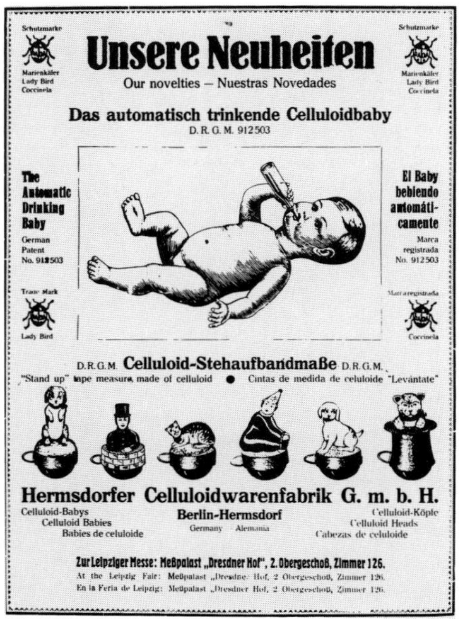

Inserat der Hermsdorfer Celluloidwarenfabrik 1925.

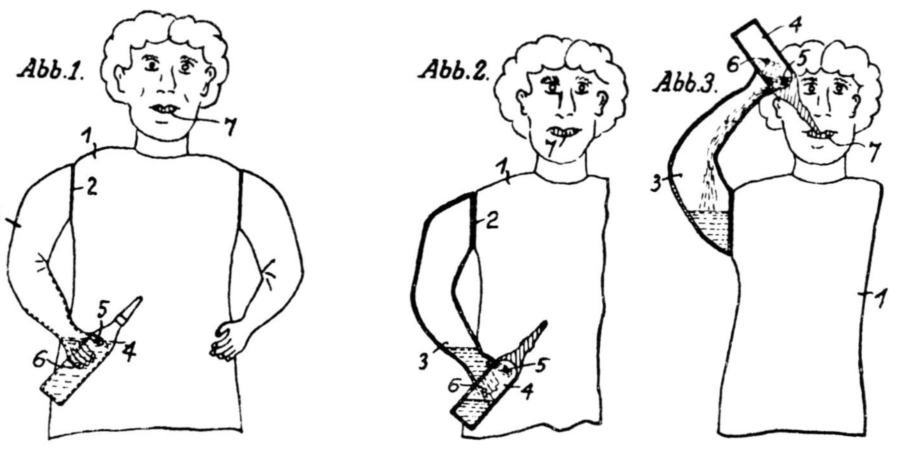

PATENTANSPRUCH:

Gelenkpuppe, welche das Trinken aus einer am Gelenkarm befestigten Flasche nachahmt, deren Inhalt sich beim Ansetzen in den Hohlarm entleert, dadurch gekennzeichnet, daß die Flasche durch zwei in verschiedenen Höhen des Flaschenkörpers und in der diesen umfassenden Hand angeordnete Kanäle (5, 6) mit dem Hohlarm in Verbindung steht.

Das Patent des automatisch trinkenden Babys. Es wurde später von Buschow & Beck übernommen. (DRP 451 275)

Ein sehr lieblicher, seltener Mädchenkopf, der ebenfalls von der Berliner Firma stammt. Diesen Brustblattkopf gab es in mehreren Größen, der abgebildete ist 8 cm groß. Mitte der zwanziger Jahre. (Mit dem „Dada-Marienkäfer", 8 und Germany gemarkt.)

Heute bedeutet es ein großes Sammlerglück, wenn man eines der Babykinder dieser Firma findet; immerhin wurden sie nur rund fünf Jahre produziert. Ihre äußeren Merkmale – die kräftig modellierten und getönten Haare, sauber und schwungvoll vom Seitenscheitel nach rechts gekämmt – finden sich allerdings an Schildkrötpuppen einige Jahre später wieder. Auch fällt auf, daß die Mannheimer Firma im Jahre 1938 einen recht ähnlichen Marienkäfer schützen läßt (siehe Rheinische Gummi- und Celluloidfabrik). Möglicherweise war das nur der Versuch, die gute Erinnerung an die kleine, aber berühmte Marke für sich zu verbuchen.

Ein „Hermsdorfer"-Zwillingspärchen. Diese Kopfform war auch das Modell für das spätere „Trinkbaby". Feststehender Kopf, gemalte Augen, 21 cm, Anfang der zwanziger Jahre. (Hermsdorfer Marienkäfer. 21. Germany.)

Die Celluloidwaren-Fabrik Dr. P. Hunaeus, 1925.

CELLULOIDWARENFABRIK DR. P. HUNAEUS

Hannover-Linden
1890 bis 1930

Einige Warenzeichen der Firma Paul Hunaeus: der Baum (1900) und das Buchstabenzeichen (1910 und zwanziger Jahre). Dazu kam noch der Schmetterling, den sich „Schildkröt" 1938 wieder schützen ließ (siehe Seite 105).

Wessen Puppe war als erste da? „Schildkröt" behauptet in allen Veröffentlichungen, die ersten Zelluloidpuppen in Deutschland fabriziert zu haben. Alle Artikel, die sich mit Paul Hunaeus befassen, schreiben ihm die ersten Zelluloidpuppen zu. Vermutlich hatte „Schildkröt" einen Vorsprung von ein bis zwei Jahren. Nachzuweisen ist nur, daß auch Paul Hunaeus schon im Jahre 1900 drei Patente beantragte, die zeigen, daß die Firma seit längerer Zeit mit der Produktion von Zelluloidpuppen Erfahrungen gesammelt hatte. Besonders das „Verfahren zur Herstellung von Celluloidhohlkörpern, deren einzelne Theile durch stumpfes Zusammenschweißen in den Fugen verbunden sind" (DRP 124863 vom 7.6.1900), verdeutlicht, daß Dr. Paul Hunaeus Mängel abstellen wollte, die beim Gebrauch der Puppen auftraten. Im Vergleich zu dem ähnlich lautenden Patent der „Rheinischen" sah Hunaeus zusätzliche verstärkende Laschen an den Fugen vor. Ein Lager für „bewegliche Puppenaugen" wurde 1900 für Zelluloid und andere Köpfe von Dr. Hunaeus angemeldet (DRP 123967), und der „Rumpf für Steifgelenkpuppen aus Celluloid" (DRP 138007) beweist, daß auch in Hannover die Puppen vor 1900 Arme und Beine schwingen konnten. Jetzt nämlich sann man bereits darüber nach, wie die Gummischnüre vor allzu schnellem Abrieb durch die „dünne, scharfe Celluloidwandung" geschützt werden konnten.
1901 wurde die obere Öffnung der Kurbelköpfe durch einen verstärkten Rand

Links:
Mit diesem Patent bemühte sich Paul Hunaeus 1900, die Fugen der Puppen fester zu verbinden.

Mitte:
Eine Lagerung aus Zelluloid für Schlafaugen wird mit diesem Patent vorgestellt.

Rechts:
Dieser Steifgelenkkörper wurde von Hunaeus ebenfalls 1900 entwickelt.

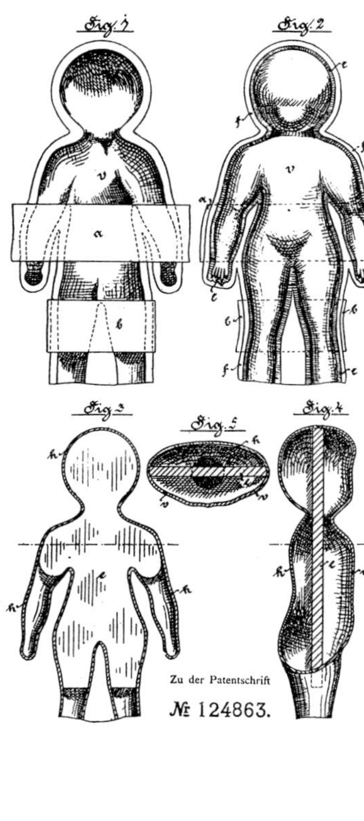

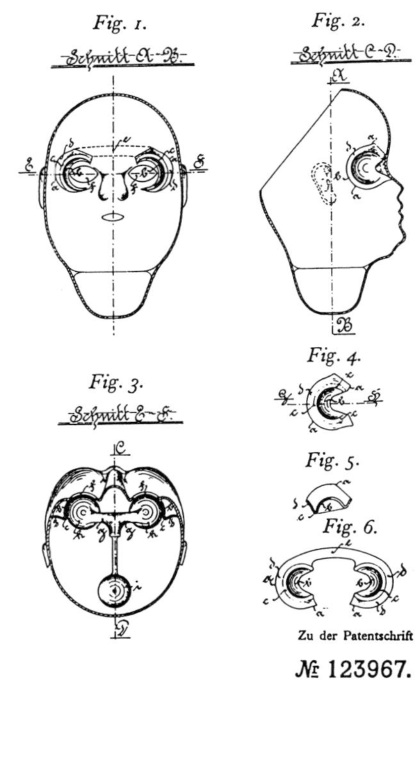

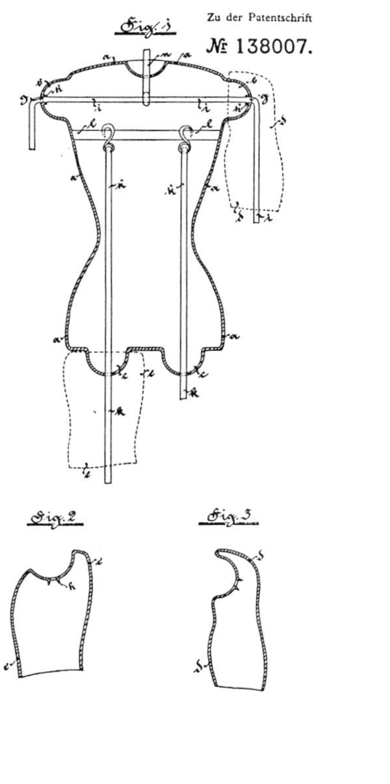

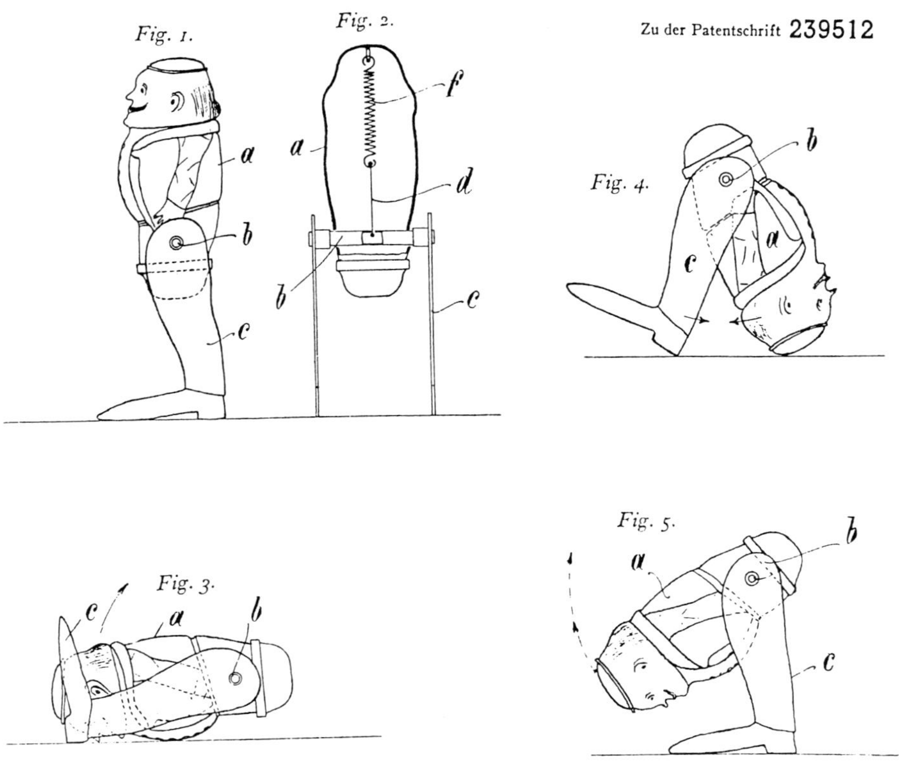

Rechts:
Diese Figur richtete sich zum Vergnügen der Kinder aus zusammengefalteter Stellung allein auf, 1910.

Mitte:
Tanzende Spielzeugfigur 1909. Patent Nr. 245303.

Unten:
1910 schaukelten und hüpften bunte Zelluloidfiguren Schrägen hinab. Zeichnungen aus dem Patent Nr. 228239.

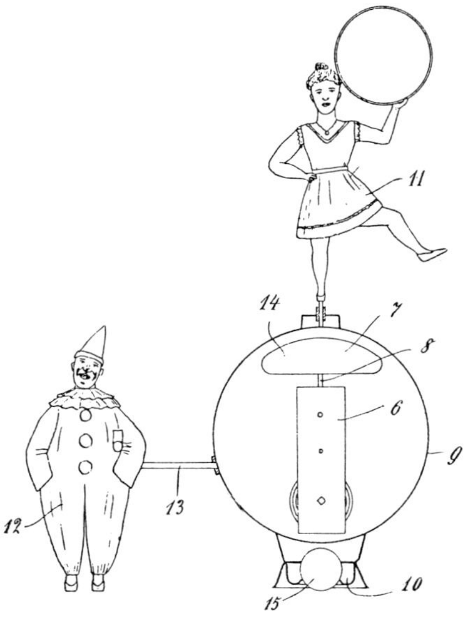

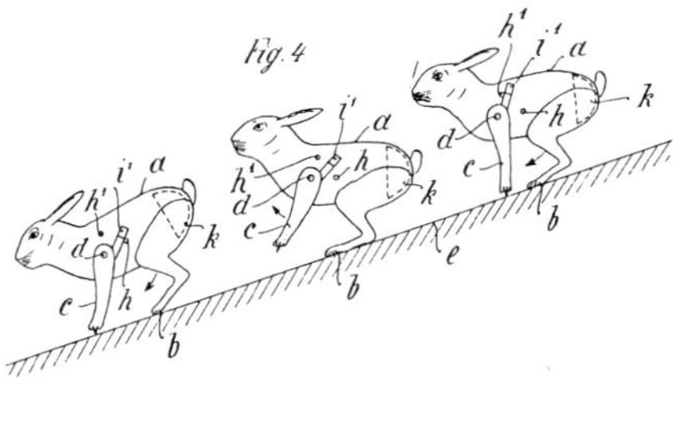

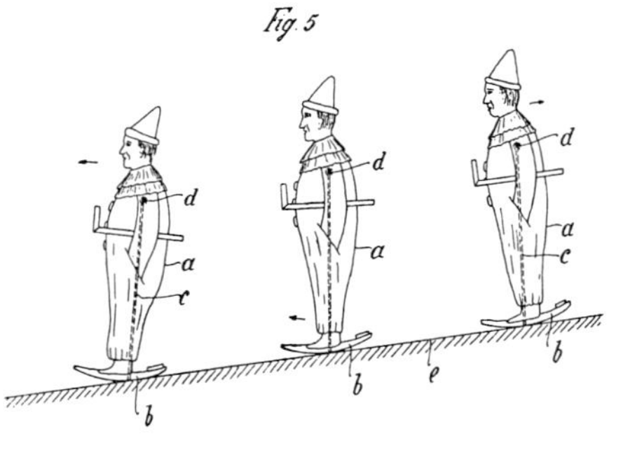

und einen „Perrücke tragenden Deckel", der mit Metallklammern verankert war, verbessert (DRP 126409). Es gab also durchaus schon eine ganze Weile Kurbelköpfe aus Zelluloid mit Schlafaugen. Auch ein verbessertes „Verfahren zur Befestigung von Gegenständen an Celluloidkörpern" (DRP 132342) kam 1901 aus Hannover.

Aus all dem läßt sich ablesen, daß schon vor und um 1900 die Zelluloidwarenfabrik des erfindungsreichen Dr. Paul Hunaeus nicht nur irgendwelche, sondern sogar besonders ausgereifte fortschrittliche Puppen herstellte.

Am 13.10.1900 gibt Dr. Paul Hunaeus in einem Warenverzeichnis folgende Artikel an:

Celluloidwaaren, nämlich: Fahrradzubehörtheile, Artikel für photographische, chemische und chirurgische Zwecke, Bälle und Spielwaaren, Puppen und Puppentheile, Schuhösen und Agraffen, Toiletteartikel, Federhalter und Schirm- und Stock-Griffe.

Im Februar 1905 überträgt Paul Hunaeus den Musterschutz für sechs Entwürfe auf die „Rheinische". Hinter den Zahlen 1001-1006 verbergen sich besonders hübsch gestaltete Kinderrasseln, die die Mannheimer Firma jedoch erst im Jahre 1913 in die Produktion aufnahm. Auch später in den zwanziger Jahren bringt Hunaeus wieder ein Sortiment fantasievoller Rasseln auf den Markt. Solche Kleinkindspielsachen gehörten zu den risikolosen, preisgünstigen Artikeln, die die meisten Zelluloidwarenfabrikanten führten.

1909 kommt zu dem das „PH" umrankenden Baum das reine Buchstabenwarenzeichen (1910 wird noch einmal der Baum eingetragen, dann nur noch entweder das Buchstaben- (PH) oder das Wortzeichen (PEHA). Hunaeus meldet nun ein wesentlich vergrößertes Sortiment an. Er bietet auch „Zelluloid in Platten, Röhren, Stäben, Schläuchen, Bändern, Pfropfen und Walzen" an – mit anderen Worten: er wird auch Rohzelluloidlieferant. Bei den Spielwaren allerdings scheinen Puppen nicht mehr im Vordergrund zu stehen, sondern Figuren. So zum Beispiel die „tanzende Spielzeugfigur" (DRP 245303) und die „auf schiefer Fläche selbsttätig abwärts schreitende oder hüpfende Spielzeugfigur" (DRP 228239). Schwimm- und Tauchspielzeug (z. B. DRP 226674 und 240230), die Figur, die sich „aus zusammengeklappter Stellung selbsttätig aufrichtet und hinstellt" (DRP 239512) und Kleinkinderspielzeug bestimmten das Programm, außerdem gab es ganze Regimenter kleiner Zelluloidsoldaten – ein Zeichen für die verstärkt auf Kampfbereitschaft abzielende Erziehung. In den Jahren vor den Weltkriegen

Kriegsprogramm von Hunaeus: 1916 konnte man „heulende Feinde“ den lieben Kleinen schenken, dazu einen „Stehauf-Feldgrauen“ und Munition.

kann man jeweils deutlich die Zunahme von kriegerischem Kinderspielzeug beobachten. Hunaeus gehörte auch hier zu den Vorreitern.
In den Kriegsjahren bietet er u.a. „heulende Feinde“, „unsere Feldgrauen“ und „unsere Brummer“ (Kanonen) an. Aber auch eine friedliche Neuheit erscheint 1916 im Programm: Leuchtendes Spielzeug. Die Deutsche Spielwarenzeitung lobt die Neuheit mit folgenden Worten:
Trotz der besonders schwierigen Verhältnisse gerade auf dem Zelluloidmarkte überrascht die rührige Firma Zelluloidwaren-Fabrik Dr. P. Hunaeus ihre Meßbesucher doch mit einer wirklich neuen Art von Spielwaren. Es sind dieses die verschiedensten bekannten Spielwarenartikel der Firma, jedoch nach einem zum Deutschen Reichspatent angemeldeten Verfahren, mit einer ganz neuen, eigenartigen Malerei versehen. Diese Malerei wirkt einfach und schön, kommt vielleicht manchem etwas eintönig vor, doch verbirgt sich in ihr eine ganz eigenartige Erscheinung, die jeden, der diese zum ersten Male auf sich wirken läßt, aufs höchste überrascht. Die so bemalten Sachen leuchten nämlich im Dunkeln in der Art der jetzt so bekannten leuchtenden Uhren, die erst im Kriege, und zwar im Schützengraben, zu Tausenden und Abertausenden in Gebrauch genommen wurden. Welche Freude werden unsere Kinder an diesen Spielwaren haben! Spielt ein Kind mit einem solchen Ball im Zimmer und dieser springt aus der Hand und rollt unter ein Möbelstück, unter dem Dunkelheit herrscht, so braucht das Kind nicht lange zu suchen, sondern der Ball meldet sich von selbst, indem er dem Kinde hell entgegenleuchtet. Ebenso ist es, wenn der Ball im Freien sich verliert und etwa in ein dunkles Gebüsch sich verirrt. Wie viele neue Freude kann mit diesen Spielsachen gemacht werden! Da sind die leuchtenden Weihnachtsmänner, bei denen besonders die Augen funkeln, sowie die unvermeidliche Rute, da die Osterhasen, da die fürchterlichen Krokodile, deren aufgerissener Rachen grünes Feuer speit und deren gefährliche Zähne in grellem Gelb leuchten. Eidechsen grün leuchtend, und der Feuersalamander, der hier seinen Namen mit Recht trägt.
Diese Leuchtfarben wurden übrigens aus Austernschalen hergestellt. Die Schalen wurden gekocht, pulverisiert (ohne die Rindenteile) mit Kohle- und Schwefelpuder gemischt und nochmals im verschlossenen Tiegel einige Zeit durchgeglüht.
Nach dem Ersten Weltkrieg taucht die Hannoversche Firma etwa 1921 wieder mit Werbung auf – man produziert vor allem Stehaufs, Rasseln, Tiere und kleine Figuren mit Zelluloidbekleidung. 1925 zog sich der 72jährige Dr. Paul Hunaeus aus der Firmenleitung zurück. Dr. Carl Scheu, der sich von der Pike auf hochgearbeitet hatte und nun schon einige Jahre Prokura besaß, wurde ein ausgezeichneter neuer Firmenchef. Er kurbelte das Programm ganz entscheidend an.

Spielwaren aus Hannover zu Anfang der zwanziger Jahre – hier eine Werbung von 1924.

Beliebt und preiswert waren diese Kleinkinderspielsachen, mit denen sich Hunaeus über die schwierigen Nachkriegsjahre rettete. Inserat 1926.

Links:
Kleine weiße Kinderrasseln, Junge und Mädchen mit plastisch modellierter Kleidung, je 10 cm klein, 1927.

Mitte:
Nur 10 cm groß ist dieser Knabe mit den Händen in den Hosentaschen, der – mit Kugeln im Inneren – als Rasselspielzeug in den zwanziger Jahren verkauft wurde. PH Germany markiert. Das 9 cm große Nashorn daneben ist unmarkiert. Die sehr gute Verarbeitung und das feste Zelluloid weisen auf einen deutschen Hersteller hin.

Rechts:
Ein Reitersmann mit Igodi-Drehkopf (aus dem Kohl & Wengenroth-Programm übernommen), 17 cm, etwa 1929, und Tiere mit beweglichen Beinen von Hunaeus. Elefant: 8 cm, Hase: 9 cm (Foto: Gisela Grote).

Mitte der zwanziger Jahre brach auch in Hannover die große Zeit der Wasserbälle mit Figuren (wie z.B. bei der Bayerischen Celluloidwarenfabrik), der Trillervogelspiele und Flugspielsachen an. 1926 – die Firma konnte es sich noch leisten zu erklären, sie verkaufe nur an anerkannte Crossisten und Exporteure – gibt es Geduldspiele, Wasser- und Blasspielzeuge und eine Großanzeige:
„Wußten Sie es schon? Hunaeus bringt wieder Puppen".
Mit einem „anerkannt schönen" Baby, das genau dem Zeitgeschmack entsprach, stieg die Firma Hunaeus wieder in diesen riskantesten, aber auch erfolgversprechendsten Zweig der Branche ein.
Am 13..8.1927 ließen sich die rührigen Hannoveraner ein „Miblu"-ähnlich bearbeitetes Zelluloid mit dem Namen „Natura" schützen.
Das Baby, das 1927 auf den Anzeigen prangte, hatte noch den üblichen Kurbelkopf. Ein Jahr später besaß die Firma ein Drehkopfpatent von Johann Gotthilf Dietrich. Schaut man in das Innere eines „Igodi"-Kopfes, so scheint es, als wäre eine Mischung der beiden Patente 460978 und 467784 entstanden, jedenfalls wurde für diese Zelluloidköpfe eine vereinfachte Befestigungsart gewählt. Mit dem „Igodi"-Hals und dem neuen PEHA-Hinterteil (einem unten etwas abgeplatteten Po) machte die Firma ihr Baby zu einem besonderen Verkaufserfolg.
In den Besitz der Nutzungsrechte des berühmten „Igodi"-Patentes kam Hunaeus durch eine bisher unbekannte Zusammenlegung: Mit Wirkung vom 1. Januar 1927 wurde von den Hannoveranern das gesamte Programm von Kohl & Wengenroth (vgl. S. 52) übernommen. Kohl & Wengenroth hatten das Drehkopfpatent von Dietrich erworben und ihre bunten kleinen Figuren damit ausgestattet.
Der Katalog 1928/29 der Firma Hunaeus konnte durch die Vereinigung der

Bunte Vögel von Paul Hunaeus 4 cm lang.

Federvieh von Hunaeus, „Schildkröt" und ungemarkt.

beiden Programme mit einem besonders reizvollen und vielfältigen Sortiment aufwarten. Während einer Übergangsphase wurden die Produkte übrigens mit beiden Firmenzeichen gemeinsam markiert. Einige dieser Figuren sind aus deutlich dünnerem, billigerem Zelluloid als die vorher von Kohl & Wengenroth gefertigten.

Die Zelluloidspielwarenfabrikation war jedoch unterdessen in arge Bedrängnis durch die japanische Billigkonkurrenz geraten. Die Kapazitäten waren bei weitem nicht ausgelastet. Der Firmenschwund ging weiter, die berühmte Firma in Hannover-Linden verschmolz – unter dem Dach der IG Farben – mit der Rheinischen Gummi- und Zelluloidfabrik (vgl. Firmengeschichte von „Schildkröt").

Dr. Carl Scheu, der auch als Sachverständiger für die Zelluloidwarenindustrie gesprochen hatte und die Branche bestens kannte, brachte seine aktive Werbepolitik von nun an erfolgreich bei „Schildkröt" ein.

Zwei Jahre später – 1932 – starb der erfindungsreiche Firmengründer Dr. Paul Hunaeus. Er war besonders geachtet in der Spielzeugbranche und die Spielwarenzeitung druckte den nebenstehenden Nachruf.

Ein schmerzlicher Verlust für die deutsche Zelluloidwaren-Industrie

Mit großem Bedauern werden alle der Zelluloidwaren-Branche Näherstehenden hören, daß Herr Dr. Paul Hunaeus vor kurzem in seinem Ruhesitz Godesberg a. Rh. mit 79 Jahren verstorben ist.

Seine Verdienste als Gründer der altangesehenen Zelluloidwaren-Fabrik Dr. P. Hunaeus, seine Verdienste an der Entwicklung und dem Aufstieg der Zelluloidwaren-Industrie machen es uns zur Ehrenpflicht, des Mannes zu gedenken, dem die Branche so viel verdankt.

Als er vor fast 50 Jahren die Zelluloidwaren-Fabrik Dr. P. Hunaeus gründete, befand sich dieser junge Industriezweig noch in seinen Anfängen. Herrn Dr. P. Hunaeus kam es zu, vorausschauend die vielseitige Verwendungsmöglichkeit des Zelluloids zu erkennen und den Weg als einer der ersten zu beschreiten, der die Industrie zu der heutigen Bedeutung geführt hat. Er war es, der eine Reihe neuer Verfahren für die Verarbeitung dieses Stoffes erfand und verwendete, er war es auch, der als erster Zelluloidpuppen herstellte. Mit Recht kommt somit dem Verstorbenen eine hervorragende Stellung als Gründer, Erfinder und Bahnbrecher der Zelluloidwaren-Industrie zu. Obwohl Herr Dr. Hunaeus vor einigen Jahren sich vom Geschäft zurückgezogen hat, nahm er nach wie vor regen Anteil an seinem früheren Werk und stand ihm mit seinem wertvollen Rat stets zur Seite. Alle, die ihn persönlich kannten, haben ihn nicht nur als Pionier der Industrie, sondern auch seiner menschlichen Vorzüge wegen geschätzt.

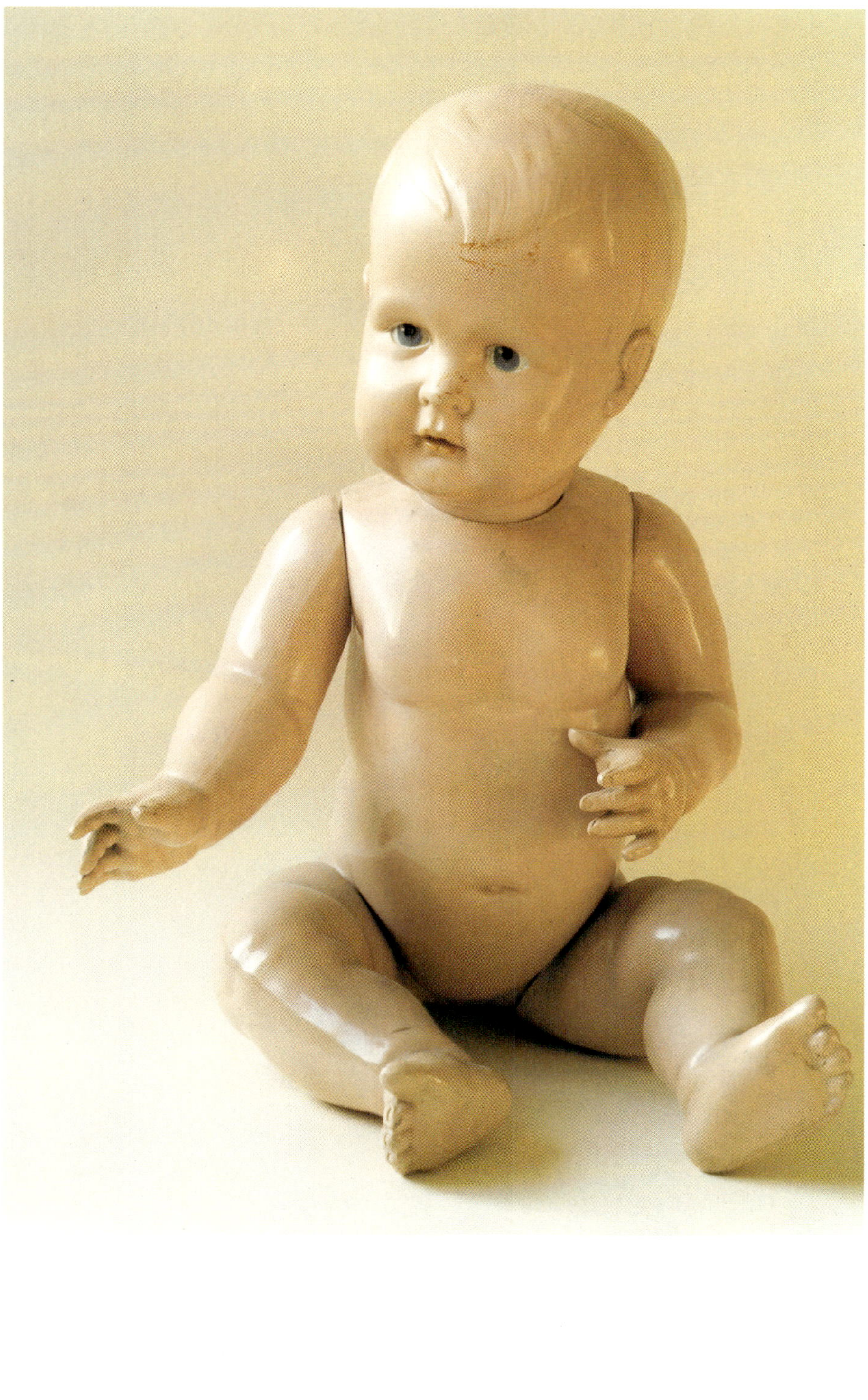

Ein Baby aus Hannover, das dem „Säuglingsbaby" von „Schildkröt" entspricht. Die gleiche schmale Kopfform und eine ähnlich in die Stirn gekämmte Frisur, gemalte Augen, offen-geschlossener Mund, zwei Zähne oben, 57 cm groß, 1927 als „das neue Baby" angeboten.

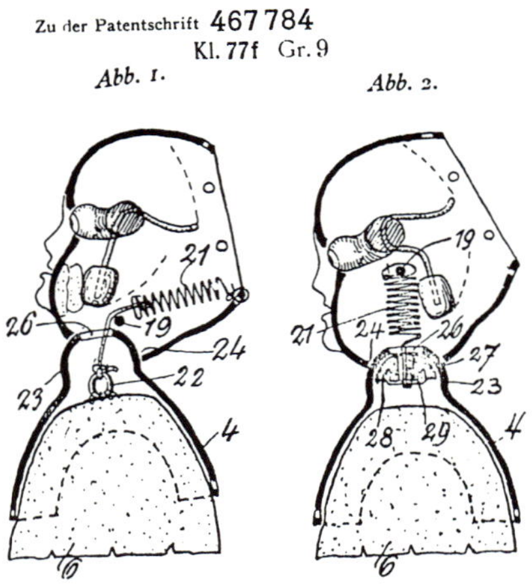

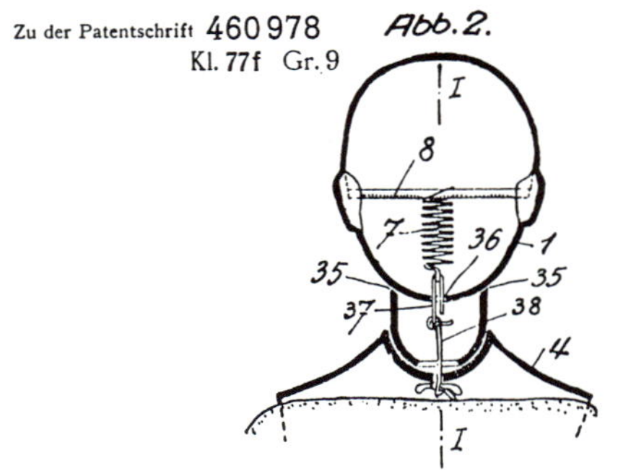

Dieses sind die beiden Drehkopfpatente von Johann Gotthilf Dietrich, die Konstruktionsgrundlage für die Igodikopfbefestigung von Hunaeus wurden.

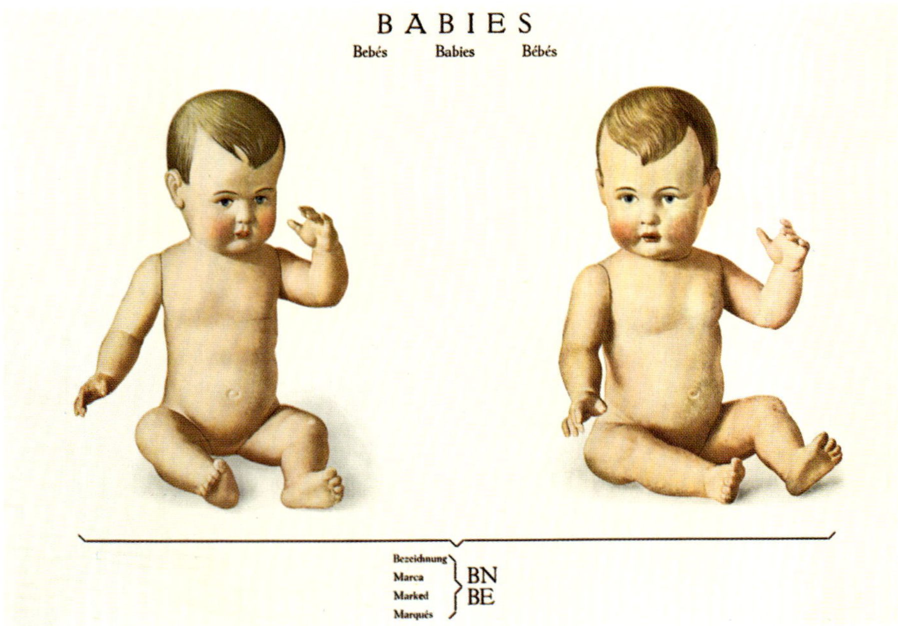

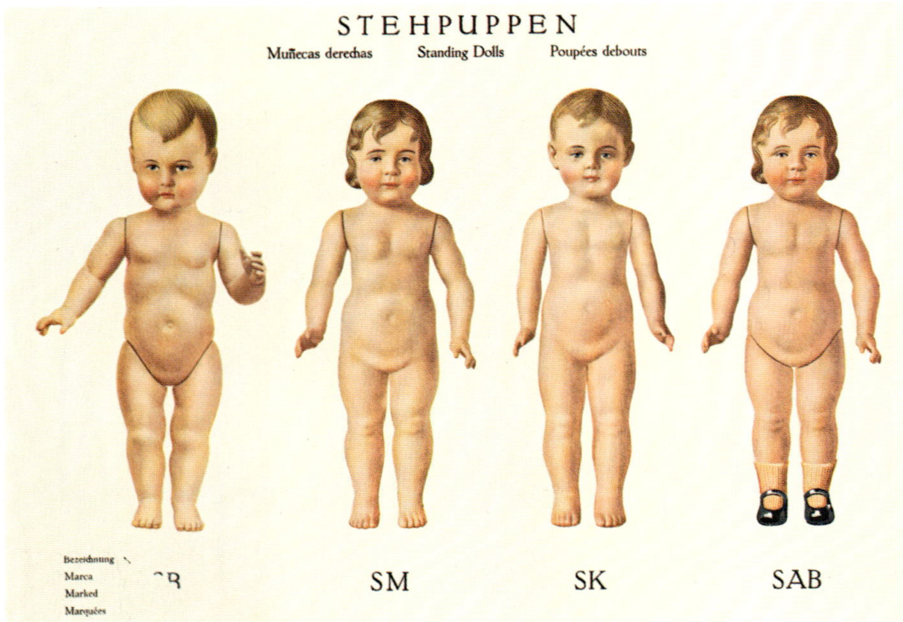

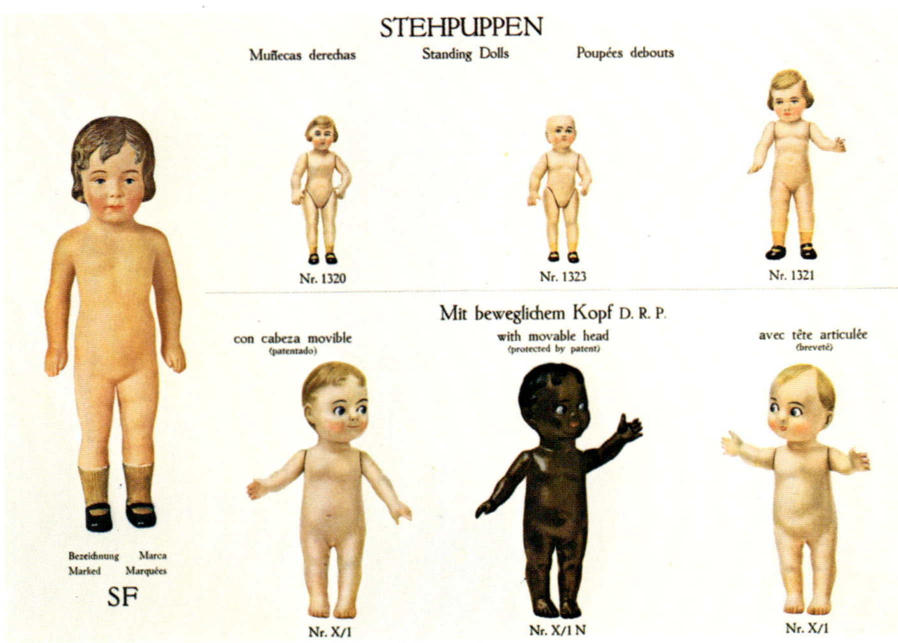

Aus einem Katalog von Dr. Paul Hunaeus – vermutlich dem letzten – von 1929.

Aus einem Katalog von Dr. Paul Hunaeus – vermutlich dem letzten – von 1929.

Seite 51:
Drei der begehrten Drehkopfpuppen, die zwischen 1928 und 1929 in Hannover gefertigt wurden. Der Neger – nicht durchgefärbt, sondern gespritzt – ist eine besondere Rarität. Er ist 40 cm groß, seine weißen Brüder sind 35 und 25 cm groß.

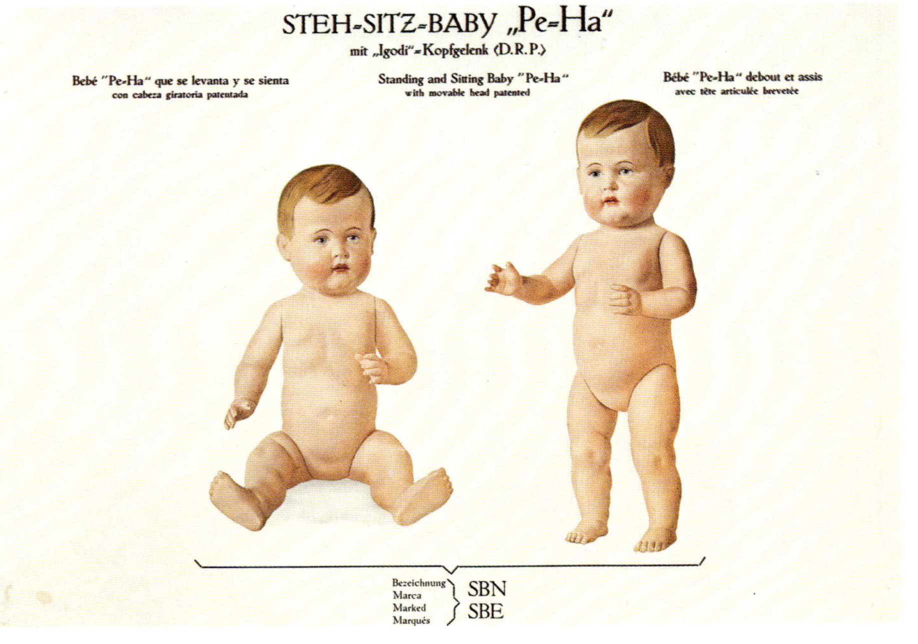

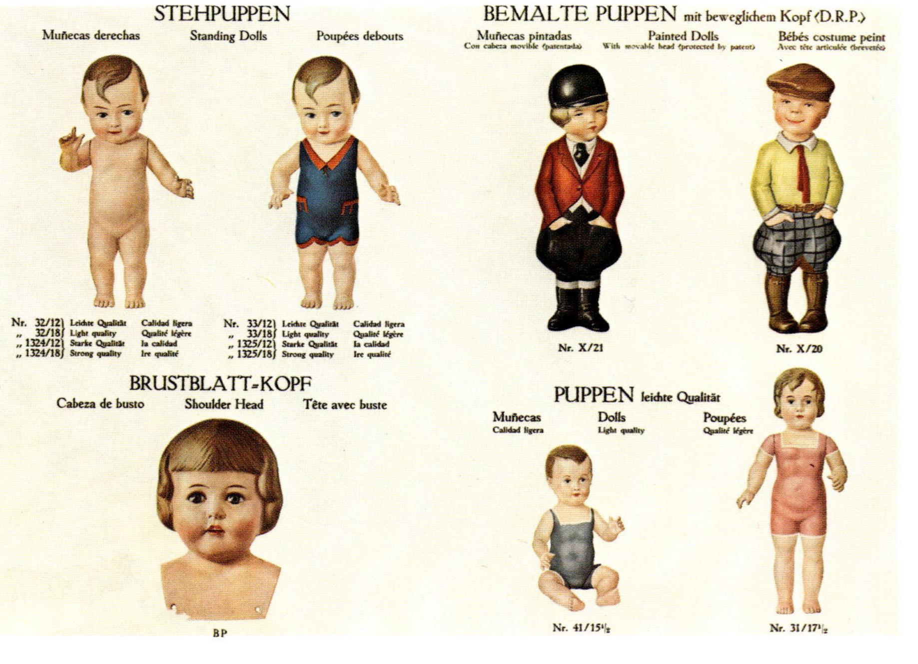

Aus einem Katalog von Dr. Paul Hunaeus – vermutlich dem letzten – von 1929.

unbekannt, es ist mir bisher auch auf keiner Puppe begegnet. Berühmt dagegen wurde das am 21.1.1922 eingetragene Zeichen des stilisierten Mädchens mit den Buchstaben KW auf den Armen.

Als Warenverzeichnis gibt die Firma folgende Produkte an: „Dauerwäsche. Waren aus Zelluloid und ähnlichen Stoffen, insbesondere Fingerhüte, Falzmesser, Serviettenringe, Nadelkissen (auch auf Stoff montiert), Drechsler-Schnitz- und Flechtwaren, Knöpfe, Spielwaren, namentlich Puppen, Rasseln, Schwimmtiere."

1922 entstand u.a. das bekannte Sitzbaby mit der einzelnen kessen Stirnlocke (von 7,5 bis 55 cm!), außerdem scheint die Serie „Bäbs" mit beweglichen Armen zu dieser Zeit entwickelt worden zu sein. Die Spezialität der Firma waren Puppen mit modellierter bemalter Kleidung. Während es Standardpuppen (Babys und Stehpuppen) in 10–24 (!) Größen gab, wurden die bunt bemalten Stehpüppchen nur in einer Größe hergestellt, nämlich 15 cm, die beiden historischen Pärchen 18 cm. 1925 war das Sortiment um „Holländer, Topfschwenker, Hochschüler, Trommler" u.a. erweitert worden. Gleichzeitig erwarb die Firma – laut Anzeige – die alleinigen Nutzungsrechte an einem neuen Patent von Johann Gotthilf Dietrich.

In unregelmäßigen Anzeigenserien verwies „Kowenko" auf die neue und lustige Spielfigur mit dem Drehkopf. In aller Stille wurde derweil im Hintergrund der Verkauf der Firma vorbereitet. 1927 gibt es keine Kohl & Wengenroth-Anzeigen mehr. In einer kleinen unauffälligen Notiz des „Wegweisers" wird die Geschäftsveränderung wie folgt bekannt gegeben:

Eine entscheidende Veränderung in der Celluloidspielwarenindustrie war schon auf der Leipziger Herbstmesse das Tagesgespräch der interessierten Kreise. Inzwischen ist ein die betreffenden Kreise genau informierendes Rundschreiben seitens der beteiligten beiden Firmen: Celluloidwerke Kohl & Wengenroth GmbH in Offenbach a. M. und Celluloidwarenfabrik Dr. P. Hunaeus in Hannover-Linden ergangen, dem wir folgendes entnehmen: Die Firma Kohl & Wengenroth, die seit 1864 besteht, wird von der Firma Dr. P. Hunaeus anscheinend völlig aufgenommen und besteht lediglich als Herstellungswerk weiter, während die Verkaufsorganisation ab 1. Januar 1927 absolut auf die Firma Dr. P. Hunaeus übergeht. Bis zu diesem Termin werden in Offenbach noch ausgeführt sämtliche noch vorliegenden früheren Aufträge, neue Aufträge auf Typen werden angenommen, soweit sie noch innerhalb dieses Jahres lieferbar sind. Spielwaren (also alles mit Ausnahme von Puppen!) werden nur noch durch Hannover zur Lieferung gebracht. Aufträge auf solche werden an Hannover weitergegeben, ferner werden alle Aufträge, auch die auf Puppen, ab 1. Januar 1927 von Hannover aus geliefert. Ob die Firma Kohl & Wengenroth als selbständiges Unternehmen aufhört zu existieren, geht aus dem uns vorliegenden Rundschreiben nicht hervor, auf alle Fälle aber wird die Verkaufsorganisation dieser Firma zwecks Rationalisierung – Erzielung niedrigster Vertriebsspesen – voll und ganz in der der Firma Dr. P. Hunaeus aufgehen. Der bisherige Geschäftsführer der Firma Kohl & Wengenroth, der in der Branche bestens bekannte Herr Franz Hesdörffer, hat die Leitung des von der Firma Dr. P. Hunaeus neu gegründeten Verkaufskontors für Süddeutschland in Frankfurt am Main ... übernommen ...

Die beiden anderen großen Spielwarenzeitschriften hüllten sich in Schweigen über diesen Vorgang. Ein Jahr später tauchten die bunt bemalten Figürchen mit dem Igodi-Kopf im Programm von Paul Hunaeus auf (nicht aber das Baby 1922). Nach dem Zusammenschluß der Hannoverschen Firma und der Mannheimer Firma werden die kleinen Gestalten endgültig aus dem Programm gestrichen. Zusammen mit der Firma Karl Standfuß haben Kohl & Wengenroth/Hunaeus eigentlich die entzückendsten Zelluloid-Kleinfiguren geschaffen. Gerade in diesen kleinen farbigen Figuren kommt die Schönheit des Materials besonders reizvoll zur Geltung. Leider kann man sie heute nur noch sehr selten finden. Vorallem die Serie mit dem Drehkopf wurde in beiden Firmen zusammen nur rund 5 Jahre produziert.

Solch ein Weihnachtsmann wäre der Traum jeden Kindes: 1926 schüttet er das ganze Firmenprogramm aus – fast alle diese Puppen finden sich zwei Jahre später bei Hunaeus wieder.

Der Kavalier des Rokokopärchens von 1912 (18 cm groß, nur „Germany“ markiert) flirtet mit der kleinen Holländerin mit Igodi-Drehkopf von 1925 (15 cm groß, mit Kohl & Wengenroth-Warenzeichen und „Germany“ markiert). Die Figuren, die später die Firma Hunaeus aus diesem Programm übernahm, sind gelegentlich mit den Warenzeichen beider Firmen markiert und aus dünnerem Zelluloid.

Das Baby 1922 von Kohl & Wengenroth, 40 cm, mit modellierter Haartolle, gemalten Augen, offen-geschlossenem Mund mit zwei Zähnen, und ein kleiner Bruder, 14 cm, aus der gleichen Zeit (Anfang der zwanziger Jahre).

Etwa ein Jahr lang konnte die Offenbacher Firma diese hübschen Kleinpuppen mit „Igodi"-Drehhals produzieren. Dieser 15 cm kleine Lausbub ist nicht nur nett anzusehen, sondern auch sehr gut verarbeitet. 1926, mit Kohl & Wengenroth-Mädchen hinten auf der Bluse in Taillenhöhe markiert.

PAUL MÜLLER
Celluloidwarenfabrik
Stein bei Nürnberg
1911 bis heute

Die Celluloidwarenfabrik Paul Müller, die aus einer Beindrechslerei hervorging, besteht seit 1911. Sie ist bis heute im Familienbesitz. Nach den Söhnen Karl und Max Müller leitet der Enkel Paul Müller den Betrieb.
In den dreißiger Jahren warb die Firma als „Spezialfabrik" für Spielwaren vor allem mit einer großen Auswahl Kleinspielzeug: Rasseln, Tiere, Stehaufs, Trompeten u. ä.. Das Rohzelluloid wurde von Hagedorn, Osnabrück (vor allem Platten und Folien) und der Zelluloidfabrik Speyer (auch Röhren) bezogen. An den Schwierigkeiten mit der Rheinischen Gummi- und Celluloid-Fabrik störte sich die kleine Firma genausowenig wie die anderen Nürnberger. Es wurde ein außerordentlich praktisches und einfach zu produzierendes Programm entwickelt – ohne besonderen Schnick-Schnack und dadurch auch wenig der Mode unterworfen. Bis zum Ende der Zelluloidfertigung (Anfang der sechziger Jahre) konnten die Modelle beibehalten werden. Die Fertigungsweise ist beispielhaft für viele Zelluloidspielwarenbetriebe und soll deshalb etwas genauer beschrieben werden.
Es wurden vor allem kleine Formen gewählt, denn von diesen konnten in einem Arbeitsgang gleich hohe Stückzahlen gedrückt bzw. geblasen werden. Für die Stehaufs entwarf man ein einziges Grundmodell, das durch kleine Zutaten (Zylinder, Spazierstock, Röckchen, Schwesternhaube und dergleichen) und durch unterschiedliche Bemalung rund fünfzig (!) verschiedene Typen ergab. Ein etwas größeres Stehauf mit anderer Armhaltung brachte noch etwa fünf Varianten. Diese kleinen Stehaufs wurden (ohne die Kugel an den Füßen) auch in durchsichtige Babyrasseln eingesetzt und ergaben so ein neues Spielzeug.
Vogelspielzeug gehörte auch zum Programm der Firma, und die Stehauffiguren waren durchaus nicht nur für die Kinder, sondern auch für die Vögel bestimmt. Paul Müller berichtet, daß die Kinder wegen des eigenartigen Geschmacks gern auf kleinen Spieltieren herumkauten. Einige Erwachsene hätten sogar die Gewohnheit gehabt, immer etwas Rohzelluloid zu kauen – wohl, weil der darin enthaltene Kampfer als wohltuend empfunden wurde.
Obwohl Zelluloid um 1953 allmählich durch nicht brennbare Kunststoffe ersetzt werden mußte, habe jede Firma noch jahrelang – je nach den vorhandenen Vorräten – Zelluloidspielwaren produziert. Erst etwa ein Jahrzehnt später wurde kein Zelluloid mehr verarbeitet. Heute stellt die traditionsreiche Firma Plastikwaren her.

Die großen Rasseln stammen aus der ersten Produktionszeit der Firma Paul Müller. Die Rassel mit den Vögeln zeigt die praktische Konzeption des gesamten Programms: Man stellte Kinder- und Vogelspielzeug aus den gleichen Grundmodellen her. Auch die kleinen Figuren konnten – mit und ohne Schaukelfuß – Kindern und Vögeln gleichermaßen zum Zeitvertreib dienen.

PLASTIKWERK FIEDLER & PODEY
Neulussheim (Baden)

Zu Beginn der fünfziger Jahre, als „Plastik" modern wurde – Zelluloid aber noch preiswert war –, nannten einige Hersteller ihr Produkt fortschrittlich „Plastik". Die abgebildeten Spielsachen sind aber alle aus Zelluloid. Es ist zu vermuten, daß auch andere Puppenstubenteile (z. B. Küchen, Bäder), die – sehr selten – auftauchen, von dieser Firma stammen. Das Firmenzeichen wird gelegentlich mit dem von Paul Hunaeus verwechselt.

Das Warenzeichen von Fiedler & Podey

Puppenhausspielwaren vom Plastikwerk Fiedler & Podey, fünfziger Jahre.

Das Warenzeichen von Reich, Goldmann & Co.

REICH, GOLDMANN & CO.

Offenbacher Celluloid- und Hartgummiwarenfabrik
Offenbach
1890 bis 1929 bzw. 1965

Wann diese Offenbacher Firma einfaches Baby- und Badespielzeug in ihr Programm aufnahm, ist noch nicht ganz klar. Im Jahr 1909 meldet sie unter dem Namen „Aeropalla" Luft- und Ballspiele an. 1921 wird ein weiteres Warenzeichen zum Schutz eingetragen: ein Vogel im Kreis mit den Buchstaben R. G. C. auf einem Band, das er im Schnabel trägt. Schlicht werden „Zelluloidwaren" als Produktionszweig angegeben. 1925 wirbt die Firma mit Babys in allen „gangbaren Größen" mit den üblichen Wasserbällen und „einem lustigen Tanzbläser". „Zauberstäbe", „Wunderpfeifen" und „August mit den Luftballons" sollen 1926 die Kundschaft gewinnen.

1927 prangt ein Baby – ähnlich den meisten Konkurrenzprodukten (z.B. dem Hermsdorfer Baby) – als „Das Offenbacher Baby" ganzseitig in der „Spielwarenzeitung", ein weiteres Inserat zeigt die übrige Produktpalette: Boote, Schwimmtiere, Stehaufs, Wunderkugeln, bemalte gekleidete Figuren, Stehpüppchen und Toiletteartikel. Danach verschwindet die Firma aus der Werbung für Zelluloidspielwaren. Vermutlich gab sie unter dem Druck der Billigimporte aus Japan die Spielwarenproduktion 1928/29 auf.

Nach den Eintragungen der Industrie- und Handelskammer findet später noch mehrmaliger Besitzerwechsel statt (30.8.1938: Leo H. Weiss und 4.5.1939 G. Frank, Umwandlung in eine Kommanditgesellschaft), ehe die Firma am 30.6.1965 endgültig erlischt.

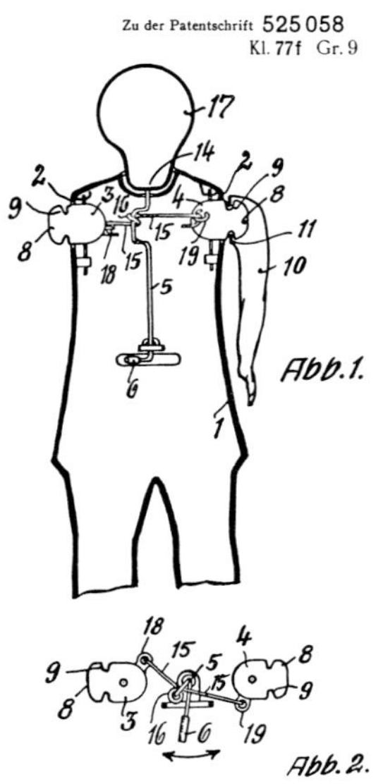

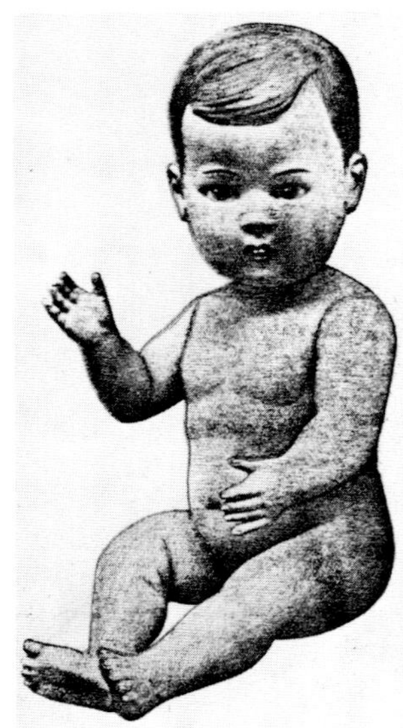

Links:
Eine Zelluloidpuppe, die Kopf und Arme gleichzeitig bewegt, ließ sich die Offenbacher Zelluloidfirma 1928 patentieren.

Mitte:
Inserat in der „Deutschen Spielwarenzeitung" 1925.

Rechts:
Beim besten Willen kann man die Babys dieser Zeit nur schwer auseinanderhalten: Irgendwie stand immer das gleiche Grundmodell Pate! Dieses ist das Baby von Reich, Goldmann & Co., 1927.

Eine der frühesten Abbildungen der Firma

Friedrich Bensinger

RHEINISCHE GUMMI- UND CELLULOIDFABRIK

Mannheim
1873 bis Neuzeit

Firmengeschichte, von Werner Schroeder

Die Firmen H.L. Hohenemser & Söhne, Gebrüder Lenel und Herr Friedrich Bensinger, Mannheim haben unter dem Heutigen folgenden Vertrag unter sich verabredet und geschlossen.
§ 1 Die Vorgenannten vereinigen sich zum Zwecke der Bildung einer Aktiengesellschaft unter der Benennung „Rheinische Hartgummi- und Waaren-Fabrik".
Mit diesem Gründungsvertrag vom 3. April 1873, der insgesamt elf Paragraphen umfaßt, beginnt die Geschichte eines Unternehmens, das innerhalb weniger Jahrzehnte Weltruf genießen sollte und in Deutschland zum führenden Zelluloidpuppenlieferanten wurde. In der Anfangsphase stellte das Unternehmen vorwiegend Frisierkämme, Schmuckkämme und Schmuck aus Hartgummi her. Später wurde diese Produktion um Knöpfe aus einer harzähnlichen Masse ergänzt. Obwohl die drei Gründer am Aktienkapital von 900 000,– Reichsmark zu jeweils einem Drittel beteiligt waren, war der Hauptinitiator des Unternehmens der kaufmännische Leiter Friedrich Bensinger. Die ersten Jahre des jungen Unternehmens verliefen sehr erfreulich, teilweise mußten Tag- und Nachtschichten gefahren werden, um die Nachfrage zu befriedigen. Bereits 1877, vier Jahre nach der Gründung, war ein Ausbau der Produktionsräume notwendig geworden.
In dieser Zeit tauchte, aus Nordamerika kommend, eine neues Produkt auf: Celluloid oder auch Parkesin bzw. Lithoxyl. Diese neue leicht brennbare Masse konnte langfristig das Hartgummi verdrängen. In der Firmenfestschrift „Zum 25-jährigen Jubiläum..." von 1898 wird die Entscheidung Bensingers, mit Zelluloid zu experimentieren, recht selbstgefällig dargestellt: „Staunenerregend ist der Scharfblick unseres verstorbenen Herrn Friedrich Julius Bensinger in jener Beziehung, daß er der einzige Mann Deutschlands war, der schon damals (1880) die Wichtigkeit der Materie (Zelluloid) erkannte. Und so kommt es, daß unsere Fabrik die erste Deutschlands war, der es gelang, tatsächlich ein brauchbares Zelluloidmaterial herzustellen." Wenn auch nur teilweise mit dem wirklichen Geschehen übereinstimmend, zeigt dieser Text doch, wie man von Anfang an die herausragende Stellung der „Rheinischen" auch im Blick auf die Konkurrenz darstellen wollte.
Tatsächlich stellten schon 1879, wenigstens ein Jahr vor Beginn der Zelluloidproduktion bei der „Rheinischen", die beiden Berliner Firmen Ernst Dobler & Gebr. sowie G. Magnus & Co. auf der Berliner Gewerbeausstellung (1. Mai bis 30. Sep-

tember) Schmuckartikel und Manschettenknöpfe aus Hartgummi und Zelluloid aus. Nicht zutreffend sind die überlieferten Behauptungen, die „Rheinische" habe als erste Fabrik „brauchbares Zelluloid" hergestellt. Die Mannheimer konnten nach einer Explosion bei dem Berliner Konkurrenten Magnus & Co. den Chemiker des Unternehmens, Fritz Jander, „den Vater des Zelluloids in Deutschland", abwerben. Jetzt ging man daran, eigene Anlagen zur Herstellung des Zelluloids und 1881 eine Fabrik zur selbständigen Produktion aller Rohstoffe zu errichten.

Von Katastrophen blieb auch die Mannheimer Fabrik nicht verschont. Nach der Explosion einer Trockenanlage im Sommer 1882 wurde das gesamte Unternehmen stillgelegt. Monatelange Versuche waren notwendig, um ein neues, weniger gefährliches Verfahren zu entwickeln, das von der Großherzoglichen Fabrikinspektion in Karlsruhe schließlich genehmigt wurde. Allerdings war auch bei diesem neuen Verfahren die Brandgefahr nicht beseitigt. „Am 27. März 1885 wurde das ganze Werk durch einen Brand völlig in Asche gelegt". Trotz zunehmender Produktionserfahrung kam es immer wieder zu neuen Bränden: Alljährlich zerstörte mindestens ein größeres Feuer Teile des neuen Werks.

Das Jahr 1885 ist noch aus einem anderen Grund wichtig für die Firmengeschichte. In diesem Jahr wurde eine Schwestergesellschaft der „Rheinischen" unter der Firmierung „Fabrik wasserdichter Wäsche, Lenel, Bensinger & Co., Mannheim-Neckarau" gegründet. Im September 1885 wurde dann der Name der Muttergesellschaft geändert in „Rheinische Gummi- und Celluloidfabrik, Mannheim-Neckarau." Der Gründer, Friedrich Bensinger, gestorben 1891, konnte noch seine beiden Söhne Adolf und Karl in „seine industrielle und kaufmännische Gedankenwelt einweihen". Mit der Gründung des Rheinauer Zweigwerks zur Fabrikation der Kollodiumwolle (1888), war aus der Neckarauer Fabrik eine Anlage zur Produktion von Zelluloidgegenständen geworden. Diese Doppelstellung als Lieferant von Rohzelluloid und Fabrikant führte zu Auseinandersetzungen mit den wichtigen Kunden. Die Firmenleitung mußte sich zwischen der Lieferanten- oder Fabrikantenrolle entscheiden.

Wollte man weiterhin Lieferant und Hersteller sein, blieb als dritter Weg der Aufbau neuer, durch Patente geschützter Produktionszweige. In den primitivsten Anfängen befand sich damals das Blasverfahren „zur Erzielung von geformten Gegenständen durch inneren Druck bei Anwendung von Hitze in eigens konstruierten Metallformen". Nach dieser Methode wurden in Neckarau „mit einigem Glück und Geschick" Stock- und Schirmgriffe fabriziert. Karl Ben-

Der große Brand am 27.3.1885 – der Frankfurter Generalanzeiger hielt das Ereignis im Bild fest.

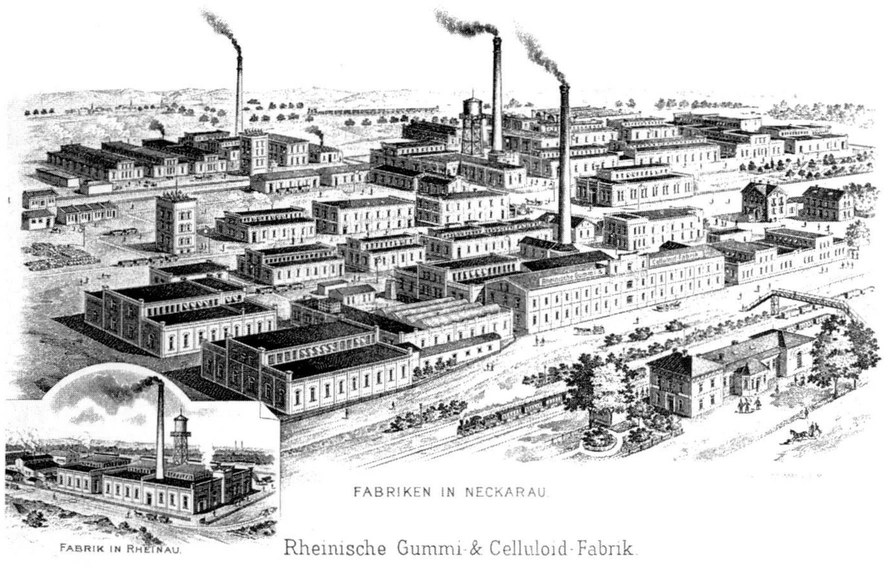

Im Jubiläumsjahr 1898 ist die Firma schon eindrucksvoll gewachsen.

singer beschreibt 1923 in der Festschrift zum 50jährigen Bestehen der „Rheinischen" die Anfänge der Puppenfabrikation:

Im Jahre 1895 engagierte die Fabrik einen jugendfrischen, energischen Spezialfachmann für ihre neugegründete Abteilung Schirm- und Stockgriffe, Herrn Robert Zeller. Zuvor war der Genannte bei einer Berliner Firma, welche ebenfalls Gegenstände aus Zelluloid herstellte, tätig.

1895 wurde Herrn Zeller die Aufgabe gestellt, ein Verfahren auszuarbeiten, welches ermöglichen sollte, Zelluloidpuppen, Puppenköpfe und dergleichen in Massen herzustellen, nachdem zuvor die Fabrikation aus zwei Plattenhälften durchaus versagt hatte. Man wandte sich versuchsweise dem vorgeschilderten Wege der Blasmethode zu. Nach zeitraubendem Tasten, das sich hauptsächlich auf die Konstruktion der Formen bezog, erreichte man Ende des Jahres 1896 die ersten greifbaren Resultate. Man nannte später das Verfahren die „Pressblasemethode des Celluloids".

Auffallenderweise fand die Erfindung bei den Großhändlern nicht die freundliche Aufnahme, welche man mit einigem Rechte erwartet hatte. Ein Teil derselben vermochte den Wert der Erfindung selbst nicht einzusehen, ein anderer Teil beanstandete die verhältnismäßig hohen Preise im Vergleich zu Puppen aus anderen Rohstoffen, wie aus Pappe, Porzellan, Holz und dergleichen. Unter solchen Umständen wußte das Neckarauer Werk die Nachfrage dadurch zu heben, daß es die Ware dem Publikum zunächst fast in direktem Wege darbot. Schon frühzeitig wies die Fabrik auf ihre Schutzmarke „Schildkröt" hin, und bald verließ keine Puppe mehr die Erzeugungsstätte, bei welcher dieses Erkennungszeichen nicht plastisch eingeprägt gewesen war. Auch die Packungen zeigten in sehr erkennbarer Weise diese Schutzflagge, und ein kleines Zettelchen in verschiedenen Sprachen wies ganz besonders auf die Vorzüge des Fabrikates sowie auf seine Erkennungsmarke hin. Dazu gesellte sich dann noch eine besonders ausgestaltete, geschützte Packungsart. Mit diesen geringen Reklamemitteln eroberte sich die Neuheit endlich doch die ganze Welt. Bald wurden die Räume, welche zur Puppenerzeugung in der alten Fabrik zur Verfügung standen, viel zu eng, bis diese Einengung einen solchen Charakter erreicht hatte, daß die Gründung einer selbständigen Puppenfabrik risikolos gewagt werden konnte. Im Jahre 1902 wurden zur Verfolgung dieser Ziele, völlig getrennt von den übrigen Neckarauer Werken, große Geländekomplexe erworben – nun sehen wir erstmals einen ganz neuen Industriezweig aus eigenster Schöpfung emporblühen. Das Werk wuchs ohne Unterlaß; so recht eigentlich konnte es die Nachfrage zu keiner Zeit völlig befriedigen.

Bald begann es an Arbeitskräften zu fehlen, so daß die Weiterentwicklung der Puppenfabrikation gehemmt erscheinen mußte. Um diesem Mangel zu begegnen, erwarb die Gesellschaft im Jahre 1905 eine bedeutende Geländefläche in Schwetzingen in der Nähe des Bahnhofs von rund 200000 qm. Ein Jahr später –

Ernst Neher, dem Berliner Vertreter der Mannheimer Firma, ist es vor allem zu verdanken, daß die ersten Zelluloidpuppen an den Mann gebracht werden konnten.

1906 – war bereits eine Puppenfilialfabrik in Schwetzingen fertiggestellt und dem Betrieb übergeben worden.
Diese Zugründung hat sich nicht bewährt. Die gewünschte Entlastung trat nicht ein, vielmehr ergaben sich schwierige Auseinandersetzungen zwischen beiden Werken selbst, weil ihnen der so überaus nötige Kontakt fehlte; die räumliche Trennung erwies sich für den vorliegenden Fall als undurchführbar. – Die so geschaffene Lage war schwierig, ihr konnte nur durch Erfindungen im Hinziel auf Ersparnis von Arbeitskräften begegnet werden.
Bereits 1910 war die Puppenfabrik-Filiale in Schwetzingen wieder geräumt und wurde für die ab Frühjahr 1911, vorerst als Probebetrieb aufgenommene Kunstseideproduktion, umgebaut.
Nun begann in ähnlicher Weise, wie bei der Rohzelluloidfabrikation eine Art von Erfindungswettbewerb im ganzen Puppenbetrieb. Wir sehen neue Werkstätten, neue Maschinen und Verbesserungen auf allen Gebieten der Puppenerzeugung entstehen, so daß es endlich tatsächlich doch gelungen ist, mit den in Neckarau und Mannheim zur Verfügung stehenden Arbeitskräften auszukommen. Bald reichte die Arbeitskraft des Herrn Zeller zur Leitung nicht mehr aus. Weitere Techniker und Ingenieure ergänzten daher bald die Betriebsleitung, die Arbeitsteilung trat in ihre Rechte. – Herr Zeller hat die Puppenfabrik aus den kleinsten Anfängen zu größter Bedeutung emporgehoben. Seine Lebensauffassung, seine unentwegte Tatkraft sind vorbildlich, Fleiß und Tüchtigkeit sind bei ihm Charaktereigenschaften geworden.
Neben Robert Zeller, dem technischen Leiter der Puppenabteilung, war 1923 Max Voeth kaufmännischer Leiter der Abteilung Spielwaren und Puppen.
Die Entwicklung der Zelluloidpuppenindustrie war eine geradezu stürmische. Neben den eigentlichen Fabrikationswerkstätten entstanden die dazugehörigen Hilfsbetriebe; – von ihnen seien hier nur erwähnt: die Form- Modellier- und Gravieranstalt, ein galvanischer Betrieb, daneben die üblichen Konstruktionsbüros sowie die Hilfsbetriebe wie Schreiner – Feinschlosserwerkstätten, die Kartonagenabteilung nebst Buchbinderei.
Durch die Vermehrung der Einzelgebäude war bald die bebaute Fläche so umfangreich und unübersichtlich geworden, daß eine Neugestaltung der Anlage begonnen werden mußte.
Rasch wurde die „Rheinische" zum führenden Hersteller von Zelluloidpuppen. Die Herstellungsverfahren waren patentiert und das Rohzelluloid wurde nicht an konkurrierende Unternehmen geliefert. Allerdings waren die Mannheimer bereit, Kooperationen einzugehen, deren Regeln sie selbst bestimmten. So war man durchaus bereit, im Lohnauftrag Rohköpfe für Puppenfabriken in Mannheim-Neckarau zu produzieren. Diese Form der begrenzten „Zusammenarbeit" konnte nicht ohne teilweise sehr massive Auseinandersetzungen mit vermeintlichen oder echten Konkurrenten funktionieren.
Mit einer an Rufmord erinnernden Kampagne ging die „Rheinische" 1903 gegen die Fabrik Buschow & Beck, Nossen/Sachsen, vor. Nachdem man in Mannheim erfahren hatte, daß Buschow & Beck Fertigungsverfahren für Zelluloidköpfe entwickelte, wurden rigoros sämtliche Lieferkontakte gekündigt und in Rundschreiben „zwingendste Gründe" für eine Liefersperre geltend gemacht.
Etliche Puppenfabrikanten kauften bei der „Rheinischen" Zelluloidköpfe, versehen mit der eigenen und der Schildkrötmarke. J.D. Kestner, Waltershausen, Koenig & Wernicke und Kämmer & Reinhardt. Die 1894 gegründete Nürnberger Zelluloidwarenfabrik Gebr. Wolff begann um 1910 mit dem Aufbau einer Puppenfabrikation. Die „Rheinische" erhob Klage gegen die Gebr. Wolff vor der Nürnberger Kammer für Handelssachen wegen Verletzung der eigenen Geschmacksmuster: Wolff habe die Zelluloid-Puppenköpfe der Rheinischen „nachgegossen".
In der Verhandlung erklärten die Vertreter der Gebr. Wolff, „daß sie ihre Zelluloid-Puppenköpfe von ihrem Angestellten ohne jede Anlehnung an das Modell der ‚Rheinischen' haben anfertigen lassen". Darüberhinaus wurde überhaupt bestritten, daß die Puppenköpfe der klagenden Firma schutzfähig seien. Die

„Rheinische" verlor, ihr wurden die „Kosten des Prozesses überbürdet". In einem zeitgenössischen Bericht heißt es weiter: „Es ist fraglich, ob sich die abgewiesene Firma bei dem Urteil beruhigen wird."

Verfolgt man das Sortiment der Nürnberger Zelluloidwarenfabrik in den Anzeigen weiter, zeigt sich, daß die „Rheinische" aufgegeben hatte, auch wenn einige Puppenköpfe des Konkurrenten bis zum Verwechseln den Puppen der „Rheinischen" ähnelten.

1923 heißt es in der Festschrift der „Rheinischen":

Der Ausbruch des Krieges fand die sämtlichen Werke im Zenit ihrer höchsten Enfaltungen. Das Rohzelluloidwerk war zu der größten Zelluloidfabrik herangewachsen, die Kammabteilung zu der bedeutendsten Kammfabrik der Welt, soweit deren Tagesproduktionen zum Vergleiche herangezogen werden, und die Puppenfabrik hatte noch immer eine Art von Weltmonopolstellung unter dem Schutze der „Schildkrötenmarke" inne.

Gegen 6000 Angestellte und Arbeiter zählte das Werk zu seinen Mitarbeitern, während zur Zeit des 25jährigen Bestehens im Jahre 1898 nur etwa 900 Arbeiter und Angestellte beschäftigt gewesen waren. Bei Ausbruch des Krieges mußte das Rheinauer Werk in größter Eile auf die Erzeugung von Schieß- und Kollodiumwolle zur Schießpulverherstellung umstellen. Die Fabrikationen (der Warenabteilungen) konnten nur noch notdürftig bei geringen Tagesproduktionen aufrechterhalten werden, dank der sehr bedeutenden Vorräte von Rohzelluloid. Nach und nach stellten auch diese Betriebe auf die Munitionserzeugung um.

Nach Ende des Krieges, der Umstellung auf „zivile Produktion", wurde mitten in der Inflationszeit das 50jährige Firmenjubiläum (1923) mit einer Ausstellung in Mannheim gefeiert. In einem Bericht des „Mannheimer Generalanzeigers" heißt es:

Glänzende Leistungsfähigkeit einer Mannheimer Weltfirma. In der Puppenabteilung interessiert zunächst die reizende Anordnung der Gegenstände, die sich auf einer ganzen Längsseite des Saales hinziehen und eine hübsche Augenweide bilden. Hier sieht man zunächst die Arche Noah auf einem Berge mit hunderten von Tieren, die paarweise die Arche verlassen. Dann folgt ein kompletter Zirkus, eine schöne Schneelandschaft, ein Sportsverein, Karawanen, eine Idylle am Badestrand, Holländer Mädchen usw. Die Puppen, die aus einer Märchengrotte herausdrängen, zeigen ihre Vielfältigkeit in einer Art Festzug. Das Ganze wirkt wie ein Märchenbuch.

Die „Rheinische", immer bemüht, sich selbständig mit Rohstoffen zu versorgen, stolperte gerade bei den Bemühungen, die Zukunft des Unternehmens zu sichern. Die Einrichtung einer Kampferfabrik stellte sich als teure Fehlinvestition heraus. Verluste von vier Millionen Rentenmark führten zu Liquiditätsschwierigkeiten. Dazu kamen Überkapazitäten, nachdem während des Krieges die Produktion im Deutschen Reich massiv gesteigert worden war. Schließlich blieb nur noch der Verkauf an ein Beteiligungsunternehmen des IG Farbenkonzerns übrig.

Im November 1929 berichtete die Deutsche „Spielwaren-Zeitung":

Die schon seit etwa einem Jahr mit der Rheinischen Gummi- und Zelluloid-AG, Mannheim, geführten Verhandlungen sind nunmehr zu einem Abschluß gelangt, wonach ein Konsortium unter Beteiligung der Rheinisch-westfälischen Sprengstoff-AG (Dynamit AG) und der Westfälisch-Anhaltischen Sprengstoff AG (Wasag) die Majorität der Rheinischen Gummi- und Zelluloid AG, Mannheim erworben hat.

Die Dynamit AG übernahm seinerzeit 60% der Anteile, die Wasag 40%. Die IG Farbenvertreter legten sofort die Kampferfabrik still, ein Jahr darauf, 1930, auch das Nitrierwerk in Rheinau. Die Weltwirtschaftskrise mit dem berüchtigten „Schwarzen Freitag" in New York, und Bankenkrächen im Deutschen Reich trug weiter zur angespannten Lage der Industrie bei.

Gleich nach Einbeziehung der „Rheinischen" in den IG-Farbenkonzern versuchte man, die Vielzahl der Produktionsstätten für Zelluloid zu beschränken. So begannen Gespräche zwischen der Hannoveraner Zelluloidwarenfabrik Dr. P. Hunaeus und der „Rheinischen" über eine „Interessengemeinschaft" zwecks Rationalisierung der Fabrikation und des Verkaufs". Das Ergebnis dieser Gespräche wurde in einer Pressenotiz in der Deutschen Spielwarenzeitung, II. Februarheft 1930, veröffentlicht:

Mit Wirkung vom 1. März 1930 gehen Fabrikation und Verkauf von Puppen und der Verkauf der in Hannover fabrizierten Spielwaren auf Mannheim über. Abgesehen von einer kurzen Übergangszeit werden diese Artikel für die Folgemarke „Schildkröte" geliefert. Der Inhaber der Firma Hunaeus, Herr Carl Scheu, tritt in den Vorstand Mannheims ein...".

Neben Carl Scheu wurden zahlreiche weitere Mitarbeiter aus Hannover übernommen, vom Prokuristen bis zum Kassierer. Trotz neuer Geldgeber hing das Schicksal der „Rheinischen" zwischen 1931 und 1932 an einem seidenen Faden. Es kam zu Massenentlassungen, die Belegschaft wurde auf eintausend Mitarbeiter reduziert. (Zum Vergleich: Belegschaftsstärke 1914 rund 6000.) Dazu wurde den übrig gebliebenen Mitarbeitern ein „freiwilliger" zehnprozentiger Lohnverzicht abverlangt und die Stadt Mannheim um Steuerstundungen gebeten. Eingestellt wurde die Fabrikation technischer Gummiwaren, dafür die Produktion von Gummi-Spielwaren neu aufgenommen. Laut IG-Farben-Konzernbeschluß durfte die „Rheinische" Rohzelluloid nur noch für zwei Großkunden und für die eigene Puppenfabrik herstellen. So konnte nur über die Ausweitung des Fertigwarensortiments ein neuer Aufschwung erfolgen. Maßgeblichen Anteil an diesem Ausbau, der Erschließung neuer Abnehmerkreise und der breit angelegten, geschickten Werbung hatte der kaufmännische Geschäftsführer Carl Scheu. Diese „Erwerbung" aus Hannover war ein Glücksfall für die Mannheimer. Ergebnis dieser Aktivitäten war zwischen 1933 und 1939 eine Steigerung des Gesamtumsatzes von 5,3 auf 15 Mio Reichsmark; allein die Deviseneinnahmen machten 3 Mio. Reichsmark aus. Gleichzeitig stieg die Rentabilität noch schneller als der Umsatz. Mitte der dreißiger Jahre entwickelten die Chemiker der „Rheinischen" den ersten vollsynthetischen Kunststoff „Igelit", der auch für Puppenkörper verwendet wurde. 1938 berichtete die Presse über den neuen Messestand der Rheinischen im „Dresdner Hof" in Leipzig.

Die Ausstellungsräume waren vollkommen neu gestaltet, und es genügt, zu erwähnen, daß die Firma bei dem vom Dresdner Hof anläßlich seines Jubiläums veranstalteten Wettbewerb für den schönsten Ausstellungsstand die höchste Auszeichnung erhielt.

Diese friedlichen Zeiten waren rasch vorüber. Mit Kriegsbeginn 1939 – 3000 Mitarbeiter wurden wieder beschäftigt – stellte man sämtliche Betriebsabteilungen auf kriegswichtige Produktion um. Nach Ende des Frankreich-Feldzuges wurde der „Rheinischen" die „Verwaltung" einer französischen Spielwarenfabrik in Schlettstadt/Elsaß überlassen. Die Zunahme der Bombenangriffe auf Mannheim – 1941 stürzte ein viermotoriger Bomber mit voller Bombenlast in einen Bau der Zelluloidfabrik, insgesamt wurde das Werk neunzehn Mal bombardiert–, gab den Anstoß zur Verlagerung der Puppenfertigung nach Schlettstadt. Dieses Werk wurde 1945 beim Rückzug der deutschen Truppen aus Frankreich hastig geräumt. Noch während des Krieges (1944) schichtete die IG Farben innerhalb der Sprengstoffgruppe ihre Beteiligungen um. Alle Fertigungen, die zivilen Zwecken dienten, wurden aus der alten Wasag-Sprengstoff AG ausgegliedert und zusammen mit weiteren zivilen Beteiligungen auf die neu gegründete Wasag Chemie AG übertragen. Zu diesen Beteiligungen gehörte auch die Rheinische Gummi- und Zelluloidfabrik, Mannheim.

Noch zum Ende des Zweiten Weltkrieges wird das Werk Neckarau im April 1945 durch direkten Artilleriebeschuß schwer zerstört. Zusammenfassende Schadensbilanz im Mai 1945, zu Beginn der Trümmerräumung: 30 % der Werksanlagen zerstört und 40% schwer beschädigt. Trotzdem begann in diesem Trümmerhaufen eine bescheidene Produktion von Tassen und Bechern für den Kantinenbedarf der Amerikaner.

Die Zugehörigkeit der „Rheinischen" zum IG Farben Konzern erschwerte den

Produktionsbeginn; das Unternehmen kam unter amerikanische Kontrolle. Zeitweilig wurde die gesamte Firmenleitung suspendiert. Erst am 5. Dezember 1952 hob die Militärregierung alle einschränkenden Vorschriften auf. Die ersten Nachkriegsprodukte 1946 neben den Tassen waren Gummi-Schuhsohlen, Bestecke, Kämme, Knöpfe und Hartgummikästen für Autobatterien, eine Fertigung für die Nachschubdepots der amerikanischen Armee. Trotz aller Beschränkungen wurden aber bereits im April 1946 aus Rohzelluloidrestbeständen Puppen und Toilette-Artikel hergestellt. Die bekannten Puppenmodelle mußten aber ausschließlich als Devisenbringer im Ausland verkauft werden. Erst 1947 konnte die Zelluloidproduktion wieder aufgenommen werden. Die wichtigsten Rohstoffe, Kampfer, Nitro-Zellulose und Alkohol, wurden entweder selbst hergestellt oder über die damaligen Zonengrenzen „importiert".

Im April 1948 – also noch vor der Währungsreform – stellte die „exporteifrige Rheinische mit ihren weltbekannten Schildkröt-Erzeugnissen", so ein zeitgenössischer Zeitungsartikel, in den Räumen des Landesgewerbemuseums in Stuttgart auf einer Kleinstexportschau aus. Schon 1951 wird in Mannheim wieder ein Produktionsvolumen erreicht, das dem Vorkriegsstand entspricht. Die 1929 nur mit 40% beteiligte Wasag-Chemie, Essen, übernimmt Mitte 1953 im Zuge der Entflechtung und Zerschlagung des IG Farben Konzern die gesamten Aktienanteile der „Rheinischen".

1954 betrug der Jahresumsatz bei der „Rheinischen" 42,3 Mio DM. Mit den Puppen wurden 12,3 Mio DM, rund 29% des gesamten Umsatzes, erzielt. Im Jahre 1955 schloß die Schöpferin der Käthe-Kruse-Puppen einen Vertrag mit der „Rheinischen", in dem vereinbart wurde, zwei ihrer Puppen serienmäßig in Mannheim aus „Tortulon" herzustellen („Deutsches Kind" und „Hampelchen"). Diese Zusammenarbeit in der Produktion dauerte bis ca. 1961. Sie führte 1959 auch zu einer wirtschaftlichen Verflechtung: Die „Rheinische" beteiligte sich an den Kruse-Werkstätten mit einer Kapitalmehrheit von 70%, die noch im Jahre 1975 bestand.

Der amerikanische Spielwarenriese Mattel – Umsatz 1970 über eine Milliarde DM – schloß 1964 mit der „Rheinischen" einen Vertriebsvertrag ab: Die Mannheimer verkauften die amerikanische Ankleidepuppe „Barbie". Der Teenager eroberte sich rasch die deutschen Kinderzimmer. Nach etwa zwei Jahren war diese Ehe zu Ende. Der US-Konzern wollte auch in anderen Bereichen mit den Mannheimern zusammenarbeiten oder sogar die Firma übernehmen. Die Mannen der „Rheinischen" lehnten ab und setzten darauf, allein bedeutendster Hersteller in der EWG zu werden. Mattel wollte auf diesen neuen Markt nicht verzichten, löste den Vertriebsvertrag am 31. 12. 1966, baute eine Produktion in Babenhausen auf (vgl. Cellba) und engagierte den erfolgreichen Ex-„Rheinischen"-Verkaufsleiter Hans Stahler. Das bedeutete einen Umsatzverlust von 3 Mio DM für die „Rheinische". Das Firmenzeichen der „Rheinischen" – die Schildkröte – war unterdessen so übermächtig geworden, daß endlich der Name dem Sprachgebrauch angepaßt wurde: Seit 1965 heißt das Unternehmen „Schildkröt AG, vorm. Rheinische Gummi- und Zelluloidfabrik".

Die Nürnberger Modelleisenbahnfabrik „Trix", Vereinigte Spielwarenfabriken Ernst Voelk KG, (Umsatz rund 15 Mio DM), wurde Anfang 1966 von der Schildkröt AG übernommen. Ein knappes Jahr später erklärte der Vorstand der „größten Puppenfabrik des Kontinents" (Eigenaussage), man wolle mit einer verhältnismäßig schmalen Spielzeugkollektion einen möglichst breiten Käuferkreis erfassen. Auf der Nürnberger Spielwarenmesse wurden die neuen Schildkröt-Ankleidepuppen „Barbie", „Kessy" und „Babsy" vorgestellt. Lieferant der Körper war ein Unternehmen in Hongkong. Augenscheinlich verwandt mit der bis Ende 1966 von den Mannheimern vertriebenen Barbie-Puppe, sollten die Anziehpuppen Mattel einen Teil der Kunden abjagen. Zu dieser Strategie gehörte, daß Schildkröt-Kleider billiger als die Barbie-Kleider waren, aber wohlweislich auch passend für „Barbie" geschneidert wurden. Hersteller der Kleider war die Schildkröt-Tochter „Spezialkleiderwerk, Altlußheim". In einem Zeitungsbericht von 1967 heißt es: „Die Ankleidepuppen gelten in Mannheim

ohnehin in erster Linie als publikumswirksame Reklamenummern, die einen begrenzten Käuferkreis haben." Eine gravierende Fehleinschätzung – fünf Jahre später, 1972, hat Mattel den bisherigen Marktführer Schildkröt (Marktanteil 1970 ca. 20 Mio) mit „Barbie" kräftig überrundet.
Finanzielle Probleme deuten sich schon 1967 an – die Schildkröt AG hatte „eine stärkende Kapitalspritze dringend nötig". Eine Konsequenz daraus ist die Einstellung der Gummifabrikation. Ebenfalls 1967 wird der in eigener Regie hergestellte Werkstoff „Tortulit" vorgestellt. Ein unbrennbares Material, das der Zelluloidfabrik „Wiederaufschwung" geben soll. In diesem Jahr hatte Schildkröt etwa 140 bis 150 Puppen und ebensoviele Kleidermodelle im Sortiment. Von der mechanischen Laufpuppe „Stapsi" über „Mini", die nur Milch, aber keinen Spinat mag, bis zu den Minikids – Maskottchen für die Windschutzscheibe – reichen die Messeneuheiten. Erfolgreichste Puppe des Jahres war „Schlummerle", zwischen 1965 und 1967 wurden eine Million Stück dieser Puppe zum Liebhaben produziert. Beeindruckend war die damalige Produktionskapazität. Täglich konnten bis zu 10 000 Puppen von den Mannheimer Fließbändern marschieren. Kooperationsmöglichkeiten wurden 1968 nicht mehr dementiert. Es war der Versuch, eine Lösung für die Schwierigkeiten mit den veränderten Marktgegebenheiten zu finden. Die neue Spielzeugserie „Bonanza", nach der gleichnahmigen Fernsehsendung, wurde von einem portugiesischen Fabrikanten gefertigt und von Schildkröt als Handelsware vertrieben. Dagegen wurde die kurzfristige Werbekooperation mit „Lego" aufgekündigt. Ein weiteres Kooperationsprodukt war die Puppe „Bärbel", deren Sprechwerk von der Schildkröt-Tochter Trix KG geliefert wurde.
Massive Verluste und Fehleinschätzungen des Markts waren 1970 die Gründe für die Entlassung von mehr als der Hälfte der Belegschaft. Gleichzeitig wurde die Schildkröt AG in zwei Unternehmen aufgespalten – in die „Schildkröt Kunststoffwerke AG" und die „Schildkröt Trix Spielwaren GmbH". Diese Zerlegung des Unternehmens bedeutete eine Fusion der Mannheimer Spielwarenabteilung, ausgegliedert aus der Schildkröt AG, mit der bisherigen Tochter Trix. Sitz des Unternehmens wurde der Trix-Firmenstandort Nürnberg. Die Produktion wurde zum Teil nach Nürnberg, zum Teil nach Frankreich zur frisch erworbenen 50%-Tochter „Poupeé-Bella S.A." in Perpignan verlegt. Nur noch ein kleiner Teil der Puppenproduktion blieb in Mannheim. Sämtliche Anteile der „Trix-Schildkröt" wurden seitdem direkt von der Wasag AG, Essen, nicht mehr von der Schildkröt AG Mannheim gehalten. Ein Jahr später, 1971, verkaufte die Schildkröt-Mutter Wasag AG nicht wie erwartet den Verlustbringer „Trix-Schildkröt GmbH" – Verlust 1969 etwa 6,5 Mio DM –, sondern das erfolgreiche und rentable Schildkröt Kunststoffwerk AG, Mannheim, an die Frankfurter Bras & Co. GmbH. Kurz darauf fusionierten die Unternehmen, neuer Name „Bras & Co. GmbH, Schildkröt-Kunststoffwerk AG"; Produktionsschwerpunkt: Kunststoffolien für den Baubereich.
Nur knappe zwei Monate währte die Verbindung zwischen den Schildkrötpuppen und den Trix-Werken. Im Zuge der „Bereinigung des Spielwarenbereichs", wie es vornehm hieß, wurde das Trix Programm – Modelleisenbahnen und Baukästen – an die Fürther Firma Gama, Georg Adam Mangold, verkauft. Die gerade in Teilen nach Nürnberg verlegte Puppenfabrikation mußte wieder nach Mannheim zurückkehren. Ebenso wurde der Firmenname geändert: „Schildkröt Spielwaren GmbH, Mannheim."
Im Jubiläumsjahr 1973 lieferte das Unternehmen neben dem Hauptumsatzbringer Puppen auch Tennisbälle, Puppenkleider, Babyspielzeug und Spielmittel für das Vorschulalter. Großen Anlaß zum Jubilieren gab es allerdings weder in diesem noch in den nächsten Jahren. Zum 1. Januar 1974 wurde die Schildkröt Spielwaren GmbH zur reinen Vertriebsgesellschaft herabgestuft, die Mannheimer Puppenproduktionsstätte zu einem Zweigwerk der Schildkröt-Mutter Wasag-Chemie AG. Mit diesem neuen Konzept sollte mehr Beweglichkeit erreicht und „die Puppen-Linie ausgebaut" werden. Auch diese Hoffnungen waren trügerisch. Bis zum 30. Juni 1975 wurde endgültig die Mannheimer Schild-

kröt Puppenproduktion stillgelegt. Als Restfabrikation mit der Schildkröt-Marke blieben die Tennisbälle und die geblasenen Spielwaren-Schwimmtiere in Mannheim erhalten.
Puppen wurden seitdem nur noch von der französischen Tochter „Poupeé-Bella" hergestellt, jedoch weiter mit der „Schildkröte" versehen. Alle Versuche, endlich das Unternehmen auf eigene Füße zu stellen, waren erfolglos. Im Herbst 1978 übernahm die Münchner Schmidt Spiel- und Freizeit GmbH die Hälfte der Firma, die Verwaltung wurde von Mannheim nach München-Eching verlegt. In einem weiteren Kraftakt versuchte man das Unternehmen abzurunden. Die Rolf Wernicke GmbH, Dornstetten/Schwarzwald – Stammhaus gegründet 1912 in Waltershausen – wurde zum 1. Januar 1980 von der Schildkröt-Spielwarenfabrik, Eching übernommen. In einem Brief der Wernicke GmbH an die Geschäftsfreunde heißt es „Unser Herr Horst Wernicke hat die Position des Produktmanagers bei der Firma Schildkröt übernommen. Die jetzt gefundene Lösung ergab sich durch die enge Kooperation, die uns seit 1912 mit dem Haus Schildkröt verbunden hat." Der Betrieb in Dornstetten wurde unter der Bezeichnung „Schildkröt Puppenstube Wernicke" fortgeführt. Offiziell firmierte man „Schildkröt Spielwaren GmbH, Betriebsabteilung Wernicke, Dornstetten". Der 50%-Teilhaber Wasag-Chemie hatte endgültig die Lust am Spielen verloren und verkaufte mit Wirkung zum Ende 1981 seinen Anteil an den Mitgesellschafter Schmidt & Freizeit GmbH. Auch dieser Gesellschafter wurde mit dem Zukauf nicht sehr glücklich. 1984 wurde – folgt man den Angaben in einer Pressenotiz – von einer neugegründeten „Schildkröt-Puppen-GmbH" die Lizenz zur Herstellung von „Puppen mit der Schildkrötmarke" erworben. Doch auch auf anderen Produkten lebt die Schildkröt-Marke weiter: Schmidt Spiel und Freizeit GmbH, München bietet ein Kleinkinderspielzeugprogramm „Schildkröt" an und in Mannheim werden weiterhin Schildkröt-Tennisbälle produziert und verkauft.

Werner Schroeder

Vom Tanzkopf bis zum Weinerle
Die Puppenproduktion von Schildkröt bis zum hundertjährigen Jubiläum

Kleine Bälle waren die ersten Hohlkörper aus Zelluloid, die – nach einem französischen Patent – etwa von 1887 an in Mannheim gefertigt wurden. So ein Ball wurde auch eines Tages etwas verziert und abgewandelt und ergab einen „Tanzkopf" (1892). Getreu dem Motto, daß Zelluloid eigentlich für alles brauchbar sei, aber auch angeregt durch die Information, daß in Amerika aus diesem Material schon Puppen gefertigt wurden, machte sich die „Rheinische" ebenfalls an die Entwicklung einer brauchbaren Methode für die Produktion von Spielzeug. Immerhin war ja auch den Mitteilungen aus dem Kaiserlichen Patentamt zu entnehmen, daß H. Mandel und C. Sichert aus Sonneberg am 20.10.1893 die Herstellung von Figuren, vorzugsweise Puppen, Puppenköpfen und Tierfiguren aus Zelluloid angemeldet hatten.
Dem „jugendfrischen energischen Spezialfachmann" Robert Zeller wurde bei seiner Einstellung 1895 die Aufgabe gestellt, ein Verfahren zur Produktion von Puppen und Puppenköpfen in Massen zu entwickeln. Obwohl es in dem Nachruf für Ernst Neher heißt, die „Rheinische" habe „1895 die Erzeugung von Zelluloidpuppen aufgenommen", ist hiermit sicherlich eher beschrieben, daß man an der Entwicklung zu dieser „Erzeugung" arbeitete und „Ende des Jahres 1896 greifbare Resultate" erreichte. Die Methode der Herstellung war das sogenannte Pressblasverfahren. Ernst Neher kämpfte geschickt für den Absatz dieser ersten Puppen und erreichte, daß sich einige Großhandlungen zum ausschließlichen Vertrieb von Zelluloidpuppen verpflichteten. Solche vollständigen Bindungen strebte die „Rheinische" auch später in ihren Geschäftsbeziehungen an.

Robert Zeller

Seite 68:
Steifbein (Bade-)Puppen von Anbeginn der Fertigung bis zu den zwanziger Jahren. Die zwei kleinsten Püppchen ganz rechts gehören zu den ältesten deutschen Zelluloidpuppen: Sie sind noch ganz unbeweglich, sehr einfach geformt mit gemalten Augen. Die zweite Puppe trägt schon modellierte Schuhe und Strümpfe. Die dritte Puppe stammt aus der Zeit, als die Puppenarme beweglich wurden: Sie waren zuerst nur mit einem durch Löcher gezogenen Gummiband verbunden, das außen verknotet wurde. Ab der vierten Puppe sind die Formen kunstvoller und die beweglichen Arme innen befestigt. Markierungen und Größe von links nach rechts:

1. Schildkröte ohne Raute.
2. Schildkröte ohne Raute. Schutzmarke 7 1/2
3. Schildkröte ohne Raute. Schutzmarke 9 1/2. Germany.
4. Schildkröte ohne Raute. Schutzmarke 14.
5. Schildkröte mit Raute. Schutzmarke 17 1/4. Germany.
6. Schildkröte ohne Raute. Schutzmarke 22 1/2. Germany.
7. Schildkröte ohne Raute. Schutzmarke 27 1/2.
8. Schildkröte mit Raute. Schutzmarke 37.

Links:
„Hänsel" war eine der ersten Namenspuppen aus Mannheim. Er kam vermutlich 1897/98 auf den Markt und hat einfach befestigte, bewegliche Arme. Um 1912 trug er längere (gemalte) Hosen (8 1/2 cm, Schildkröte ohne Raute). Hinter ihm steht der „Rodler" aus dem Jahr 1909. Es gab ihn in fünf Größen von 14 bis 24 cm und auch mit aufgespritztem „imitierten Pelzkleid" (21 cm, Schildkröte ohne Raute). Neben ihm der etwa gleichaltrige „Somali", den es sogar in 15 Größen von 8 1/2 bis 46 (!) cm gab. (22 1/2 cm, Schildkröte ohne Raute).

Rechts:
Ein freundliches Kindergesicht hat diese ebenfalls frühe Puppe mit Brustblattkopf und blauem Stoffkörper. Die Unterarme sind aus Masse, Kleidung und Schuhe angeklebt, sehr alt. 33 cm groß, um 1898. (Germany. Schildkröte ohne Raute. Schutzmarke 8 1/2.)

Steifbeinpüppchen mit beweglichen Armen in alter Kleidung. Um die Jahrhundertwende, 20 cm groß. (Schutzmarke Schildkröte ohne Raute)

Diese ersten Puppen aus Mannheim waren einfach gearbeitete Steifgelenkbadekinder mit modellierten Haaren und gemalten Augen. Bald darauf wurden die Arme – schon im Jahre 1897 werden sie als bekannt und besteingeführt inseriert – beweglich: Man zog eine Gummischnur von einem Oberarm zum anderen und verknotete sie von außen. Bei den ganz alten Puppen sieht man deutlich, daß die Löcher in den Oberarmen von der Fabrikation her stammen und nicht nachträglich von einer Puppenklinik gebohrt wurden (siehe Abbildungen). Ebenfalls im Jahr 1897 meldete die „Rheinische" auch „Celluloid-Augen" und Puppen in „seltensten Farben" an.
Sehr schnell versuchte man, die Zelluloidpuppen nicht nur dem Standard der Puppen aus anderen Materialien anzupassen, sondern diese – aufgrund der besonderen Vorzüge des Materials, z. B. der fast unbegrenzten Möglichkeit der Einfärbung – sogar zu übertreffen. Indes galt es, noch einige Kinderkrankheiten zu überwinden: Die Nähte der beiden Formenhälften hatten die Neigung, wieder aufzugehen. Diesen Übelstand versuchte man zuerst dadurch zu beheben, daß die Teile während des Prägevorgangs nach dem (hart umkämpften) Patent 86631 miteinander verschmolzen wurden. Auf diese Weise entstand allerdings eine Puppe, deren Inneres nicht mehr erreichbar war, der man also z. B. auch keine Glasaugen einsetzen konnte. Am 8. 10. 1898 ließ die „Rheinische" ein Verfahren patentieren, bei dem die beiden Hohlkörperhälften nachträglich stumpf verkittet wurden, nachdem sie zuvor beim Pressen durch eine Zwischenlage extra getrennt worden waren (DRP 112 769). Ausdrücklich wird in dem Patentantrag vermerkt, daß man diese Zweiteiligkeit für recht komplizierte Verfahren benötigte:
Beispielshalber die Herstellung von Puppenköpfen mit Glasaugen oder gar mit einem in dem Kopfe enthaltenen Mechanismus zum Öffnen und Schließen derselben, oder von Thierfiguren, in deren Inneren ein Mechanismus zur Nachahmung der Thierstimmen angeordnet werden soll.
– und das bereits im Jahre 1898!
Ein Jahr später, im März 1899, ließ die Firma ein verbilligtes Verfahren patentieren, bei dem zwar – durch die zweiteilige Form – Nahtstellen sichtbar sind, die Teile aber nicht mehr einzeln verschweißt werden müssen, weil die Form aus Röhren geblasen wird (DRP 112770). Dieses Verfahren war preisgünstiger: einerseits entstand kein Materialabfall (wie bei den Platten) und andererseits war der Herstellungsweg rationeller. Genau diese Erfindung aber machte es notwendig, daß man neue Wege erdachte, um Glasaugen einzusetzen. Überhaupt bereiteten die Glasaugen bzw. deren Befestigung in den Zelluloidköpfen zunächst ein unerwartet schwieriges Problem, mit dem sich alle Zelluloidpuppenhersteller herumärgerten; ein Patent nach dem anderen wurde entwickelt, nur wenige erwiesen sich als brauchbar. Da Zelluloid auf Kälte und Hitze mit minimalen Bewegungen reagiert und mit dem üblichen Augengips keine innige Verbindung eingeht, bröckelte die Augenfassung immer wieder aus dem Kopf. Man kam auf die absonderlichsten Ideen, z. B. die Hinterlegung mit einem Stück Stoff wie bei der Puppe auf Seite 73. Hunaeus ließ sich übrigens eine ähnliche Befestigungsweise 1901 patentieren (DRP 132342).
Befriedigend war das natürlich für die ehrgeizigen neuen Puppenfabrikanten nicht, und so entwickelte die „Rheinische" schon 1898 ein Verfahren, die Augen mit einer Fassung aus dem gleichen Material, also mit Zelluloid, zu befestigen. Das hört sich in der Patentbeschreibung so an:
Um all diese Übelstände und schädlichen Einflüsse der Temperatur, Witterung, Feuchtigkeit, sowie mechanische Einwirkungen auf die Augen völlig zu beseitigen, werden nach den vorliegenden neuen Verfahren sowohl Träger als Augen mit Celluloid überzogen, welches eine feste, äußerst widerstandsfähige und elastische Schutzhülle für die Augen im Ganzen bildet.
Als Bindemittel zwischen Auge und Träger kann ebenfalls Celluloid vortheilhaft verwendet werden.
Wird nicht ganz durchsichtiges oder gefärbtes Celluloid zum Überziehen verwendet, so wird an der Pupillenstelle des Auges der Überzug entsprechend

ausgeschnitten, während der andere Theil bei geschlossenem Auge als Augenlid erscheint... (DRP 122 297)
Am 3.10.1899 meldete die Mannheimer Firma eben jenes Patent 120 557 an, das zwangsläufig notwendig geworden war durch die Herstellungsvereinfachung nach Patent 112 770 (Puppen, die man nachträglich verkitten mußte). Teuere Puppen mit Perücken konnten natürlich ohnehin ohne Zugangsschwierigkeiten Augen eingesetzt bekommen. Aber auch die preiswerteren Anfertigungen sollten ansprechend gestaltet werden. Noch waren ja Zelluloidpuppen durchaus kein billiger Artikel. Solange diese Puppen mit Glasaugen und Haarperücken teuerer waren als die übrigen Puppen auf dem Markt, hatten sie wenig Absatzchancen. Die „Rheinische" erkannte ganz richtig, daß die Chance der Zelluloidpuppe in einer preiswerten industriellen Massenfertigung lag. Also behielt die Puppe nach dem Patent 120 557 ihre modellierten Zelluloidhaare – aber wie ein „Deckel einer Schachtel über den oben offenen Kopf geschoben und erforderlichenfalls noch lösbar befestigt".
Im Laufe der Jahrzehnte erwarb die Firma noch zahlreiche „Augenpatente". Zum Teil sehr anspruchsvolle Mechanismen sollten die Puppenmütter erfreuen. Anfang des Jahrhunderts jedoch ging es nachdrücklich um eine Senkung der damals noch sehr hohen Herstellungskosten. Deshalb wurden fünf Jahre später auch die Augen (allerdings dadurch feststehend) einfach mit „eingeblasen", sicherheitshalber in einem zweiten Arbeitsgang, damit sie genau saßen (DRP 170 308).
Während dieser Erfinderzeiten stand natürlich die Produktion nicht still. Besonders Badepuppen, also Steifbeinpuppen – mit und ohne gemalte Kleidung – in „seltenster Farben- und Formenschönheit" warben um die Käufer. Spielzeug, mit dem man am Strand spielen konnte, ohne daß es kaputt ging, Puppen, die auch fallen durften, das war fast eine kleine Sensation. Sie wurden angenommen, und die „Rheinische" vergrößerte in ungeheuerer Geschwindigkeit ihr Sortiment.
Inzwischen war es auch höchste Zeit geworden, sich das Markenzeichen schützen zu lassen. Ohne Probleme ging das allerdings nicht ab, denn zuerst wurde das Zeichen, das später einmal der Firma den Namen geben sollte, wegen Täuschungsgefahr abgelehnt.
Am 15. Dezember 1898 wurde dann die Ablehnung beschränkt auf die Nachahmung von Schildpatt, im übrigen aber die „Schildkröte" als schutzfähig anerkannt.
Im Blatt für Patentmuster und Zeichenwesen findet sich folgende Notiz über diesen folgenschweren Vorgang:
Beschränkung der Ablehnung wegen Täuschungsgefahr auf die bestimmte Waarensorte, für die das Zeichen irreführend ist. Abbildung einer Schildkröte schutzfähig für Celluloidwaaren mit Ausnahme der Nachahmungen von Schildpatt.
Gründe:
Die Vorinstanz hat unter zutreffender Begründung angenommen, daß das Bild einer Schildkröte für Celluloidwaaren schlechthin wegen der damit verbundenen Täuschungsgefahr nicht geschützt werden kann. Hieran ändert auch der in der Beschwerdeschrift hervorgehobene Umstand Nichts, daß Anmelderin bereits seit dem Jahre 1874 das zur Übertragung angemeldete Zeichen auch für schildpattfarbige Celluloid und Waaren benutzt hat. Dagegen steht der Eintragung des Zeichens für solche Celluloidwaaren, welche sich nicht als Nachahmungen von Schildpatt darstellen, Nichts entgegen, weil der Käufer in diesem Falle über die Natur der Waare nicht getäuscht wird. Es konnte deshalb dem von der Beschwerdeführerin gestellten Eventualantrage, das Zeichen für „sämmtliche Celluloidwaaren mit Ausnahme der Nachahmungen von Schildpatt" zu gewähren, stattgegeben werden.
Wie würden die Puppen wohl jetzt heißen, wenn das gepanzerte Tier damals abgelehnt worden wäre? Weshalb man es wählte, ist bekannt: Es sollte die Dauerhaftigkeit (Schildkröten sind berühmt für ihr langes Leben) und Festigkeit

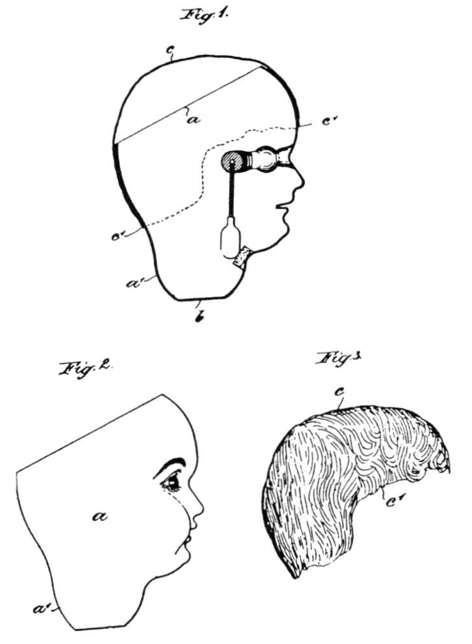

Modellierte Frisur als Deckel: Kostenersparnis (keine Haarperücke) und Zugangsmöglichkeit zu den Augen in einem. Patent Nr. 120 557 vom 3.10.1899.

Warenzeichen Franz Kirrmeier

Früher, ungewöhnlich geformter Brustkopf: Unter der Perücke ist der Kopf mit einer gerade durchgehenden Zelluloidplatte verschlossen. Diese Platte wurde nicht nachträglich angebracht, sondern ist in einem Arbeitsgang mit dem hinteren Teil der Kopfform hergestellt. Die sehr großen Augen sind mit Gips befestigt. Der Mund ist offen modelliert und mit einer kleinen, aufmodellierte Zähne enthaltenden Platte hinterlegt. Um die Augen- und Zahnbefestigung haltbarer zu machen, ist noch ein mit Knochenleim bestrichener Stoff von innen über den Gips gelegt. Die Augenbrauen sind ausmodelliert und nachgestrichelt. Der Körper ist aus Stoff, mit Holzspänen gestopft, und die Arme und Hände sind von der Mitte des Oberarmes an aus Holz geschnitzt. Die heutige Perücke ist möglicherweise ein Ersatz aus den zwanziger Jahren. Die Puppe ist etwa 1898 hergestellt worden und 60 cm groß. (Markierung Schildkröte ohne Raute No. 18)

Oben:
Der große Junge hat Zelluloidunterarme und den Kopf J (= Jüngling) mit gemalten Augen.
Brustkopf, Stoffkörper, 55 cm groß.
(Markierung Germany. Schildkröte ohne Raute. Schutzmarke No. 14.)
Der vordere Junge mit der roten Jacke mit modelliertem rechts gescheiteltem Haar und einem lächelnden Gesichtsausdruck hat einen einfachen Filzkörper mit Holzwolle gefüllt, er ist 18 cm groß, entstand etwa um 1914, ist nur 2-0 gemarkt und wahrscheinlich von Buschow & Beck.
Der Junge hinter ihm hat einen Brustblattkopf, der in den zwanziger Jahren entwickelt wurde. Wachstuchkörper mit Porzellanunterarmen, 25 cm groß.
(Markierung Germany. Schildkröte mit Raute. 8)

Rechts:
Dieser strahlende Junge mit den feststehenden Augen ist der Brustblattkopf „J", der ab 1910/11 auch mit Glasaugen angeboten wurde.
Er hat einen Lederkörper mit Kugelgelenkarmen, 54 cm groß. (Schildkröte ohne Raute. Schutzmarke)

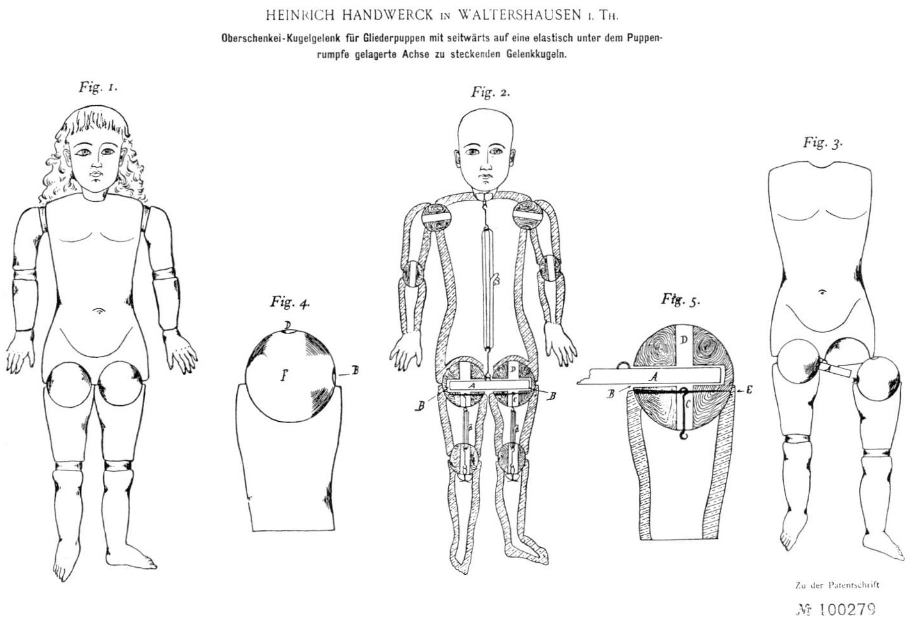

Diese geschickte Kugelkörperkonstruktion, die Heinrich Handwerck 1897 erfand, nutzte die „Rheinische" für ihren ersten besonders schönen Kugelgelenkkörper.

des neuen Materials sinnbildlich ausdrücken. Nicht ganz unangefochten blieb die kleine Schildkröte. U.a. leistete sich die „Rheinische Celluloidwaarenfabrik Franz Kirrmeier" aus Speyer am 2.12.1899 den Spaß, in ihrem Warenzeichen eine kleine Schildkröte vor einer Siegesgöttin eine Art Männchen machen zu lassen. Es sieht fast aus, als balle die Schildkröte die Vorderpfoten gegen die Göttin. Das Bestreben der Mannheimer Firma, den Markt monopolartig zu beherrschen, war sicher branchenbekannt. Auch „Schildkrotin" und „Cellukrot" wurden später noch in Anlehnung von anderen Firmen geschützt. Die „Rheinische" jedenfalls nahm ihr Markenzeichen sehr wichtig, und kein Endprodukt verließ die Firma mehr ohne diesen Stempel.

Entgegen bisheriger Meinung ist nach meinen Recherchen eine zeitliche Einordnung mit Hilfe der Markierung möglich – allerdings liegen die zeitlichen Grenzen anders als früher vermutet (vgl. Seite 115). Die Eintragung des Warenzeichenschutzes wurde auch rückwirkend (bis 1889) beantragt, was bedeuten muß, daß schon vor 1898 Produkte mit der Schildkröte markiert worden sind, laut Eigenaussage seit 1874.

Die „Rheinische" fertigte inzwischen nicht mehr nur die „bekannten, unzerbrechlichen, abwaschbaren und federleichten Puppen", sondern auch Hände für Kugelgelenkpuppen. 1901 kam der „Badekübel aus Zelluloid", die praktische Ergänzung zu den vielen Schwimmpuppen dieser Zeit, auf den Markt. Im nächsten Jahr folgten weitere Schwimmpuppen mit anmodellierter Kleidung – alle dem Modell A nachempfunden. Mehr oder weniger haben diese Puppen alle den gleichen Kopf, durch die Bemalung allerdings einen etwas unterschiedlichen Ausdruck. Gleichzeitig gab es natürlich schon die bekannten idealisierten Mädchenbrustblattköpfe mit Glasaugen und Perücke. 1903 verstärkte man die Köpfe mit Glasaugen mit einer Querachse, einem Stab, der das Zusammendrücken des Kopfes (und damit auch das Herausfallen der Augen) verhindern sollte. 1904 gab es dann den ersten Zelluloidpuppenkörper und zwar nach einer patentierten Konstruktion von Heinrich Handwerck (vgl. Abbildungen). Die Kugeln dieses Körpers waren noch aus Holz – ein knapp 25 Jahre später produzierter Zelluloidgelenkkörper kommt ganz ohne Kugeln aus.

In den nun folgenden 10 Jahren wurden vor allem eine große Zahl von witzigen Figuren, bunt und vielgestaltig, dazu etliche Kopfmodelle, Tiere und Rasselspielzeug angeboten. Es entstand ein jährlicher Zuwachs von durchschnittlich dreizehn bis fünfzehn Modellen. Gleichzeitig wurden weniger erfolgreiche Serien aus dem Programm genommen. So hielten sich z.B. die Halsköpfe und die Puppenmasken nur kurz, während Hänsel und Gretel natürlich die ganze Zeit gut verkauft werden konnten (Abbildungen Seite 121–127). Einige Besonderheiten aus dem Programm möchte ich noch einzeln erwähnen (die zeitliche Einordnung ist im übrigen bei den Katalogauszügen und den Bildunterschriften angegeben): 1909 wurde ein vielseitiges Schwimmspielzeug patentiert: Ein schwimmendes Wickelkissen, mit oder ohne Puppe zu beziehen, im Wasser und am Land als Spielzeug brauchbar. 1910 bekam ein Zelluloidbaby mit geschlossenem Kopf keine modellierte, sondern eine aufgespritzte Frisur (Abbildung Seite 84). Genau wie bei den Charakterpuppen der Serie „X" von Kämmer & Reinhardt wurden z.B. mit dem Apparat „Luftikus" ganz kurze fellartige Haare direkt mit einer Klebemasse auf den Kopf gespritzt. Auch Tierfiguren „mit Fell" stellte man auf diese Weise her. Es gibt nur wenige solche Puppen, denn die Methode war aufwendiger als das einfache Bemalen. Sie wurden auch nur einige Jahre (und nur in bestimmten Größen) hergestellt. Außerdem hatten natürlich auch diese Puppen im Laufe der Jahrzehnte einen gewissen Haarausfall, so daß man sie heute nur noch sehr selten findet.

1910 kam noch etwas auf den Markt, wovon sicher viele Kinder schwärmten und heute jeder Zelluloidsammler träumt: Die Puppe mit den auswechselbaren Köpfen. Fünf verschiedene Modelle – zwei mit Perücke, drei mit Zelluloidfrisur – konnte man so in einem erwerben. Ein Kopf hatte die „Spezialfrisur", ein Kopf gehörte der Künstlerserie „O" an, der dritte Kopf stammte von der Puppe DN, der vierte aus der Künstlerserie P und die fünfte Puppe war eine Steifgelenkpuppe (mit beweglichen Armen und Beinen), mit Perücke und modellierten Schuhen und Strümpfen. Als fünften Kopf gab es zeitweilig auch einen Katzenkopf anstelle des Künstlerkopfes P. Die Befestigung war denkbar einfach – die Köpfe wurden über einen runden Holzpflock gesteckt, der aus dem Hals ragte. Auf dem Höhepunkt der Vorkriegsproduktion – zwischen 1910 und 1916 – enthielt ein Jahresprogramm (wenn man alle Rasseln und Tiere mitzählt) etwa 120 verschiedene Modelle. Solch eine Vielfalt im Spielzeugangebot aus Zelluloid wurde nie wieder, auch nicht in den besten Zeiten, erreicht (Abbildung Seite 128–134).

Obere Reihe:
Den Badekübel gab es ab 1901 (diese Puppe mit Spezialfrisur erst 1910)

Serie A, 1902

Serie ENB, 1904

Japaner mit Stoffbadehose, 1907

Untere Reihe:
Bunter Clown mit beweglichen Armen, 1907

Serie EN, 1908

Gnom mit beweglichen Armen, 1908

Serie B mit Stoffbadehose, 1909

Der Körper dieser Puppe besteht ganz aus Zelluloid, nur die Kugeln sind aus Holz. Vom Jahre 1904 an stellte „Schildkröt" solche Zelluloidgliederkörper her. Die besondere Konstruktion dieses Körpers besteht in den einschnittlosen Oberschenkelkugeln, die sich um einen kleinen Stab drehen. Schildkröt benutzte dafür das Patent Nummer 100 279 von Heinrich Handwerck (1897 angemeldet). Dieser aufwendige, schöne Körper ist nur noch selten zu finden. Er wurde für vier verschiedene Köpfe, zwei mit Lockenperükken Q und R (mit Schlafaugen) und zwei „Glattköpfe" angeboten. Nach dem Ersten Weltkrieg ist er nicht mehr zu finden und erst Ende der zwanziger Jahre ersetzt ihn ein vollständig aus Zelluloid hergestellter Gelenkkörper, der ebenfalls sehr selten ist.
(Kopf: Serie Q, feststehende Augen, modellierte Augenbrauen, Mohairperücke. Kopfmarkierung: Schildkröte ohne Raute. Schutzmarke 8.
Körpermarkierung: Schildkröte ohne Raute. Schutzmarke 25. Hände: 1, Ober- und Unterarme 25 gemarkt. Größe der Puppe 34 cm.)

Brustblattkopf mit ausmodellierten Augenbrauen, feststehenden Augen, offenem Mund und Mohairperücke. Lederkörper mit besonders fein geformten Zelluloid-Unterarmen und Händen. 55 cm groß, um 1900.
(Schildkröte ohne Raute. No. 14)

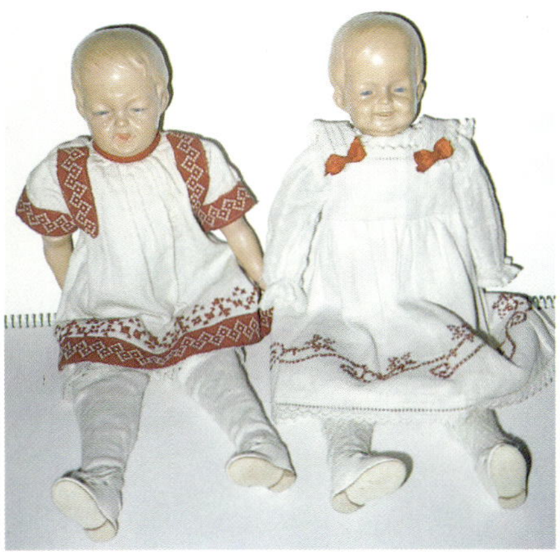

Der „Lacher" und der „Weiner", die berühmte Spezialserie eröffnete 1909 die Reihe der Charakterpuppen. (Foto: Dieter Henne)

Drei Puppen mit modellierter Kleidung: das Strandkind mit der roten Bademütze ganz vorn ist das Älteste, es ist 12 cm und vor 1912 hergestellt worden. (Schildkröte ohne Raute. 11 1/2)
Die Holländerin kam genau 1912 auf den Markt (dicke Schildkröte mit Raute). Die „Gretel" ist eine Version aus den zwanziger Jahren. Die erste „Gretel" erschien 1907. (Schildkröte mit Raute. 27 1/2)

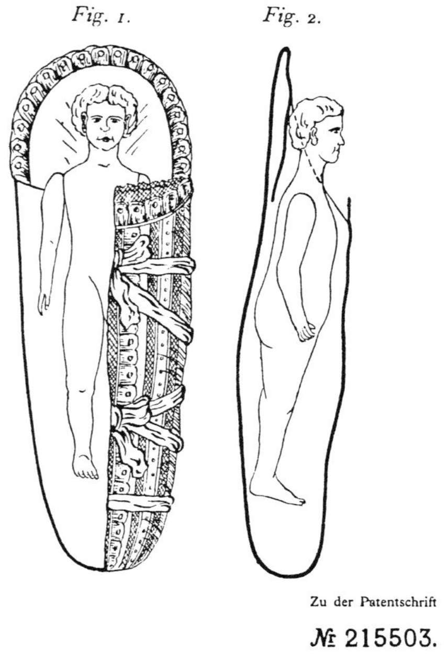

Patentzeichnung zum „Spielzeug aus Zelluloid" – dem 1910 erschienenen und 1909 geschützten schwimmenden Wickelkissen mit Badepuppe. (DRP Nr. 215 503)

Gebrauchsmustereintragungen geben einen recht guten Anhaltspunkt, sind aber nicht für sich allein zuverlässig. Nicht immer beginnt die Fabrikation sofort, gelegentlich bestehen alte Rechte, die erst später ausgenutzt werden, wie z.B. im Falle der Rasseln, für die „Schildkröt" schon 1905 von Paul Hunaeus die Rechte übernahm (und zwar für die Modelle 1001 bis 1006), die aber um weitere 6 ergänzt erst im Jahre 1913 auf den Markt gebracht wurden.
Die geradezu stürmisch aufblühende Zelluloidwarenspielindustrie bekam einen harten Dämpfer durch den Ersten Weltkrieg. Zwar entwickelte die „Rheinische" unverdrossen weiter Modelle, aber ab 1917 mußte eine Zwangspause eingelegt werden.
1920 beginnt die Firma wieder von neuem: Sie läßt Gebrauchsmuster schützen und versucht sich hochzurappeln. Aber sie ist angeschlagen – mehr als die mittelgroßen Konkurrenten. Lange hört und sieht man von der „Rheinischen" in den Spielwarenzeitschriften nichts. Ab 1921 gibt es dann Wort-Inserate und erst 1922 leistet sich die „Unerreichte" wieder Abbildungen in ihrer Werbung. Dies tut sie jedoch so sparsam, daß der Schluß nahe liegt, daß die Finanzkraft nicht gerade üppig ist. Vier Jahre lang bleiben die Anzeigen fast gleich – allmählich werden sie danach größer und selbstbewußter.

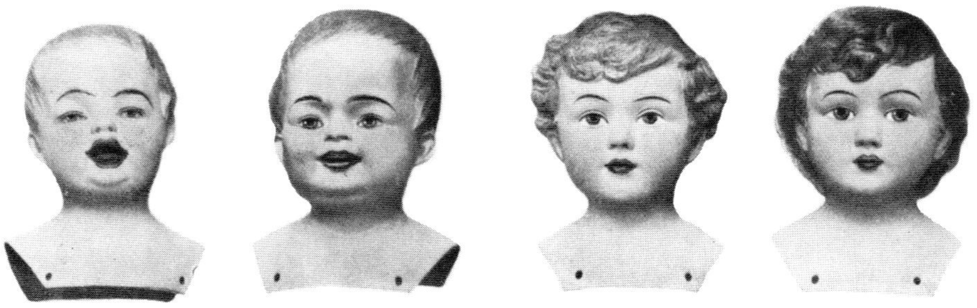

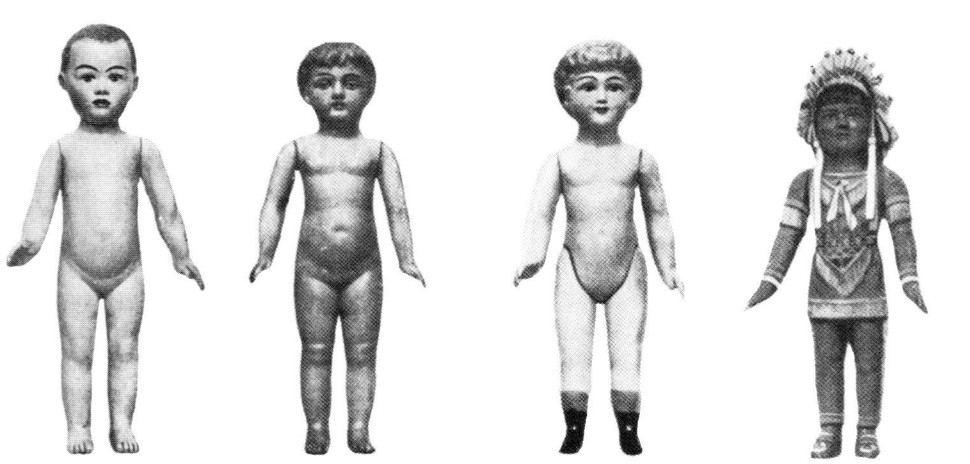

Obere Reihe:
Die berühmte Spezialserie Lacher und Weiner, 1909

Wunderschöne Brustblattkünstlerköpfe, 1909

Mittlere Reihe:
Skiläufer, 1909

Seekadett, 1909

Rasselclown, 1909

Baby-Stehauf, 1909

Untere Reihe:
Serie AF mit Spezialfrisur, 1910

Serie A, mit Glasaugen = Serie C, 1910

Serie DN, 1910

Indianer, 1910

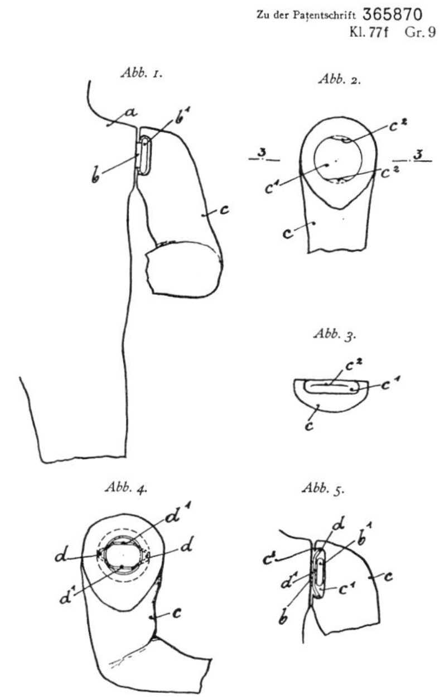

Links oben:
Zwischen 1922 und 1926 warben die Mannheimer häufig mit dieser Anzeige. Die beiden sitzenden Figuren sind „Küss mich", die kleinen Kewpies, die Purzelkinder und das größere Kewpiemädchen wurden Lieblinge des Publikums.

Rechts:
Auch eine Gliederbefestigung nach dem Prinzip des Druckknopfes wurde in Mannheim erfunden. DRP 365 870 vom 20.11.1920.

Obere Reihe:
Die aufgespritzte Spezialfrisur hatte auch dieses Baby von 1910

Max und Moritz, 1910

Mittlere Reihe:
Serie C, Künstlerköpfe, 1910

1909 entstand die Serie J (Jünglingskopf) aus Celtid.

Untere Reihe:
Einen Stehbabybruder bekommt das Baby von 1910 zwei Jahre später, nämlich 1912 (mit Raute)

Steifgelenkpuppe, 1912

Die begehrte Wechselpuppe erschien 1910

Links:
Tiroler Pärchen 1912

Rechts:
Holländer, 1912

Struwwelpeter, Daumenlutscher und Suppenkasper, 1912

Soldaten (Husar, Ulan, Kurassier, Infanterist) 1912

Der Junge entspricht der Serie ASS, mit modellierten Strümpfen und Spangenschuhen, hat aber bewegliche Beine. Sehr stabiles Zelluloid, 20 cm groß, um 1904, mit der Schildkröte ohne Raute markiert. Die kleine Dolly-Puppe in seinem Arm erschien 1913 zum ersten Mal. Dieses Exemplar ist erst nach dem Krieg gefertigt, hat dünneres, rosa eingetöntes Zelluloid, modellierte Schuhe und Strümpfe. (Schildkröte mit Raute. Germany. 14.)

Mignon mit beweglichen Armen, eine Puppe im zeittypischen Badeanzug, die es seit 1910 in vierzehn verschiedenen Grössen – von 8 1/2 bis 40 cm – gab.

Rechts oben:
Ringhalscharakterköpfe für Stoffkörper, Handpuppen, Scherzfiguren (s. Katalog 1913) wurden zusätzlich auch für die Koproduktion mit Herstellern mechanischen Spielzeugs (z. B. Schuco) verwendet. Die abgebildeten Köpfe entstanden zwischen 1910 und 1915.
„Herr" – vermutlich Jimmy – Schildkröte mit Raute, 8 1/2. „Alter Mann", Schildkröte ohne Raute, 8 1/2. „Expreß"-Mann, Schildkröte ohne Raute, 8 1/2. „Polizist", Schildkröte mit Raute, 8 1/2. „Pierot", Schildkröte mit Raute, 7 1/2.

Links oben:
Ebenfalls aus der Reihe der Einbinde (Ringhals-) Köpfe ein breit grinsendes Gesicht auf einem Körper, der aufgezogen vorwärts läuft und mit dem linken Arm hin und her schlägt. Etwa 1910, 23 cm. (Schildkröte ohne Raute. 8 1/2.)

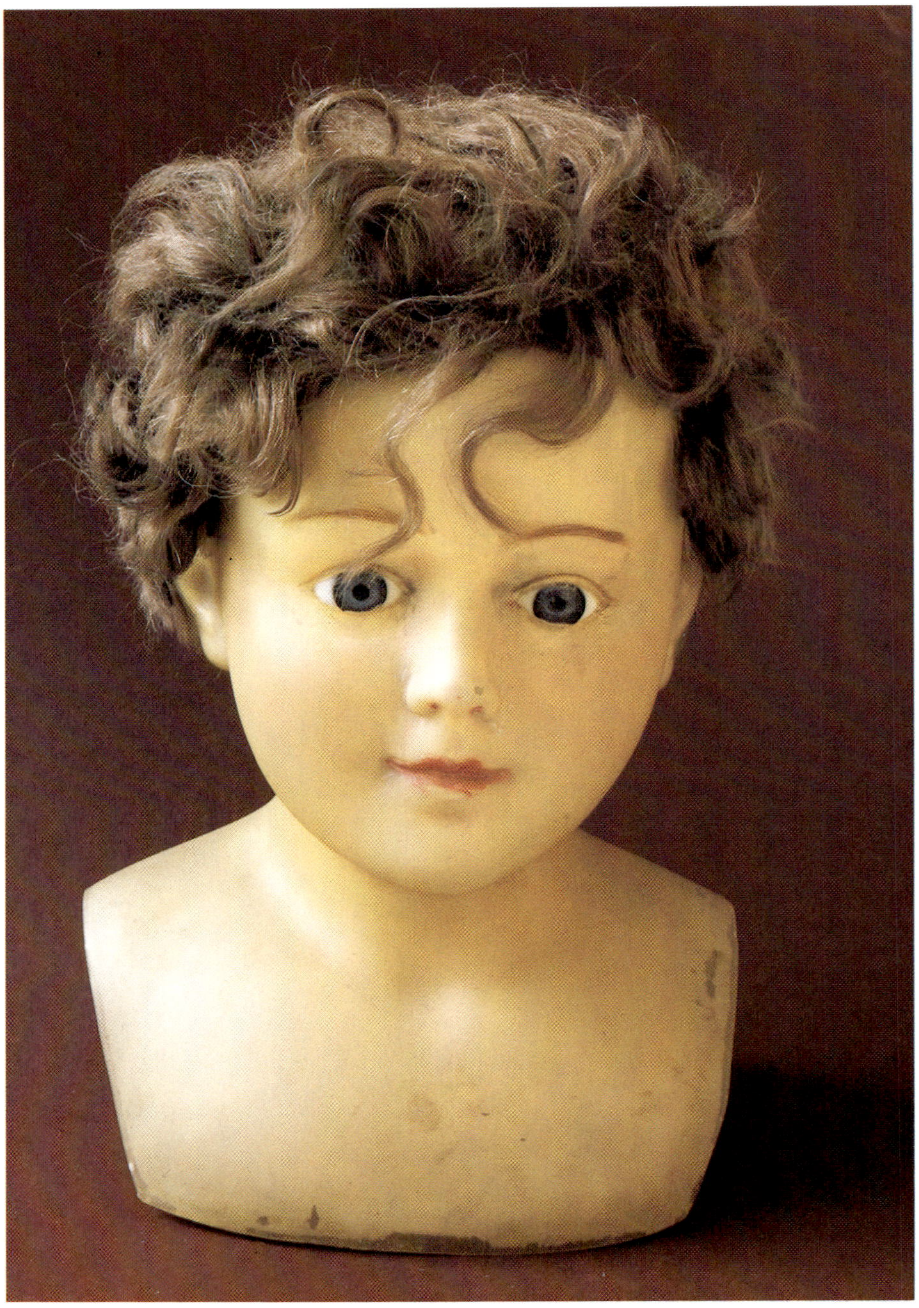

Rechts:
Auffallend schöner großer Brustblattkopf aus transparentem Zelluloid. Feststehende Augen, modellierte Augenlider mit Lidstrich, lächelnder geschlossener Mund. Eventuell Entwurf für eine Schaufensterpuppe oder ein lebensgroßes Modell. Der Kopf allein ist 27 cm groß und mit einer Schildkröte ohne Raute markiert.

Seite 83:
Dieses bäuerliche Paar in Elsässer Tracht besteht aus Zelluloid-Charaktermasken mit vorderem Brustblatt, Zelluloidhänden und Stoffkörpern. Eine preisgünstige und doch äußerst dekorative Herstellungsweise. Es gab ferner zu dieser Zeit ein Baby und eine Knabenmaske, einen Schutzmann und einen Rekruten. Die Frau ist 33 cm, der Mann 34 cm groß, ab 1911 hergestellt, vorne mit Schildkröte ohne Raute markiert.

Oben links:
Finger-Laufpuppe: Babycharakterkopf von 1910 als Einbindekopf, darunter ein rechteckiger mit Trikot überzogener Pappkörper. Arme aus Stoff, Hände aus Masse. Schuhe und Strümpfe. Man kann von hinten mit den Fingern in die Puppe fassen, die Schuhe über die Fingerspitzen stülpen und so die Puppe „laufen" lassen. Kopf: 7 cm Puppe ohne Schuhe 16 cm, 1910. (Germany. Schildkröte ohne Raute. 8 1/2)

Oben rechts:
Winziges Charakterbaby im Krankenhausbett. Gemalte Augen, sparsam modellierte Haare, lächelnder geschlossener Mund, Zelluloidkörper, etwa 1911. (Schildkröte ohne Raute. 7 1/2)

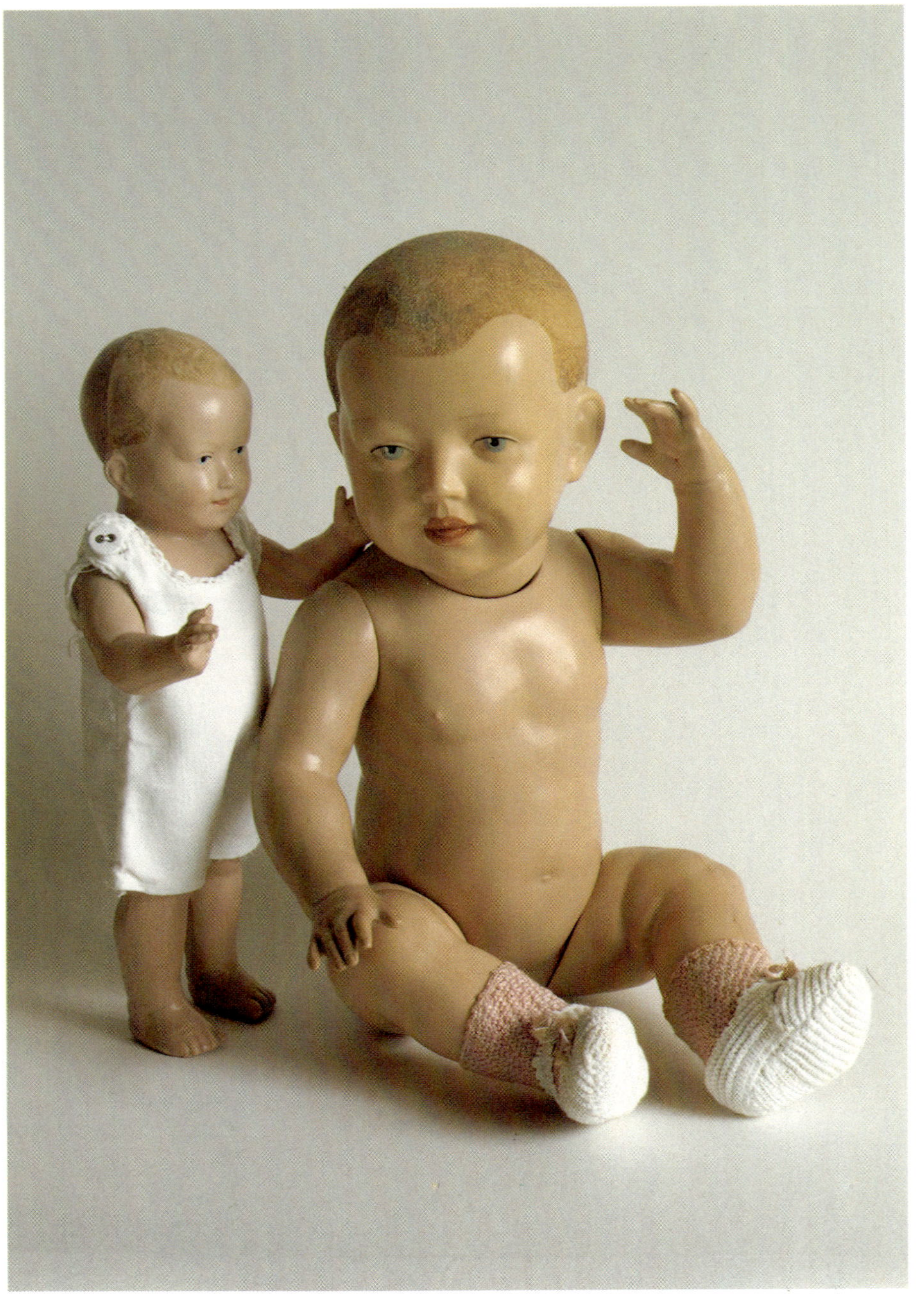

Rechts:
Dieses Baby mit „Spezialfrisur" erschien 1910. Es hat kurze, fellartige, aufgespritzte Haare (es gab besondere Spritzapparate für solche Haare und Tierfellimitationen). In der Werbung wurde angepriesen, daß dieses Baby ungeschadet seiner Frisur gebadet werden könne. Blaue gemalte Intaglioaugen, offen-geschlossener Mund, 33 cm.
(Schildkröte ohne Raute. Schutz-Marke 35. Germany.)
Die kleinere Steifbeinpuppe ist der gleiche Puppentyp mit normaler gemalter Frisur, der zwei Jahre später herauskam. Er hat die erste Raute um die dicke alte Schildkröte, 27 cm groß.

Seite 85:
Einmalig schöner Kurbelkopf, der durch Tönung, Bemalung und Modellierung den Porzellanköpfen ebenbürtig ist. Schlafaugen, offener Mund mit Zähnchen, Mohairperücke, Entstehungsjahr auf der Halsmarkierung: 1913. (Markierung: Schildkröte mit Raute. No. 9 1/2. 1913.)

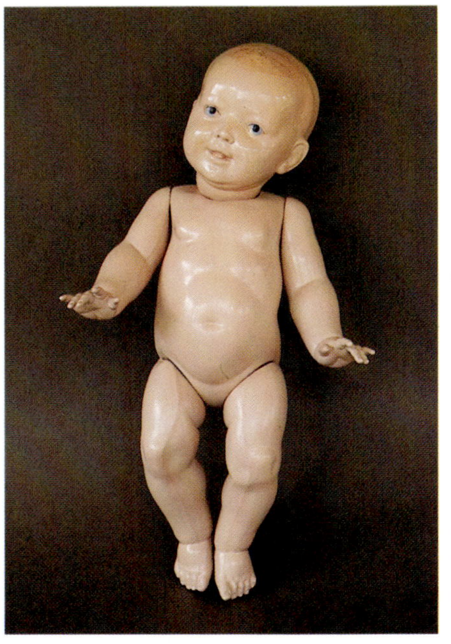

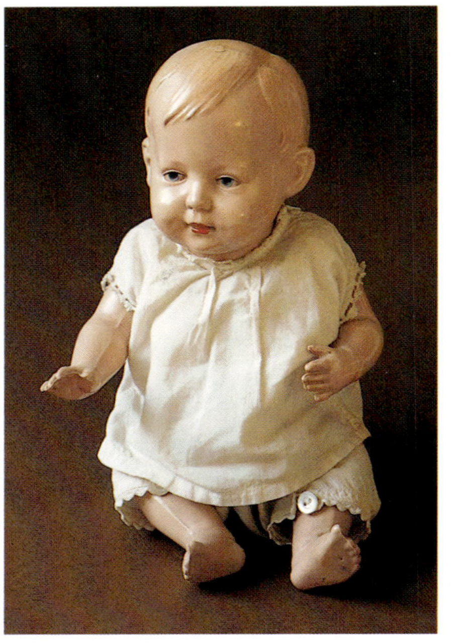

Links:
Charakterbaby mit schönem Sitzbabykörper. Außergewöhnliche Handhaltung. Dieser Körper ist typisch für die frühen Charakterbabies. Lächelndes Gesicht, glatte Haare, gemalte Augen, offengeschlossener Mund. Etwa 1915.
(Germany. Schildkröte mit Raute. 35.)

Rechts:
Baby mit modellierten Haaren, Intaglio-Augen, offen-geschlossener Mund, Kinngrübchen und gut ausmodellierter Zelluloidsitzbabykörper. Um 1922.
(Schildkröte mit Raute. 26.)

Soldat mit Pickelhaube von 1916, alte Filzkleidung, Zelluloidhelm und -Stiefel. 21 cm, Schildkröte mit Raute.

Links:
Der gleiche Typ wie das weiße Kewpie im Spielanzug ohne Markierung als Neger. Das Zelluloid ist auffallend dünn, die Modellierung genau gleich. Japanische Imitation, 17 1/2 cm groß.

Rechts:
Dieses Kewpie mit geschlossenen Beinen, modelliertem und bemaltem Anzug und Moritz-ähnlicher Frisur ist wahrscheinlich der kleine „Liebesbote“ aus dem Jahre 1926. (Schildkröte mit Raute. 12 1/2.)

Unten:
Kewpieversammlung bei „Schildkröt“. Links ein Bubentyp im aufgemalten Spielanzug mit Haartolle, geballten Fäustchen, beweglichen Armen und Beinen, dreißiger Jahre, 17. Daneben ein „Inge“-Kewpie mit Kuß-Mündchen. Dieses Kewpie gab es auch in sonnenbraun und bis in die fünfziger Jahre. Dreißiger Jahre, 18. Dahinter drei Mädchen-Kewpies, die es von den zwanziger Jahren bis in die fünfziger Jahre gab: Negerin mit grüner Haarschleife, weißes Mädchen mit gemaltem Anzug und roter Schleife, unbemaltes Kewpie mit grüner Schleife, alle drei zwanziger Jahre, 17 1/2. Davor steht ein kleiner Purzel mit Haartolle und seine Freundin mit roter Schleife, aus den zwanziger Jahren, beide 8 1/2. Kewpies wurden übrigens auch auf Kugeln montiert und als „Stehaufs“ verkauft.

Wie sah nun das Nachkriegsprogramm aus? Die Kewpie-Welle war inzwischen von Amerika nach Europa geschwappt. Karl Standfuß hatte sich die Produktion des Original-Kewpies gesichert. Das erwies sich aber keineswegs als Vorteil: Die Kewpie-Typen, die die Konkurrenten jetzt entwarfen, waren viel ansprechender. Als erstes ließ Schildkröt das „Purzelpärchen“ schützen – er mit Haartolle, sie mit einer Mädchenlockenfrisur. Dann gab es allerliebste sitzende Figuren, die auffordernd das Mündchen spitzten und auch so hießen: „Küss mich“ – dieser Name wurde sogar als Warenzeichen eingetragen. 1922 gab es schon das 17 1/2 cm große Mädchen mit der Schleife im Haar, das ein großer Erfolg wurde und bis in die fünfziger Jahre im Programm blieb. Der kleine Fäustchen ballende

Dieses Brustblattkopfmodell wurde unter der Bezeichnung „J.g.A." (Junge, gemalte Augen) oder „J" (bei Glasaugen) 1920 als Geschmacksmuster eingetragen und mit kleinen Veränderungen bis in die fünfziger Jahre angeboten. Bei den frühen Puppen waren die Locken etwas dichter beieinander und der Mund nicht ganz so geöffnet. Dann – etwa 1927 – öffnete er sich etwas weiter und zeigte vier Zähnchen. Die Puppe hat einen Lederkörper und Zelluloidunterarme, 40 cm groß. Schildkröte mit Raute. 12.)

Junge im Turnhöschen ist wohl „Sportsmann". Michel und Harlekin hießen zwei weitere Kleinfiguren (Abbildungen Seite 87).
Etwa 1923 wurden wieder Babys bei der „Rheinischen" geboren – in den Katalogen schlicht mit ihrer Entstehungszeit bezeichnet.
Der „Junge mit gemalten Augen" oder auch mit Glasaugen wurde schon 1920 eingeführt und blieb – obwohl ein Brustblattkopf, mit leichten Abwandlungen bis Ende der fünfziger Jahre lieferbar. Die ansprechende Puppe „Y" mit dem modellierten Haarband wurde dagegen nach 1950 nicht mehr annonciert (Abbildungen Seite 94).
Die Babyköpfe dieser zwanziger Jahre hatten sowohl untereinander als auch mit den Produkten der Konkurrenz ziemliche Ähnlichkeit. Erst im Jahre 1926 konnte „Schildkröt" mit etwas besonderem aufwarten: Bereits am 9.11.1925 und dann – für Spielwaren – noch einmal am 12.1.1926 beantragte die Firma das Warenzeichen „Miblu".
„Miblu" ist die Abkürzung für Milch und Blut und soll verdeutlichen, welch natürliches Aussehen Zelluloidpuppen durch ein besonderes neues Herstellungsverfahren erhielten: Das Zelluloid für die Köpfe (gelegentlich sogar für die gesamte Puppe) wurde nur noch ganz zart gelblich – oder auch grünlich (siehe Patentbeschreibung) eingefärbt, blieb aber transparent. Von innen wurde dann der Kopf mit einer Gipsmischung ausgespritzt, die bestimmte Farbzusätze enthielt – bei sehr sorgfältiger Arbeitsweise ist sogar die Ausspritzung unterschiedlich eingetönt, also z.B. an den Wangen mit mehr rot versetzt. Diese Herstellung führte zu einem völlig neuem optischen Ergebnis: Die Gesichter bekamen eine bestimmte Tiefenwirkung dadurch, schienen nicht mehr eine glatte, platte Oberfläche zu haben, sondern „hautähnlicher" zu sein. Das Verfahren wurde von der „Rheinischen" in Amerika als Patent eingetragen. Die Übersetzung lautet folgendermaßen:

Patentiert am 11. Oktober 1927 *1,645,275*
PATENTAMT DER VEREINIGTEN STAATEN VON AMERIKA Albert Beyler aus Mannheim-Neckarau, Deutschland, Bevollmächtigter der Rheinischen Gummi- und Celluloidfabrik aus Mannheim-Neckarau, Deutschland

Fabrik für Puppen und Puppenteile aus Zelluloseprodukten.
Keine Zeichnung. Gesuch am 29. September 1926 eingereicht, Seriennummer 138,570 und in Deutschland am 19. Oktober 1925.
Diese Erfindung bezieht sich auf die Herstellung von Puppen und deren Bestandteilen aus Zelluloid oder anderen Zelluloseprodukten. Sie besteht darin, solche Gegenstände in solchen Farben herzustellen, die tatsächlich der natürlichen Hautfarbe des Menschen gleichen, insbesondere denjenigen, deren Haut weiß oder weißlich ist.
Puppenköpfe, Puppenglieder und dergleichen litten bisher unter einem Mangel, der sogar im Fall von Porzellan und anderen Materialien nicht behoben werden konnte, die glänzende und wachsartige Erscheinungsform der Farbe schien nämlich der weißen oder weißlichen menschlichen Hautfarbe zu gleichen, war ihr aber doch ganz unähnlich...
Die verschiedenartigsten Methoden wurden vorgeschlagen, um das endgültige Ergebnis oder den Effekt zu erreichen, der durch diese Erfindung erzielt worden ist und durch den die „Haut" der Puppe gewissermaßen transparent und cremeartig weiß mit einer grünlichen Schattierung geschaffen wird, die gleichzeitig unterstützt aber auch gedämpft wird durch eine rötliche Tönung, die sich mit der grünen Schattierung verbindet und einen natürlichen gesunden rosigen Eindruck schafft, der deutlich neu ist in der Kunst der Herstellung von Zelluloidpuppenköpfen und -gliedern. So war beispielsweise transparentes Zelluloid von außen oder innen bemalt worden. Mit weißem Zelluloid hatte man Versuche unternommen, eine fleischfarbene Tönung durch Lackieren oder Eintauchen in Farbe etc. zu erreichen, aber es blieb jeweils ohne Erfolg. Schließlich hatte man einfach die fleischfarben getönten Farbmaterialien in die Zelluloidherstellung

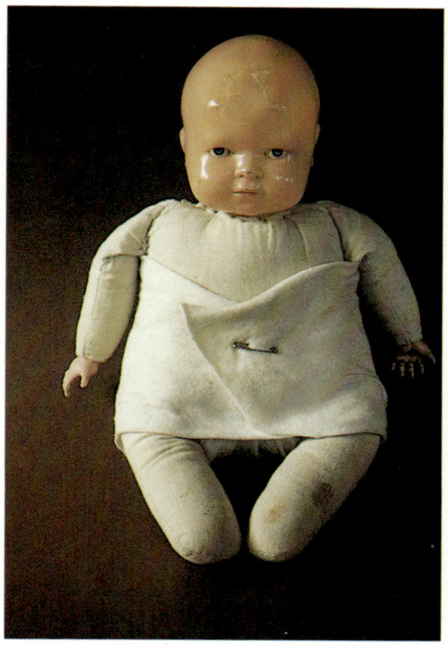

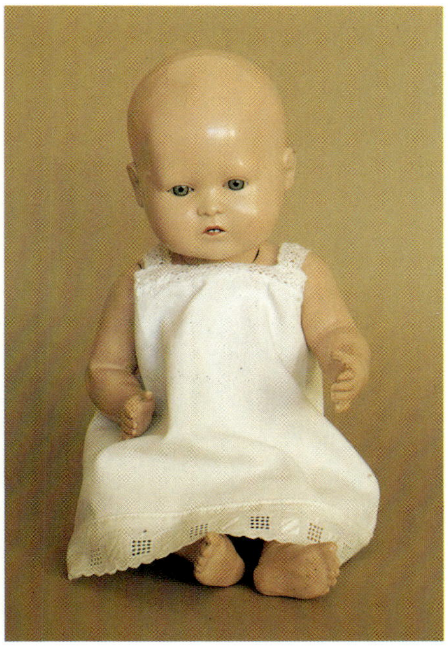

Links:
Dream-Baby mit durchscheinendem Zelluloid, sehr dünne Miblu-Bemalung. Einbindekopf, einfacher Stoffkörper mit Zelluloidhänden. 29 cm. Etwa 1926. (Schildkröte mit Raute. 103/14. Germany.)

Rechts:
Dream-Baby-Version mit offenem Mund und zwei Zähnchen unten. Glasaugen, Kurbelkopf, Zelluloidsitzbabykörper. Etwa 1924, 35 cm. (Kopfmarkierung: Schildkröte mit Raute.) Germany. 35. Körper: Schildkröte mit Raute. Schutzmarke 32. Germany.)

Unten:
Dieses Max und Moritz-Pärchen hat die Köpfe der 1910 erschienenen Max und Moritz-Puppen, aber Stoffkörper mit einem Mechanismus. Die Puppen können mit Hilfe ihrer langen Arme Salto schlagen. Aufgezogen werden sie durch einfaches Armdrehen. „Schildkröt" brachte die gelenkigen Bösewichter zusammen mit Kolundro (Josef Deuerlein) etwa 1924 auf den Markt.

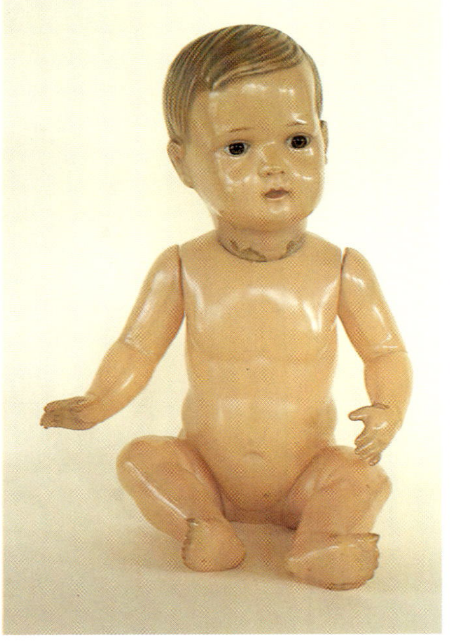

Links:
Das Mädchen „Y" mit ganz durchscheinendem Miblukopf hält ein Miblu-Baby von 1927 im Arm. Puppe „Y": feststehende Glasaugen, zwei Zähne im offen-geschlossenen Mund, 40 cm, um 1926 hergestellt. Genauso sah die Puppe „Y" 1940 wieder aus. „Bebi 1927", Charakterkopf mit Linien im Gesicht, feststehenden Glasaugen, geschlossener Mund und Sitzbabykörper, 32 cm.

Rechts:
Nur zartrosa getöntes Miblu-Baby, Modell 1927. Feststehende Augen. Auch der Körper aus Miblu-Zelluloid mit abgeplatteter Sitzfläche, 30 cm. (Schildkröte mit Raute 30. Germany. 35.)

mit einbezogen, eine Methode, die üblicherweise immer noch verwendet wird, aber gleichwohl die bereits dargestellten Mängel mit sich bringt.
Meine Erfindung führt demgegenüber zu einer Einfärbung, die genau der weißen oder weißlich getönten menschlichen Hautfarbe entspricht. Sie gründet auf der Entdeckung, daß eine rötliche Tönung in der Lage ist, den weichen zarten Farbton oder Schmelz der weißen oder weißlichen menschlichen Haut hervorzubringen, wenn sie auf einem in bestimmter Weise gefärbten Hintergrund aufgebracht wird, nämlich auf einem Zelluloseprodukt cremigweißer Farbe, das einen Anflug einer grünlichen Tönung hat...
Um die Erfindung in die Praxis umzusetzen, werden zunächst eine weiße Pigmentierung und ein kleiner Anteil grüner Einfärbung in die Zelluloid- oder Zelluloseproduktherstellung einbezogen, um eine Mischung zu erzeugen, die dem Grundmaterial etwas von der grünlichen Färbung eines Leichnams der weißen Rasse mitgibt. Dann wird die rötliche Einfärbung dünn aufgetragen, am besten durch Aufsprühen, um die natürliche, etwas matte und nicht durchscheinende gesunde Erscheinung einer natürlichen cremeartigen und rosigen Haut zu erzeugen. Die Mischung, die ursprünglich hergestellt wird, hat die aschiggrünliche Erscheinungsform eines Leichnams der weißen Rasse. Es ist eine einzigartige, wenngleich unerwartete Tatsache, daß die Hinzufügung der rötlichen Tönung zu einer äußerst lebensechten Färbung führt, die – völlig anders als die wächserne Erscheinung der zuvor produzierten Puppen – im eigentlichen der tatsächlichen Farbe oder dem Schmelz einer menschlichen Haut der oben angesprochenen Rasse gleicht, unter der lebendiges Blut fließt.
Im folgenden wird ein Beispiel für die Herstellung der grünlich-weißen Mischung gegeben:
Etwa hundert Theile von Nitrozellulose, Acetylzellulose oder eines geeigneten Zelluloseprodukts werden mit ungefähr dreißig Theilen von Kampher gemischt, Kamphierersatz oder anderen geeigneten gelantineartigen Trägern. Es werden ca. 1,5 Theile weiße Pigmentierung hinzugegeben (weißes Zink, weißes Blei oder dergleichen) zusammen mit etwa 0,03 Theilen grünlicher Farbe, die entweder metallgrün, mineral oder anilingrün sein können...
Die blutartige Substanz, die hinzugefügt werden muß, besteht aus blutrotem Farbstoff, der in Alkohol, Benzinbenzol, Äther, Essigsäure oder anderen bekannten Lösungsmitteln zu lösen ist. Die Substanz wird dann auf die schon hergestellte Form mit einem feinen Sprühapparat aufgetragen. Dabei ist von wesentlicher Bedeutung, daß diese Substanz vollständig eindringt und auf der Form fest haftet. Die Stärke des rötlich-farbenen Überzugs kann variiert werden, je nachdem, um verschiedenen fleischfarbenen Erscheinungsformen, wie bei-

Vier Puppen mit dem Kopftyp „Y" aus verschiedenen Produktionsphasen. Diese Puppe, die schon 1925 im Programm war, konnte man bis in die vierziger Jahre als Brustblattkopf kaufen. Zwischendurch gab es sie allerdings in vielen Varianten: Als Kurbelkopf, in Miblu-Ausführung, mit mehr oder wenigen Zähnen, mehr oder weniger Locken, doppelt oder einfach modellierter Schleife im Haarband. Ganz links sitzt ein Baby mit Haarband und nicht ganz so üppiger, seitwärts gekämmter Frisur. Es hat einen lächelnden offengeschlossenen Mund mit zwei aufgemalten Zähnen, entstand vermutlich schon 1926 (Gebrauchsmustereintragung: ein nacktes Baby mit Haarband Nr. 35...) und ist 35 cm groß. Neben ihm sitzt ein 53 cm großes Mädchen mit blauem Haarband und doppelter Schleife, Lederkörper, Zelluloidhänden, offen-geschlossenem Mund mit gemalten Zähnchen, um 1940. Das kleinste der Mädchen (26,5 cm) hat ein rotes Haarband, ebenfalls einen Lederkörper mit Zelluloidunterarmen. Die Haare sind stärker in das Gesicht modelliert, die gemalten Augen blicken seitwärts: genauso sah das Modell „Y" im Jahre 1925 aus. Diese Puppe aber stammt aus den dreißiger Jahren. Die vierte Puppe ist eine kräftig getönte Miblu-Ausführung mit feststehenden blauen Glasaugen, der lächelnde Mund zeigt fünf Zähnchen. Der Körper ist wie die beiden daneben, die Puppe insgesamt 40 cm groß und im Katalog 1927 abgebildet.

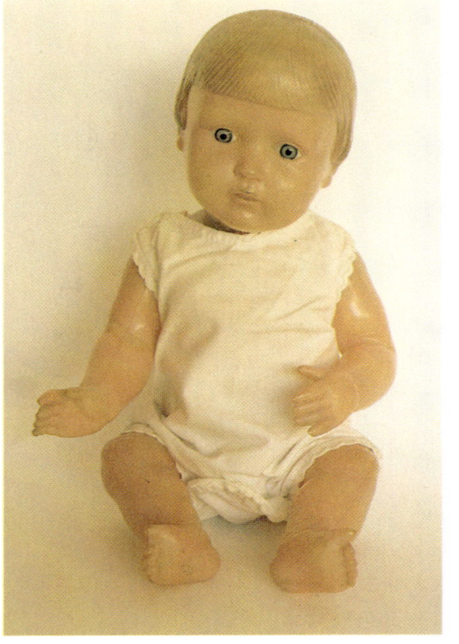

Links:
Neger – den gleichen Kopf gab es auch in weiß – mit Glasaugen. 1935 konnte man ihn nur noch mit gemalten Augen beziehen. 30 cm groß, Sitzbabykörper, Schildkröte mit Raute, zwanziger Jahre.

Rechts:
Dieses Miblu-Baby mit Pagenfrisur entstand wahrscheinlich 1927/28. Feststehende Glasaugen, sehr durchsichtig getöntes Miblu-Zelluloid, Kopf und Körper gleiches Material. 40 cm, Schildkröte mit Raute (Kopf und Körper).

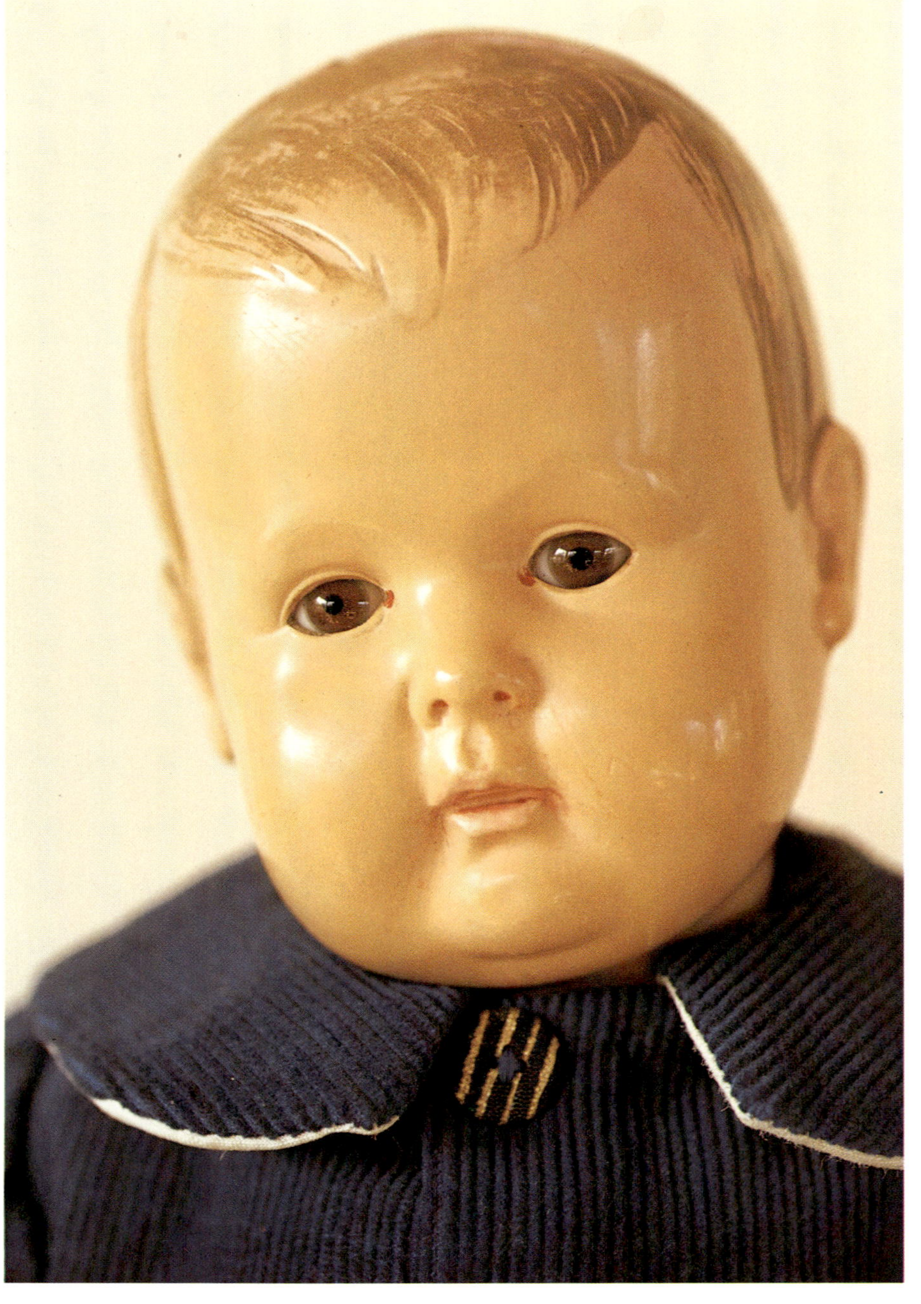

Das Säuglingsbaby No. 35 von 1926. Lieb schauendes Gesichtchen mit einer nach vorne gekämmten spitz auslaufenden Haartolle. Feststehende Augen, Zelluloidstehbabykörper. (Schildkröte mit Raute. 30.)

Das Baby 1927 war das Standardmodell für die gekleideten Puppen von August Ziege, der den Puppen eine hübsche Phantasie- oder Trachtenkleidung aus Filz schneiderte. Auch unter der Perücke der Mädchen steckt immer der gleiche Jungenkopf.

Erstaunt blickender Miblu-Knabe. Ebenmäßige, sehr natürliche Tönung, blaue Schlafaugen, offener Mund mit Zunge dahinter, Mohairperücke, Stab im Kopf. Wachstuchkörper mit Kugelgelenkarmen, 38,5 cm, etwa 1930. (Schildkröte mit Raute. 35.)

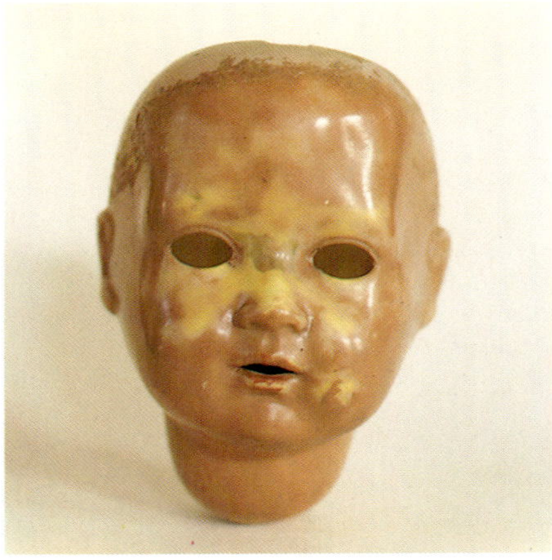

Dieser Kopf zeigt, daß gelegentlich alle „Färberegister“ gezogen wurden. Er hat das „Leichengrün“ in der Grundtönung des Materials (an der Nase sichtbar), die Gipsfarbschichten innen für den „echten Hautton“ und ist außerdem von außen mit Karmin und Zinnober eingefärbt und mit Mattlack behandelt.

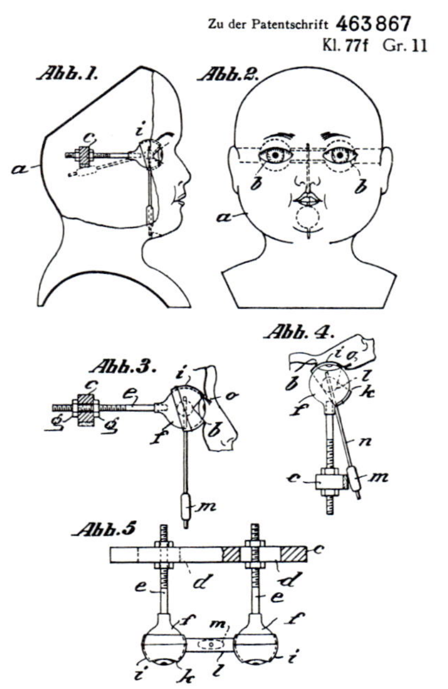

1926 dachten sich die Konstrukteure der „Rheinischen“ ein Verfahren aus, bei dem die Augen fest verankert werden konnten und die Lider beweglich waren.

Seite 95:
Charakterkopf mit feststehenden Augen, offenem Mund und modellierten Haaren, über die eine Kruse-Perücke geklebt wurde. Besonders ausdrucksvolles Gesicht mit sehr guter Tönung. Kurbelkopf, fest gestopfter Stoffkörper, Zelluloidbabyarme, 37 cm groß, etwa 1930. (32-----25. Schildkröte mit Raute.)

spielsweise rosigen Wangen, Rechnung zu tragen. Die blutähnliche oder rötliche Substanz besteht aus roter Anilinfarbe, kann aber aus Zinnober oder natürlichem rotfarbigen Schwefel-Quecksilber oder rötlicher Erde und dergleichen hergestellt werden. Die rote Anilinfarbe oder der entsprechende Farbstoff kann mit kleinen Mengen weißer Einfärbung verbunden werden wie weißem Zink z.B., zusammen mit ein wenig gelbfarbener Erde, wie beispielsweise gelbem Ocker, gelber Anilinfarbe, Chromfarbe oder dergleichen.

Die Beigabe des weißfärbenden und gelbfärbenden Materials zum beschriebenen Grundmaterial und zur rötlichen Einfärbung kann je nach Wunsch des Herstellers variiert werden, um die Schattierungen der jeweiligen „Haut“ am Kopf der Puppe oder anderen Gliedern herauszubringen, indem diese zusätzliche rötliche Einfärbung auf dem grünlich oder aschenfarbig grünlichem Grundmaterial, aus dem der Kopf der Puppe oder ihr Körper geformt ist, eindringt und haftet. Die rötliche Oberfläche oder Eintönung kann heller oder dunkler je nach Wunsch gestaltet werden. Das Endprodukt behält ständig seine Farbe und ist abwaschbar und frei von der durchscheinenden oder wachsartigen Erscheinungsform, die bisher gefärbtes Zellulosematerial gekennzeichnet hat…

Im Vergleich zu den mehr oder weniger ähnlich gefärbten Puppenköpfen und Gesichtern, die bisher hergestellt wurden und bei denen die Oberflächen erkennbar durchsichtig sind, sind die entsprechenden Oberflächen nach dieser Erfindung verhältnismäßig matt und sehr natürlich.

Es muß weiterhin gesagt werden, daß mit Hilfe dieser Erfindung – wenn und soweit mehr gelblich oder bräunliche Färbung der grünlichen Grundmasse des Materials beigefügt wird – die Puppenköpfe und -glieder der farbigen oder dunkelhäutigen Rassen geschaffen werden können…

Diese Erfindung hatte einige Entwicklungsstufen in schneller Folge durchgemacht: Im Frühjahr 1926 wurden zuerst recht durchsichtige Puppen angeboten. Diese Transparenz hatte natürlich den Nachteil, daß die breitflächigen Gipslager der Schlafaugen zu sehen gewesen wären. Demzufolge gab es kurze Zeit nur Miblu-Köpfe mit feststehenden Augen. Sehr schnell wurde der Farbauftrag von innen etwas verstärkt und – obwohl die Tiefenwirkung erhalten blieb – die Transparenz aufgehoben. Jetzt konnten wieder Schlafaugen ohne Nachteile für das Aussehen befestigt werden. Miblu-Puppen waren in der Fabrikation zwangsläufig teurer. Das Unternehmen geriet Ende der zwanziger Jahre in große finanzielle Schwierigkeiten – die aufwendigen Miblu-Puppen wurden daher nur einige Jahre und in keiner sehr hohen Stückzahl hergestellt. Die schönsten Exemplare entstanden zwischen 1927 und 1929. Vereinzelt gab es noch Mitte der dreißiger Jahre Miblu-Ausführungen bekannter Modelle.

Neben den beschriebenen Neuerscheinungen in den zwanziger Jahren blieben Teile der Vorkriegsproduktion im Programm: Baby-Puppen, Figuren mit modellierter Kleidung (Abbildungen Seite 98) und Tiere (vgl. Firmengeschichte). Gelegentlich tauchen kleine Püppchen aus der Produktion der zwanziger Jahre auf, die hinten innerhalb der Raute mit einem roten oder grünen Punkt versehen sind. Puppenvergleiche ergeben, daß es sich hier um eine Kennzeichnung von zweiter und dritter Wahl handeln kann. In der zweiten Hälfte der zwanziger Jahre war der japanische Preiskonkurrenzdruck besonders stark. Einzelne deutsche Firmen stellten extra ein billigeres Sonderprogramm für den Massenabsatz in Warenhäusern her. „Schildkröt“ hat wahrscheinlich auch auf diese Weise seine Zweite-Wahl-Artikel günstig an den Mann gebracht. In den dreißiger Jahren nahm man von dieser Marktpolitik anscheindend wieder Abstand.

Ende der zwanziger Jahre kann man an den Inseraten erkennen, daß die „Rheinische“ nicht in bester Verfassung ist. Die Wortanzeigen sind zwar groß, aber selten, Puppen werden eine zeitlang gar nicht mehr abgebildet. 1930 reichen sich die – von der japanischen Billigware gleichermaßen bedrängten – ehemaligen Konkurrenten, die Puppensöhne aus Mannheim und aus Hannover, symbolisch die Hände: Das Programm der Firma Dr. Paul Hunaeus wird größtenteils eingestellt, einige Puppenjungen werden eine zeitlang mit der „Schildkröte“

Steifbeinbadepuppe, die vom Anfang der zwanziger Jahre bis in die fünfziger Jahre hergestellt wurde. 23 cm groß. (Markierung: Schildkröte mit Raute. 20. Germany. 23.)

Seite 97:
Diese wunderschönen Zelluloidgelenkkörper findet man leider nur noch sehr selten. Sie wurden 1928 entwickelt und nur kurze Zeit produziert. Die erste Puppe auf diesem Körper hieß „Liselotte". Kleinere Körper (40 cm) können durchgehende angewinkelte Arme haben. Diese großen Toddler-Körper sind an den Knien und Ellenbogen beweglich und haben feststehende Handgelenke. Anscheinend extra für diese Gelenkkörper und Babykörper gab es die beiden abgebildeten Köpfe „Mädchen mit Spange" und „J" (=Junge) als Kurbelköpfe. Während der Mädchenkopf mit Spange in den rund dreißig Jahren seines Bestehens fast unverändert blieb, machte der Kopf „J" (mit gemalten und mit Glasaugen) von seinem Erscheinen etwa 1920 bis Ende der fünfziger Jahre einige Frisuränderungen durch.

Links:
Braune (gespritzte) Version des „Mädchen mit Spange" (Kopf Nummer 200) mit Glasaugen, geschlossenem Mund und gemalten Zähnen. (Kopfmarkierung: Schildkröte mit Raute. Germany. 45/55. – Das kleinere Maß scheint für die Montage mit Babykörpern gedacht zu sein. – Körper: Schildkröte mit Raute. 55. Germany.)

Rechts:
Junge in Miblu-Ausführung, sehr durchscheinend, Glasaugen, geschlossener Mund mit zwei gemalten Zähnen unten. Kopf- und Körpermarkierung gleich wie bei der braunen Puppe.

Der Rosenkavalier ist „Rudi" von 1929. Arme und Beine sind unbeweglich. Die Puppe gibt es auch noch in den dreißiger Jahren. Sie hat dann aber außer der späten Raute tiefer hinabmodellierte Rosen, eine etwas abgewandelte Kleidung und mehr Locken: „Rudi" ist 17 1/2 cm groß.

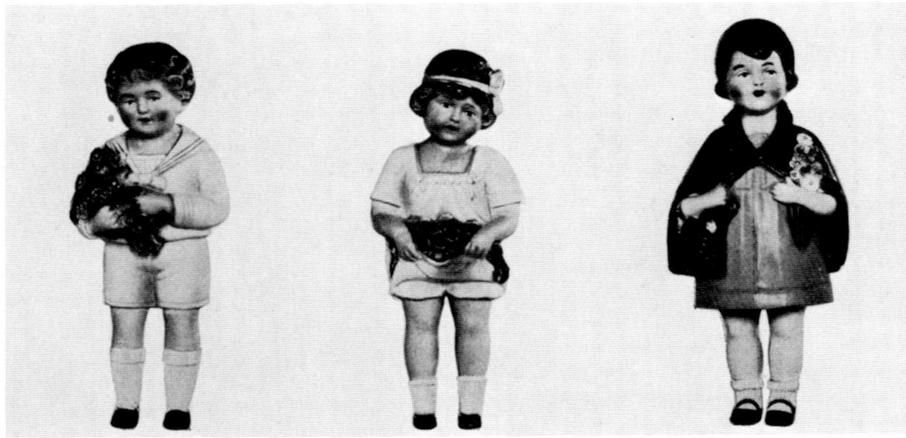

Rudi sah 1935 etwas anders aus: Die Rosenblüten verdecken die Stiele. Nur diese drei bemalten Figürchen Rudi, Ruth und Rotkäppchen sind 1935 aus dem ehemals umfangreichen Sortiment bemalter Figuren übriggeblieben.

am Hals hergestellt. Mit dem „Igodi"-Drehkopf gibt es den ehemaligen Hunaeus-Jungen nur noch eine kurze Zeit (mit Schildkröte).
Auch der Jazzkönig – eine mechanische Figur mit hüpfendem Hut – tanzt in demselben Jahr für die Mannheimer auf den Ladentischen. 1932 kündet die „Rheinische" neues Kinderspielzeug an (u.a. einen Wasser spuckenden Frosch und Stehaufs) und in den Jahren 1933/34 wird das Programm völlig erneuert. Ein gestrafftes Sortiment – eine Abmagerungskur, mit der sich die „Rheinische" auch in Zukunft noch ein paar Mal über die Runden rettete – enthält die bewährtesten Grundtypen und den Beginn einer Serie, mit der die Firma ihre größten Erfolge erzielen sollte: „Hans" und „Inge" erschienen als die Kinder der neuen Zeit, sie waren die beiden ältesten Geschwister der Schildkrötfamilie (Abbildungen Seite 194, 196).
Schon seit dem Jahr 1933 verwirklichten die Mannheimer eine gute Werbeidee: die kostenlos an die Kunden verteilten „Schildkröt-Märchenbücher", eine beliebte Folge von Bilderbüchern – gemalt von Wanda Lehre –, die mit „Im Kinderland" (1933) und „Das Buch von der Schildkröte" (1934) eröffnet wurde. Diese Werbeidee war Ausdruck einer neuen Firmenpolitik: Man beschränkte sich auf ein verkleinertes Programm und erhöhte dafür ganz intensiv die Öffentlichkeitsarbeit. Von 1934 an gibt es keine Spielwarenzeitschrift mehr ohne große Werbung für die Produkte mit der Schildkröte, über Jahre sind die Waren aus Mannheim auf den Titelblättern. Auch in den redaktionellen Teilen gibt es von nun an eine häufigere Berichterstattung. Die Firma liefert von 1934 an ein Bilderbuchbeispiel für aktive, geschickte und vielfältige Öffentlichkeitsarbeit. Es folgten „Das Buch von der Schildkröte" (1935), „Olympia im Puppenreich" (1936), „Die Geschichte vom tapferen Hans und der schönen Inge" (1937), „Wie Hans und Blond-Inge das Naschen verlernten" (1938), „Die Sternenfahrt der Schildkrötkinder" (1939, wohl das schönste der Bücher), „Die Schildkrötkinder im Zoo"

Links:
Vereint gegen die Japanische Konkurrenz: 1930 wird auch die Fabrik Dr. Paul Hunaeus von der IG Farben übernommen. Die Mannheimer Firma gehörte schon seit 1929 zu dem Konzern. Die neue Schildkröte mit den abgeknickten Füßen taucht erstmalig auf.

Rechts:
So sah 1937 die „Schildkröt-Familie" aus.

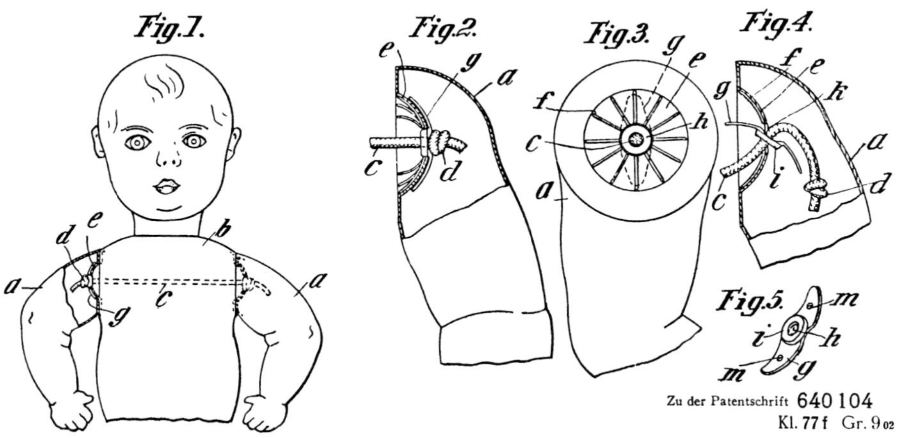

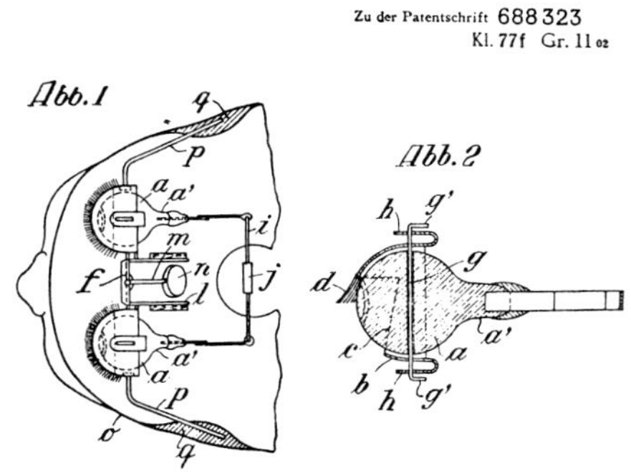

(1940) und „Spiele für das ganze Jahr" (1941, bürgerlich-heile Welt mitten im Krieg). Ende der fünfziger Jahre wurden noch einige Bücher dieser Serie aufgelegt, die dann Anfang der sechziger Jahre von „Tanty Patty"-Bilderbüchern abgelöst wurden.

Das Baby dieser neuen Phase ist „Strampelchen", für das am 30.4.1935 Warenzeichenschutz beantragt und fünf Monate später eingetragen wird (Abbildung Seite 102). Vorgestellt wurde es allerdings schon auf der Frühjahrsmesse 1934, zusammen mit „Hans", der damals noch namenlos war. 1936 taucht in der Warenzeichenrolle erstmalig die neue Schildkröte auf, die nun die Produkte markiert. „Sonnenkind" wird der Beiname von „Inge" 1936; „Blondköpfchen" (Abbildung Seite 102), ein Strampelchen ähnliches Kleinkind kommt ebenfalls 1936 zur Schildkrötfamilie. Danach werden „Purzel" (17.8.1936) „Kleinkind", „Trotzköpfchen" und „Pausbäckchen" (alle am 30.9.1937) eingetragen. Diese Kleinkindtypen können aber nicht mit dem beliebten Strampelchen konkurrieren und werden 1938 durch die etwas ältere, aber ähnliche „Christel" ergänzt – später ersetzt. Man findet die drei Kinder von 1937 heute selten, höchstens „Blondköpfchen" (durchaus auch mit braunem Haar) entdeckt man gelegentlich, meist wird es jedoch mit „Strampelchen" verwechselt.

„Sonnenbraun" gab es Hans und Inge und zwar schon 1934, im Jahr 1938 wurde es jedoch zusätzlich als Warenzeichen eingetragen. In diesem Jahr zeigt sich die Firma besonders aktiv: Im Februar erscheinen zwei neue Puppen „Bärbel" und „Christel". Alle vier größeren Kinder der Familie konnten nun sonnenbraun oder fleischfarben – „Christel" als Sonderauftrag sogar negerbraun – bestellt werden (Abbildungen Seite 103). „Strampelchen" gab es ebenfalls – aber serienmäßig – als Neger. Die Sonderfarbe „elfenbein", ganz helles Zelluloid, das nur bei den Kindern der Schildkrötfamilie (und bei einigen Kooperationsfirmen) gefunden wird, stammt vermutlich auch aus dieser Zeit. Es bleicht stark aus und wurde wahrscheinlich deshalb nur kurz hergestellt. 1937 war das Gummispielzeug „Elfenbein" angemeldet worden und die hell eingefärbten Gummispielsachen regten möglicherweise zu diesem Farbexperiment an.

Ein neuer Anhänger kennzeichnet 1938 die Puppen, „Schildkröt" wird als Name der Puppen sowohl für Deutschland als auch für Österreich noch einmal besonders geschützt. Auch die „lebenden Augen" – Augen, die auch von verschiedenen Seiten gesehen immer so wirken, als würden sie in die Richtung des Betrachters schauen – werden in diesem Jahr eingeführt (Abbildung Seite 100). Das „Schildkröt-Familienbuch" ergänzt die Werbemittel für die Händler. Es enthält alle Informationen, mit denen die Kundschaft fast unablässig überschüttet werden sollte. Es wurde kostenlos an alle Spielwarenhandlungen verteilt und bildet zusammen mit Dekorationsvorschlägen, fertigen Dekorationsaufbauten und den Bilderbüchern eine sehr nachdrückliche Dauerwerbung. Ein fiktiver „Herr Schmidt", der „fortschrittliche Spielwarenhändler" arrangiert beglückt Schildkrötbären in allen Farben und Größen (je drei) – mindestens zwei Dutzend, lieber noch mehr. Oder er lauscht einem „Kollegen", wie dieser die Vorzüge der neuen Schildkrötpuppe preist, und anschließend beauftragt er natürlich sofort

Links:
Die Befestigung ausreichend straff gespannter Gummizüge in dünnwandigen Zelluloidpuppen war immer schwierig. 1934 versuchte man mit dem DRP 640104 dem Problem beizukommen.

Rechts:
Dieses ominöse Gebilde stellt eine „Schlaf- und Schelmenaugenanordnung für Puppenköpfe" dar, die die „Rheinische" 1937 ersann. Interessant sind u.a. die separat befestigten Wimpern.

Die sogenannten „lebenden Augen" wurden ab 1938 angeboten. Die Pupille befindet sich im Mittelpunkt einer trichterförmig gestalteten Iris und scheint dadurch immer in die Richtung des Betrachters zu blicken. Die Augen sind nach hinten flache Scheiben, die Iris sitzt vertieft hinter einer Glasschicht. „Inge" aus den fünfziger Jahren, 56 cm.

„Inge" und „Strampelchen" sind die häufigsten Puppen der sogenannten Schildkrötfamilie. Inge kam 1934 zum ersten Mal auf die Ladentische und blieb bis in die fünfziger Jahre im Programm. Die kleinste „Inge" – 7 1/2 cm – wurde ab etwa 1940 hergestellt. Die mittlere „Inge" ist 18 1/2 cm groß und die größere mit Glasaugen 42 cm.

Erstaunt blickt „Bärbel" (30 cm) auf den Körper von Hans – er ist ungewöhnlich, aber original. Diese Körper hatten Baby-Puppen, die „Schildkröt" Ende der zwanziger bis Anfang der dreißiger Jahre vertrieb. Dieser Jungenkopf „Hans" – zu Anfang noch schlicht als Nummer 462 bis 468 bezeichnet – wurde vermutlich in einer Puppenklinik oder in der Firma auf einen Körper aus alten Beständen montiert. 1934/35 reitet Hans mit Sitzbabykörper auf der Schildkröte. Erst ab 1936 gab es ihn nur auf dem bekannten Stehbabykörper. Beide Puppen mit Schildkröte und mit Raute markiert.

Eigentlich gehören sie gar nicht zusammen, aber die meisten Sammler „verheiraten" sie, denn sie geben ein so schönes Paar: Die Partnerin von „Hans" war jedoch „Inge". „Bärbel" gab es erst vier Jahre später zusammen mit „Christel".
„Hans" und „Bärbel", je 45 cm, beide mit blauen Augen und blonden Haaren.

Links:
Wer großes Glück hat, findet unter der Perücke eines Trachtenpüppchens „Hans" oder ein anderes Mitglied der Familie. Diese Puppen stammen vor allem aus den fünfziger Jahren: Es war billiger, die gebräuchlichen Formen durch Perücken in andere Typen zu verwandeln, als einen neuen Kopf herzustellen. Auch entsprach es dem Zeitgeschmack, und ganz offiziell wurde z. B. „Bärbel" auch mit Lockenperücke über den modellierten Schnekken angeboten.
Alle drei Puppen 25 cm, zweimal „Hans", links ein „Evchen" (kein Zelluloid mehr, sogenannte Juwel-Produktion, 1955–1959).

Rechts:
Das Cellba-Baby und das Schildkröt-Baby haben enorme Ähnlichkeit miteinander. Cellba-Einbindekopf mit Flirtaugen, Schildkröteinbindekopf mit feststehenden Augen. Beide Ende der dreißiger Jahre.

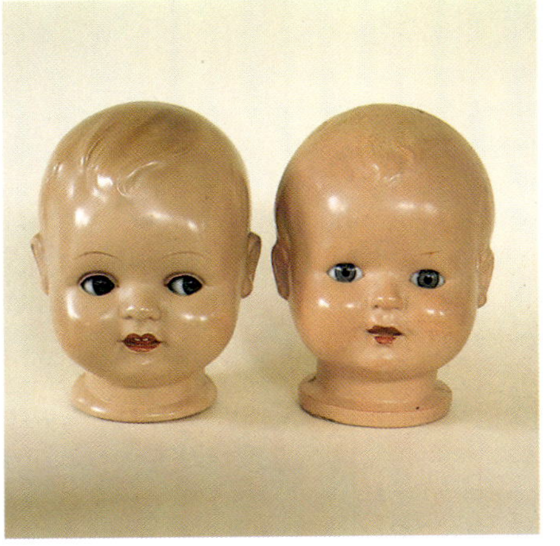

Dies ist „Blondköpfchen", häufig kurzerhand mit „Strampelchen" verwechselt. 53 cm groß, Schildkröte mit Raute, etwa 1937.

„Christel" kam zusammen mit „Bärbel" 1938 auf den Markt. Die Firma setzte eindeutig auf „Christel", vor allem, weil die Puppe auch als Junge verwendet werden konnte. Die abgebildete Puppe ist ein Junge in Originalkleidung. Ende der dreißiger Jahre, 41 cm groß.

Bei „ausreichend großer Bestellung" konnte man auch eine weiße Puppe als Neger ordern. Diese Neger-Christel scheint aus solch einer Sonderbestellung zu stammen. Mir ist sonst kein Neger unter den vier Schildkrötkindern bekannt. (Schildkröte mit Raute. 25 1/2.)

Links:
Geburtsanzeige von „Bärbel" und „Christel" 1938.

Rechts:
Der neue Anhänger an der neuen Puppe.

seine Gemahlin, vielmehr Schildkrötpuppen zu bestellen, denn sonst habe man nicht genug für das ungeheuere Weihnachtsgeschäft. Solche Art von Werbung rieselte als Dauerregen auf die Spielwarenhändler herab, und der Erfolg blieb nicht aus: „Schildkröt" – knapp zehn Jahre zuvor dem Scheitern nahe – wuchs wieder zu einem der größten Puppenlieferanten Europas. 1939 war angeblich jede zweite verkaufte Puppe eine Zelluloidpuppe. Dies macht deutlich – auch wenn natürlich nicht nur Schildkrötenkinder über die Ladentische gingen – wie groß die Produktion wieder geworden war.

Ausgesprochen „schutzsüchtig" wirkt die Mannheimer Firma im Jahre 1938: Es werden allein neun verschiedene Rahmen für das Panzertier geschützt, von kreisrund bis sechseckig alle denkbaren Formen. Außerdem wird ein querliegender Marienkäfer – der an den aufgerichteten Marienkäfer von der Hermsdorfer Zelluloidwarenfabrik erinnert – für Spielwaren eingetragen, und der Schmetterling, den Dr. Paul Hunaeus elf Jahre vorher – 2.3.1927 – für *„Zelluloidwaren, insbesondere Puppen, Puppenteile, Rasseln und sonstige figürliche, als Spielzeug dienende Nachbildungen"* hatte schützen lassen, wird jetzt – um Gummiwaren ergänzt – von den Mannheimern wieder als Schutzmarke beantragt. „Kleinkind", „Pausbäckchen" und „Trotzköpfchen" erscheinen ebenso noch einmal in der Warenzeichenrolle wie die allererste Schildkröteintragung und die neue Variante aus dem Jahr 1936. 1939 wird auch der Schutz von „PEHA", des alten Hunaeus-Zeichens, wiederholt. 1940 finden sich die Namen „Schatz" und „Schatzi", und noch im Krieg wird die ganze Mädchenriege der Firma zum Schutz eingetragen, unabhängig von ihrem Erscheinungsdatum. Als erste „Erika" (17.9.1941), die noch gar nicht auf dem Markt war, dann „Bärbel" (15.10.1941), bereits drei Jahre alt, „Christel" (17.10.1941), ebenfalls drei Jahre, „Inge" (17.10. 1941) sogar schon sieben Jahre auf dem Markt und zu guter letzt „Ursel" (20.10. 1941), die noch lange auf ihren Auftritt warten mußte.

Danach finden sich jahrelang nur noch Eintragungen für Tischtennisbälle.

Gelegentlich wurde die Kopfkrone aufgeschnitten, mit einem Ring verstärkt und eine Perücke darüber befestigt. Das sitzende Baby ist ein frühes Charakterbaby von etwa 1915. Der einzelne Kopf ist deshalb besonders interessant, weil es ein „Strampelchen"-Kopf ist, der noch in Miblu-Ausführung hergestellt wurde. Man sieht daran, daß Miblu noch vereinzelt bis in die Mitte der dreißiger Jahre produziert wurde.

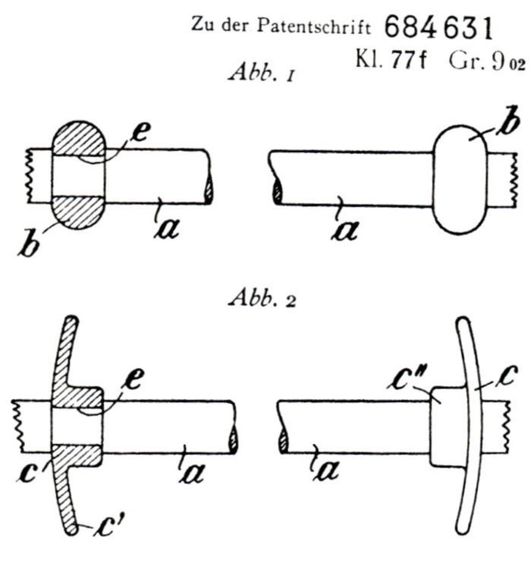

PATENTANSPRÜCHE:

1. An ihren Enden mit knotenartigen Verdickungen versehene Litze aus Gummi oder anderem dehnbaren Werkstoff für die Gliederbefestigung von Spielfiguren, dadurch gekennzeichnet, daß die knotenartigen Verdickungen (*b*, *c*) aus um die Litzenenden herumgespritztem thermoplastischem Werkstoff gebildet sind.

2. Litze nach Anspruch 1, dadurch gekennzeichnet, daß die Verdickungen (*c*, *c'*) plattenartig ausgebildet sind.

So sah die ab 1938 patentierte neue Gliederbefestigung der „Rheinischen" aus. (DRP 684631).

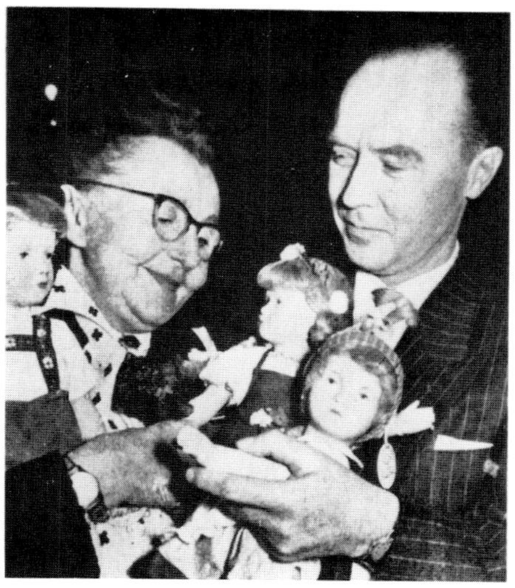

Links:
Erster Auftritt für „Erika“ 1952, in vier Größen erhältlich: 41, 45, 49 und 53 cm.

Rechts:
Käthe Kruse präsentiert mit Karl Kühn, dem Verkaufsleiter der „Schildkröt“-Puppenabteilung, die neuen „Modelle Käthe Kruse“.

Nach dem Zweiten Weltkrieg erinnert „Schildkröt“ bis 1947 an seine Existenz mit dem aufbauenden Motto „Erst Brot und Rohstoffe – dann Schildkrötpuppen; sie sind daher zur Zeit nur für den Export lieferbar“.
Die liebenswerten Devisenbringer konnten erst Ende der vierziger Jahre auch wieder für die heimischen Puppenmütter verkauft werden. Ein 12 cm großes Tiroler Laufpaar (von Peter Rauls entworfen) watschelte 1951 im Gleichschritt auf leichten Schrägen abwärts, und endlich war es dann auch soweit, daß die lange angekündigte Puppe „Erika“ Premiere hatte. In vier Größen, 41, 45, 49 und 52 cm, mit oder ohne Stimme, mit feststehenden oder Schlafaugen trat sie 1952 zum ersten Mal auf. 1953 folgten ihr die jungen Damen „Vera“, „Marion“ und „Manuela“, alle drei die ersten Vertreter der neuen „Tortulon“-Generation. „Tortulon“ – zum Warenzeichenschutz schon 1952 eingereicht – war der firmeneigene Name der Schildkröt- (lat.: tortula) Firma für den neuentwickelten, nicht mehr brennbaren Kunststoff aus Zelluloseacetat.
Die bekannten Modelle der Familie wurden gleichzeitig weiter aus Zelluloid gefertigt. „Ursel“, schon lange eingetragen, und „Yvonne“ (Abbildung Seite 106), ein kesser Backfisch, traten 1954 Hand in Hand auf – zwei ungleiche Schwestern. In einer geschützten Verpackung gab es „Bubi“ und „Mädi“. Auch „Sternchen“ und „Schnuppe“, die Symbolfiguren der Kinderbeilage des „Stern“, wurden 1954

Für alle diese Symbole wurde 1938 von der „Rheinischen“ Warenzeichenschutz beantragt (im Dezember eingetragen). Der Schmetterling war 1927 für P. Hunaeus geschützt worden. Der Käfer ist nicht das „Hermsdorfer“ Zeichen, erinnert aber daran.

„Erika" gab es erst viel später als die meisten Sammler glauben: Erst 1952 erschien sie im Sortiment (s. „Das Spielzeug"), obwohl ihr Name schon 1941 als Warenzeichen eingetragen worden war.

„Yvonne", der aparte Tortulon-Teenager aus dem Jahre 1954, ist ein besonders reizvolles, seltenes Mädchen. Der gleiche Typ mit „spanischer" Kleidung hieß „Manuela". Die Puppen waren nur wenige Jahre im Programm. (46 cm, Schildkröte mit Raute, auf dem Körper zusätzlich mit „Tortulon" gekennzeichnet.)
„Karin", die gepflegte junge Dame von 1956 in elegantem Leopardenmantel. Dieses Tortulon-Fräulein wurde nur etwa vier Jahre hergestellt. (46 cm, Schildkröte mit Raute. Auf dem Körper zusätzlich „Tortulon".)

Links:
Ein „Mambi"-Pärchen in europäischer Kleidung – er ganz bayrisch! Beide 41 cm groß, fünfziger Jahre.

Rechts:
Tortulonpuppe, von „Schildkröt" produziert, bemalt und vertrieben. „Kleines Deutsches Kind" (Puppe IX), Kopf unbeweglich, gemalte Augen, modellierte Haare mit Haarband, um 1958, 35 cm groß. (Schildkröte mit Raute. Modell Käthe Kruse. T 35.)

Teamarbeit: Der Tortulonkopf wurde von „Schildkröt" geformt, von der Firma Käthe Kruse bemalt und mit einem Stoffkörper versehen. 45 cm. Hampelchenkopf, zwischen 1955 und 1958.

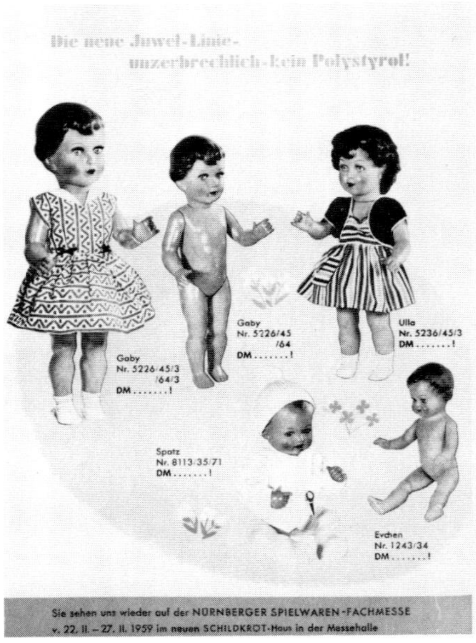

Oben links:
Aus dem Programm von 1959

Oben rechts und untere Anzeige:
„Ausländer", Vinyl-Puppen und Tortulon-Kruse-Märchen-Puppen gab es 1960.

herausgebracht. Für kürzere Zeit gab es auch einen Schildkröt-Struwwelpeter, aber er wurde kein Erfolg: er war zu teuer in der Herstellung.
Obwohl zu unterschiedlichen Zeitpunkten beantragt, wurden „Manuela" (die umgezogene Puppe „Yvonne"), „Marion", „Jutta", „Vera", „Gustel" und „Eva" erst im Januar 1954 als Warenzeichenschutz eingetragen.
1955 wartete „Schildkröt" mit einer Sensation für die Branche auf. Nachdrücklich und mit genauen Begründungen (z.B. „zu leicht") hatte Käthe Kruse immer wieder erklärt, Zelluloid sei für Puppen „das falsche Material" – jetzt ließ sie zwei ihrer Produkte von „Schildkröt" in dem Kunststoffnachfolger Tortulon herstellen. Die Gründe sind bekannt: einerseits stand es mit der finanziellen Situation der Käthe Kruse-Werke nicht zum Besten, andererseits konnte man nur so preisgünstig produzieren und damit in der Erinnerung und auch Erreichbarkeit breiterer Käuferschichten bleiben. Frei nach einem gewissen Adenauer-Motto („Was kümmert mich mein dummes Geschwätz von gestern") stellte sie sich in einer großen Anzeige hinter die neuen „Kruse-Schildkröt-Mischlinge".
Leider hatten aber diese Puppen nicht etwa von beiden Elternteilen das Beste, sondern eher die summierten Nachteile geerbt. Trotz aller Bemühungen (modelliertes Haar oder Perücken, gemalte oder Schlafaugen, bunte Märchenkleidung mit dazugehöriger Schallplatte) wurden die Puppen kein Erfolg. Sie hatten das Starre der Zelluloidpuppen, nicht wie bei diesen gemildert durch eine darauf abgestimmte Modellierung. Die glatten Formen – von der Stoffmodellierung der Käthe Kruse-Puppen herrührend – zusammen mit dem typischen Kruse-Mund und der Härte des Materials ergab ein etwas mißmutiges, „dröges" Äußeres, das weder den Charme der echten Kruse-Puppen noch den Reiz guter Zelluloidpuppen besaß (Abbildungen Seite 107). 1960 wurden die Schildkrötpuppen „Modell Käthe Kruse" zum letzten Mal inseriert. Übrigens durften die Mannheimer nur die Kopfmodelle Nummer IX. und XII. nutzen. Gleichzeitig bemalte die Kruse-Werkstatt in Bad Kösen selbst Tortulonköpfe dieser Puppen und montierte sie auf die bewährten Stoffkörper. Diese Puppen unterscheiden sich erheblich von den „Schildkröt"-Produkten. Sie haben unverändert sehr viel Ausstrahlung, was zeigt, daß es nicht am Material alleine lag (Abbildung Seite 107). Käthe Kruse hatte nie Glück mit Fertigungen außer Haus. Dafür kam ihr „Schildkröt" ins Haus: Die Mannheimer Firma übernahm fast zehn Jahre die Majorität der Geschäftsanteile an dem Donauwörther Familienunternehmen.
Sechzigjährige Puppenfertigung wurde 1956 bei „Schildkröt" gefeiert. „Karin" kam im Frühjahr als „Jubiläumskind" – ihre Existenz war allerdings nur von kurzer Dauer, sie wurde kaum vier Jahre hergestellt (Abbildung Seite 106). Ein erstaunlich ausgedehntes Programm war innerhalb kürzester Zeit entstanden – es erwies sich als etwas überdehnt. 1957 kamen aus dem Ausland (Italien, Belgien,

Sehr gekürzt wird das Programm 1961.

Fernost) billige „Rotationspuppen" auf den Markt, die in sparsamst strukturierten kleineren Betrieben kostengünstig hergestellt wurden. Der ausgeweitete Schildkrötapparat, mit nicht wenigen hochdotierten Führungskräften recht teuer, konnte nicht zu so niedrigen Preisen produzieren. Man entwickelte ein gekürztes „Kampfprogramm". 1961 verkündete die Werbung das „gestraffte Sortiment schönster Modelle in klar aufgebauten Linien". Nur „Strampelchen", das bewährte Baby, ist – in Tortulon – aus der Vorkriegsentwicklung übriggeblieben. „Gabriele" und „Ursel" aus Tortulon erinnern noch an die Zelluloidphase, „Stefanie", „Uschi" und „Pummelchen" sind typische Kinder der Vinylzeit. „Bienchen" und „Julchen" kommen 1962 dazu, 1963 die Sprechpuppe „Bärbel" (elf Sätze!), „Schlummerle" und „Träumerle" und das schreiende, lachende, weinende „Plapperle", dazu etliche Spielzeugteile. 1959 hatte „Schildkröt" übrigens einen weltweiten, durchschlagenden Erfolg mit den bekannten „Hula Hopp"-Reifen: Dreißig wohlgebaute junge Angestellte unterstützten den Absatz durch Vorführungen in Kaufhäusern.

Derweil wuchs und wuchs die „Schildkröt"-Kollektion wieder Jahr für Jahr mit Laufpuppen, Eßpuppen, naturalistischen Jungs- und Mädchenpuppen, Trinkpuppen, lachenden und weinenden Kindern in bekannter Weise schnell, bis Peter Bentz, der Geschäftsführer der Schildkröt Spielwaren GmbH, wieder einmal einen rigorosen Gesundschrumpfungsprozeß als Heilmittel verkünden mußte. Dazu ein Ausschnitt aus einem Interview mit der Zeitschrift „Das Spielzeug" vom Mai 1972:

DAS SPIELZEUG: Herr Bentz, Sie haben das Schildkröt- Puppensortiment zur Nürnberger Spielwarenmesse 1972 krass bereinigt. Wieviele Puppen umfaßte das Sortiment früher und wieviel umfaßt es heute?

Peter Bentz: Die Straffung unseres Gesamtprogramms vom Jahre 1971 auf das Jahr 1972 läßt sich am besten mit Zahlen verdeutlichen. Wenn man unser gesamtes Puppensortiment betrachtet, so hat eine Straffung von 109 Artikeln im Jahre 1971 auf 88 Artikel im Jahre 1972 stattgefunden. Einen sehr viel stärkeren Einschnitt in die bisherige Sortimentspolitik stellt die radikale Verkleinerung der Modellzahl an feinmechanischen Puppen dar. Hier die Zahlen:

1971 7 Modelle, 1972 noch 3 Modelle, wobei es sich bei den 3 verbliebenen Modellen um unsere klassischen Sprechpuppen handelt".

Ein Jahr später feierte die Mannheimer Firma ihr 100jähriges Bestehen. „Weinerle" saß auf der Kasse und versprach, daß die Nachfrage steigen würde. Aber irgendwie hatte diese Werbung im Jubiläumsjahr traurigen Symbolgehalt. Die Schildkrötpuppe kam vorerst nicht mehr so recht auf die Beine. Nach mehreren wechselnden Verbindungen wird sie nun von der neugegründeten „Schildkrötpuppen-GmbH" in Kaufbeuren hergestellt. Diese Firma bringt sowohl Plastikreplikate der alten Erfolgsmodelle als auch ein Sortiment moderner Puppen.

Seit den dreißiger Jahren wurden diese Teddys hergestellt, in drei Größen und drei Farben (rosa, blau und braun). Das lustige Tierchen konnte sich noch bis in die Tortulon-Ära retten.

Zeittabelle

1896–1911	Große dicke Schildkröte ohne Raute mit dicken Füßen unter dem Bauch. Schwanz schwungvoll nach oben gereckt.
1912	Dicke Raute um dicke frühe Schildkröte
1913–ca. 1916	Raute und Schildkröte werden etwas schlanker – immer noch recht kräftig
1920–1933	Flachere Raute um flachere Schildkröte, Füße unter dem Bauch
1935–70iger Jahre	Größere Raute und deutlich gepanzerte, hochbucklige Schildkröte mit sehr weit vorn und hinten sitzenden, nach hinten abgeknickten Füßen.

Des Rätsels Lösung: Mit oder ohne Raute – das ist doch die Frage

Zeitliche Einordnung über das Schildkröt-Zeichen

Da gab es einmal die Ansicht, Schildkröte ohne Raute würde immer Herstellung vor 1898 bedeuten (vgl. Anka). Diese Ansicht rührte einfach daher, daß die allererste bekannte amtliche Eintragung – also die von 1898 – eine Schildkröte mit Raute zeigt, während man doch oft genug Schildkröten ohne Rauten auf alten Puppen sah. Dann hieß es, es gebe keine Möglichkeit, über die Raute einzuordnen – die Symbole seien beide gleichzeitig benutzt worden (vgl. Cieslik). Die „Schildkrötologie" aber hat ihre genaue Ordnung und sieht nach meinen Recherchen folgendermaßen aus:

Man kann durchaus nach der Gestaltung des Symbols einordnen. Die Art des Symbols kennzeichnet immer den Beginn der Produktion, denn die Bronzeformen konnten bei den Zelluloidfiguren – anders als die Gipsformen bei der Porzellankopffertigung – jahrelang verwendet werden. Natürlich ging auch eine solche Grundform einmal kaputt und wurde mit dem neuen Symbol ersetzt. So weisen langjährig hergestellte Modelle erst das ältere Symbol und dann das folgende auf.

Die Produkte der „Rheinischen" wurden vom Beginn der Signierung bis 1911 ohne Raute mit einer dicken, gut ausmodellierten Schildkröte markiert, die einen deutlich unternehmungslustig in die Höhe gereckten Schwanz und überdimensional große „Astronautenfüße" hat. Präzise im Jahre 1912 wird bei den Neuerscheinungen um diese dicke alte Schildkröte eine Raute geprägt. Von nun an hat jede Puppen- oder Spielzeugform eine Raute um ihr Markentier. Sie ist zuerst zwangsläufig etwas groß. Im Jahre 1913 wird die Schildkröte ein wenig flachbauchiger und auch der Schwanz schrumpft. Noch hat sie ziemlich kräftige Füße. Die Raute paßt schon besser um die leicht abgemagerte Schildkröte. Vor dem Ersten Weltkrieg ist das Panzertier aber immer noch verhältnismäßig hochbucklig mit schweren Füßen. So bleibt das Markenzeichen auch nach dem Krieg, aber etwas flacher und etwas schlanker, kleinfüßiger, nicht so stark ausgeprägt und ausnahmslos mit Raute, bis 1936 eine etwas veränderte Schildkröte in das Warenzeichenblatt eingetragen wird. Ich nenne diese Schildkröte immer „die späte Schildkröte". Jetzt ist der Rücken wieder sehr rund hoch gewölbt – also das Tier nicht mehr so gestreckt, die Vorderfüße sind nach hinten abgebogen, die hinteren Füße sitzen sehr weit hinten (bei der älteren Schildkröte sitzen die Füße mehr unter dem Bauch in der Mitte) und der Schwanz ist kurz. Die Prägung ist deutlich und scharf. Spätestens ab 1935 wird dieses Zeichen ausschließlich verwendet. Der Übergang deutet sich 1930 an, als die Schildkröte auf der Werbung einen höheren, gestreiften Buckel erhält. Noch aber sind die Füße nach vorne gebogen. 1934 zeigt die neue Werbung für „Hans" die erste neue Schildkröte mit allen neuen Merkmalen: abgeknickte Vorderfüße und durchgepanzerter Rücken. Der Katalog 1935 weist die endgültige Symbolform auf: Die Vorderfüße sind nun etwas kürzer. Die Übergangsform, die 1930 bis 1934 in der Werbung gezeigt wird, kommt nach meinem Wissen nicht auf Puppen vor. Man kann am Vergleich der Schildkröten sehr gut erkennen, ob ein späterer Kopf auf einem früheren Körper sitzt oder umgekehrt.

Das dem Zelluloid folgende Tortulon wurde meist mit einem „T" bei der Markierung vermerkt (außerdem sind die Arme mit runden Enden in den Rumpf geführt). Spätere Kunststoffarten werden nicht mehr gesondert gekennzeichnet.

Die Personalien der Schildkrötfamilie

Zu den verbreitetsten Sammlerpuppen gehören die fünf Kinder der „Schildkröt-familie", wie sie werbepolitisch ganz geschickt genannt wurden. Es gibt immer wieder Spekulationen über die Größen, gemalte oder Glasaugen und bewegliche und feste Köpfe. Hier ein kleiner Überblick. Da ich nicht über die Kataloge aller einzelnen Jahre verfüge, kann er sich nur auf größere Zeiträume beziehen. Aufgrund der aufwendig herzustellenden aber haltbaren Formen blieben die Modelle jedoch langjährig konstant, so daß dieser Überblick trotzdem hilfreich sein kann.
Zu Beginn der Fertigung – 1934 – hatte auch „Hans" noch gelegentlich einen Sitzbabykörper, ab 1935 sind „Inge" und „Hans" im Katalog nur noch mit den bekannten Stehkörpern abgebildet. Da man sie aber auch als einzelne Kurbelköpfe beziehen konnte („Hans" hatte damals nach unten gemalte Wimpern), sind sie sicher auch gelegentlich auf Sitzbabykörper montiert worden. Diese Kurbelköpfe gab es bei „Hans" von 26 bis 55 cm, bei „Inge" von 30 bis 55 cm – jeweils fleischfarben, sonnenbraun und mattiert, mit Glas- und Schlafaugen (nur sonnenbraun und mattiert). Mit gemalten Augen gab es die Puppen auch 1935 schon ab 14 1/2 bis 46 cm in Fleischfarben. In Sonnenbraun waren sie 21 1/2 bis 46 cm. „Strampelchen", das ganz neue Baby, gab es 1935 nur in Größe 35 cm.
Bis in die vierziger Jahre gab es „Strampelchen" (und „Pausbäckchen" und „Blondköpfchen") mit Einbindekopf für die weichen Schmusekörper. Vereinzelt tauchen auch „Christel"-Einbindeköpfe auf.

Das Programm um 1940

INGE
Inge wurde in vielen Größenabstufungen angeboten, teilweise alle zwei cm.
Fester Kopf, gemalte Augen, fleischfarben von 7 1/2 cm bis 55 cm in 21 Größen.
Fester Kopf, gemalte Augen, sonnenbraun von 16 cm bis 40 cm in elf Größen.
Fester Kopf, Glasaugen, fleischfarben von 28 1/2 cm bis 55 1/2 cm, in 9 Größen.
Fester Kopf, Glasaugen, sonnenbraun von 28 1/2 cm bis 55 1/2 cm in 9 Größen.
Fester Kopf, „lebende" Augen, sonnenbraun von 40 bis 55 1/2 cm in 5 Größen.
Beweglicher Kopf, Glasaugen, fleischfarben und sonnenbraun von 34 cm bis 64 cm in 6 Größen.
Beweglicher Kopf mit Schlafaugen und mit lebenden Augen mit Wimpern in Sonnenbraun von 41 cm bis 64 cm in 5 Größen.
Zusätzlich gab es den Kopf einzeln mit gemalten Augen in den Größen 24/26 und 26/28 cm.
HANS
Er wurde in wesentlich weniger Varianten angeboten:
Mit festem Kopf, gemalten Augen, fleischfarben 13 1/2 cm bis 35 cm in 4 Größen.
Mit festem Kopf, gemalten Augen, sonnenbraun 19 1/2 cm bis 35 cm in 3 Größen.
Fester Kopf, Glasaugen, fleischfarben und sonnenbraun nur 35 cm.
Mit beweglichem Kopf, fleischfarben und sonnenbraun mit Glasaugen, 34 cm bis 63 cm in 6 Größen.
Zusätzlich gab es auch bei diesem Modell den Kopf einzeln mit gemalten Augen in den Größen 24/26 cm und 26/28 cm.
CHRISTEL
Diese Puppe war um 1940 auch als Sitzbaby in den Katalogen in 7 Größen von 30 bis 57 cm angeboten. Außerdem gab es sie:
Mit festem Kopf, fleischfarben und sonnenbraun mit gemalten Augen, 22 bis 42 cm in 5 Größen.
Mit festem Kopf, fleischfarben und sonnenbraun mit Glasaugen, 29 1/2, 34 und 42 cm.
Mit beweglichem Kopf, sonnenbraun mit Glasaugen von 34 bis 64 cm in 6 Größen.
Mit beweglichem Kopf, sonnenbraun mit Schlafaugen von 41 bis 64 cm. Dazu kamen Köpfe fleischfarben mit gemalten Augen von 22/24 cm bis 57/64 cm.

Mit Glasaugen von 30/32 cm bis 57/64 cm.
Sonnenbraun mit Glasaugen von 34 bis 57/64 und mit Schlafaugen von 36/41 bis 57/64 cm.
(Bei Doppelnummern auf der Kopfmarkierung bedeutet die erste Nummer immer die Größe bei Montage auf Sitzbabykörper, die zweite die Größe bei Montage auf Stehbabykörper; das zeigt, daß um 1940 „Hans", „Christel" und „Inge" auch als Sitzbabykörper vorgesehen waren.)
BÄRBEL
Mit festem Kopf, sonnenbraun und fleischfarben mit gemalten Augen von 18 1/2 bis 29 1/2 cm.
Mit beweglichem Kopf, fleischfarben und sonnenbraun mit Glasaugen von 34 bis 49 cm.
Mit beweglichem Kopf, sonnenbraun mit Schlafaugen und „lebenden" Augen von 34 bis 49 cm.
Kurbelköpfe mit Glasaugen, fleischfarben und sonnenbraun von 34 bis 49 cm und mit Schlafaugen und „lebenden" Augen in sonnenbraun von 34 bis 49 cm.
STRAMPELCHEN
Strampelchen gab es in den vierziger Jahren zwischen 32 und 45 cm in fleischfarben und mattiert mit Glas- und Schlafaugen. Außerdem mit festem Kopf in 8 1/2, 12 1/2, 16 1/2 und 18 1/2 cm.

In den fünfziger Jahren gab es die „Schildkrötkinder" in folgenden Varianten:

INGE
Fester Kopf, gemalte Augen: 7 1/2, 9, 13 1/2, 16, 18 1/2, 20 1/2, 25 1/2, 29, 35 cm.
Genauso, mit modellierten Schuhen: 14, 16 1/2, 19 cm.
Fester Kopf mit Glasaugen: 25 1/2, 29, 35, 42 cm.
Fester Kopf, Glasaugen, Stimme: 35, 42 cm.
Beweglicher Kopf, Glasaugen: 34, 41, 45, 49, 56 cm.
CHRISTEL
Fester Kopf, gemalte Augen: 12 1/2, 22, 29 1/2, 34 cm.
Fester Kopf, Glasaugen: 29 1/2, 34 cm.
Keine Christel mehr mit beweglichem Kopf.
BÄRBEL
Fester Kopf und gemalte Augen: 34 cm.
Fester Kopf und Glasaugen: 34 cm.
Beweglicher Kopf und Glasaugen: 45 cm.
Mit übergeklebter Perücke gibt es Bärbel mit festem Kopf und gemalten Augen noch in den Größen 13 1/2, 16, 19 cm.
HANS
Er wurde nur noch in auffallend wenigen Ausführungen hergestellt.
Fester Kopf, gemalte Augen, 25 1/2 cm.
Genauso mit modellierten Schuhen 14 cm.
Fester Kopf mit Glasaugen 25 1/2 cm.
Fester Kopf, Glasaugen, Stimme.
Beweglicher Kopf, Glasaugen 45 cm.
STRAMPELCHEN
In den fünfziger Jahren wird diese Puppe in vielen Varianten hergestellt.
Fester Kopf, gemalte Augen, 8 1/2 (auch aus Rhenanit), 12 1/2, 16, 18 1/2, 23, 25 cm.
Fester Kopf, Glasaugen: 25 cm.
Beweglicher Kopf, gemalte Augen: 25 cm.
Beweglicher Kopf, Glasaugen: 35 cm, (Tortulon und Zelluloid): 56 cm.
Beweglicher Kopf, Glasaugen, Stimme: 32, 56 cm.
Beweglicher Kopf, Schlafaugen, Stimme: 35, 40, 45, 56 cm.
Als Neger mit festem Kopf und gemalten Augen: 8 1/2 (auch aus Rhenanit) und 16 cm.

Kooperationsfirmen der Rheinischen Gummi- und Celluloidfabrik
(Kämmer & Reinhardt; J. D. Kestner; Kley & Hahn; Koenig & Wernicke)

Die drei Fabrikkomplexe der Firma Kämmer & Reinhardt, in der Mitte die „Celluloidfabrik“ 1925.

KÄMMER & REINHARDT
Walthershausen/Thüringen
1885 bis Neuzeit

Die anspruchsvolle Puppenfabrik gehörte zu den ersten und wichtigsten Geschäftspartnern der Rheinischen Gummi- & Celluloidfabrik. Sehr frühe sorgfältig gestaltete Brustblattköpfe sind aus dieser arbeitsteiligen Produktion bekannt – vermutlich entstanden sie etwa ab 1898. Der technische Leiter von Kämmer & Reinhardt entwickelte das oft zitierte Verfahren, Zelluloidköpfe aufzurauhen, mit Karmin- und Zinnobertönen und dann mit einem Mattlack zu behandeln, der die Farbe festigte und das Verblassen verhindern sollte. Später – zur Zeit der Charakterpuppen – wurde der Lama-Lack verwendet, der angeblich das Vergilben der Köpfe verhinderte (nicht so ganz, wie wir heute sehen). Die Mannheimer Firma lieferte die Kopfrohlinge, und Kämmer & Reinhardt dekorierten sie in ihrem eigenen Stil.

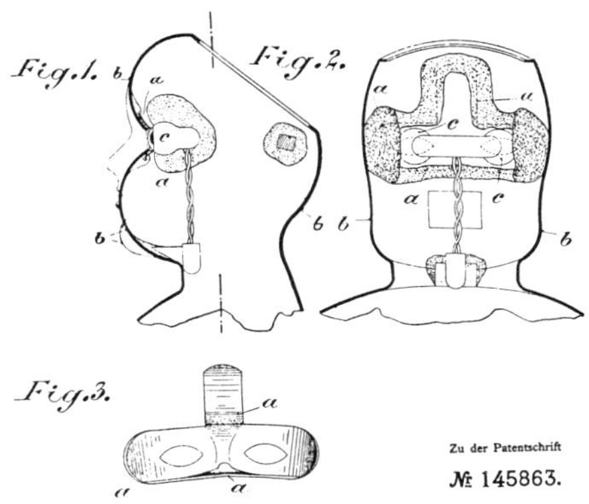

Aufwendige Konstruktion für Schlafaugen in Zelluloidköpfen, 1903. Eine Metallplatte verhinderte die Bewegung des Zelluloids im Augenbereich.

1903 entwickelte die Firma ein patentiertes Verfahren „zur Verhinderung der Beeinträchtigung der freien Beweglichkeit von Schlafaugen von Zelluloidpuppenköpfen unter Einfluß von Temperaturänderungen“. Es sieht eine Einlage von Blech, Holz u. ä. dort vor, wo die Schlafaugen aufgehängt werden. Die bahnbrechende Idee war das auch nicht. Letztendlich erwies sich ein schlichter Holzstab im Zelluloidkopf als die praktischste Methode, alles an seinem Platz zu halten.

Neben den bekannten Serien 255 und 406 sind wohl die berühmtesten Puppen aus dieser Kooperation mehrere Modelle der Charakterserie. Mit Sicherheit weiß man heute, daß die Serien 100, 101, 115, 116, 117 n, 118, 119, 120, 121, 126, 127 und 128 als Zelluloidversion – jedesmal mit einer 7 statt der 1 als erster Zahl – geblasen wurden. Eine weitere, fast unbekannte, seltene Variante aus der Charakterserie ist die mit „3“ als erster Zahl gekennzeichnete Serie der Zelluloid-Brustblattkopf und Stoff- bzw. Lederkörper. Die Fertigung dieser Charakterköpfe begann um 1910 und dauerte teilweise bis in die dreißiger Jahre. Die Anfangspuppen 100 und 101 wurden jedoch eindeutig nur vor dem Krieg hergestellt.

Auch bei der zeitlichen Einordnung dieser Puppen ist die Schildkrötmarkierung eine Hilfe: Alle Puppen mit Raute sind ab 1912 hergestellt, die ohne bis 1911, immer von der Herstellung der ersten Form ausgehend (mit einer 1910 geprägten Form konnte natürlich auch noch Jahre später gefertigt werden).

Im Jahre 1911 meldeten Kämmer & Reinhardt einen Geschäftsbetrieb und ein neues Warenzeichen an: „Panta“ hießen die Produkte, die aus „plastischen Massen, wie Celluloid, celluloidähnlichen Massen“ hergestellt werden sollten. Unter anderem war auch die Fertigung von Spielwaren vorgesehen. Erst Ende der zwanziger Jahre taucht der Name „Panta“ wieder auf: 1929 heißt es in einem Inserat: „Unsere unzerbrechlichen rosigen „Panta“-Köpfe, der Artikel des Jahres 1930, sind schon jetzt lieferbar, unerreicht schön, haltbar und unverbrennlich“ – das heißt, es handelt sich um einen zelluloidähnlichen Stoff, aber nicht um das gleiche Zelluloid, aus dem zum Beispiel in Mannheim gefertigt wurde. Betrachtet

Seite 115:
Brustkopf mit Schlafaugen und ausmodellierten Augen, offener Mund. Sehr natürlich eingefärbt und bemalt. Wachstuchkörper und Zelluloidunterarme und Hände, Mohairperücke, 50 cm groß, um 1900. (K + R. 255. Schildkröte ohne Raute.)

Sehr ausdrucksvoller Junge aus der Serie 406, der nach dem Verfahren von Kämmer & Reinhardt mit Karmin und Zinnober eingefärbt und dann mit Mattlack überzogen ist. Kugelgelenkkörper, 46 cm, etwa 1903 hergestellt.

Oben:
Das Charakterpärchen „Peter" und „Marie" mit Zelluloidköpfchen – weit seltener als mit Porzellanköpfen. Mit Zinnober und Karmin eingefärbte und matt überzogene Köpfe. Einfache Kugelgelenkkörper mit Röhrenoberschenkeln (für den Export nach Amerika). „Marie": Echthaarperücke, „Peter", Mohairperücke. Beide Puppen im Originalzustand. Beide 30 cm groß. Etwa 1911. K + R. 701. 30. Schildkröte ohne Raute.)

Mitte:
Das Baby „Pu z" wurde Ende der dreißiger Jahre von Kämmer & Reinhardt präsentiert. Man konnte es mit Zelluloid-, Masse- und mit Stoffkörper kaufen. Hier die „Knuddelausführung" mit weichem Stoffkörper, 50 cm groß, besonders ausgebildeter „Lutschdaumen". (K + R. 321/5.)

Unten links:
Das Baby „100" in Zelluloid. Auch hier ist das Material besonders gut geeignet, die detaillierten Formen wiederzugeben. Massekörper, um 1910 hergestellt. (K + R. Schildkröte ohne Raute. 700/36.)

Unten mitte:
Charakterbaby 728 mit lebhaft getöntem Gesicht, Schlafaugen, Mohairperücke, Zelluloidsitzbabykörper, 28 cm groß, ab Ende der zwanziger Jahre von K + R allein hergestellt. (Kopfmarkierung: K + R 28/728. Körpermarkierung: K + R. 28. 2.)

Unten rechts:
Dies ist die 117 n der dreißiger Jahre. Von Kämmer & Reinhardt produzierte Zelluloidpuppe mit dem von der Firma etwa 1928 entwickelten Stehbabykörper, Flirtaugen, Echthaarperücke, 40 cm. Um 1930 hergestellt.

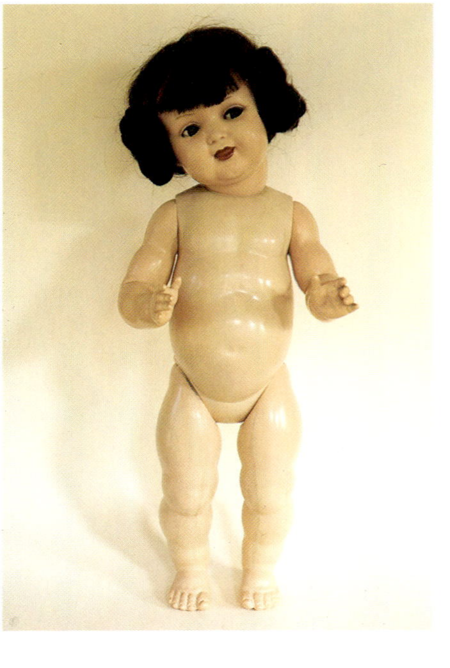

Drei Puppen aus der Charakterserie in Zelluloid.
Links das Baby 721, braune Glasschlafaugen, dunkle Lockenperücke, Zelluloidsitzbabykörper, 28 cm groß. Zwischen 1912 und 1916 hergestellt. (K + R. 721. Schildkröte mit Raute. 28.)
Mitte: Die 117 (n) mit Miblu-Zelluloidkopf hat Flirtaugen, einen offenen Mund, Mohairperücke, Kugelgelenkkörper mit hochgezogenen Knien, 39 cm. Etwa 1926 produziert. (Schildkröte mit Raute. K + R. 39/717.)
Rechts: Besonders schönes Baby mit feststehenden Augen und modellierten Haaren, Kopf und Zelluloidkörper gleichlautend markiert. Ende der zwanziger Jahre hergestellt. (K + R. 727/28.)

Es gibt sowohl die 115 als auch die 116 aus der Charakterserie in Zelluloid, man findet sie aber recht selten. Die intensive Modellierung der Charakterpuppen kommt in diesem Material besonders gut zum Ausdruck. Mischmassebabykörper, 39 cm groß, 1911 hergestellt (Foto: Renate Hagemann). (K + R. 716/36. Schildkröte ohne Raute.)

Die Puppe 119 aus der Charakterserie in Zelluloid – auch hier, genau wie bei der 117, hat die Puppe einen offenen Mund. Die Porzellanausführung hat einen geschlossenen Mund. Miblu-Zelluloid, Schelmenaugen, Echthaarperücken, Babykörper. (Markierung K + R. 719. Schildkröte mit Raute. 40 cm.)

man die Abbildungen der Firmengebäude, so fällt auf, daß eine recht ausgedehnte Anlage als „Schneidemühle, Kisten- und Celluloidfabrik" bezeichnet wird. Noch aus der Zeit um 1926 finden sich (Miblu-)Köpfe, die in Mannheim geblasen wurden. Von da an aber scheinen Kämmer & Reinhardt allmählich ihre Zelluloidkinder ganz allein produziert zu haben. Mehrere Jahre findet man nur wenig Werbung und Veröffentlichungen über die Firma. Ende der zwanziger Jahre behauptet sie: „Den unbestrittenen Weltruf, den unsere neue Zelluloidsteh-Sitzbaby-Serie in den letzten Jahren erreichte ... verdanken sie der mehrjährigen sorgfältigen Durcharbeitung". Von jetzt an begleitet keine Schildkröte mehr das Kämmer & Reinhardt-Zeichen – die Kopfrohlinge und auch die sehr detailliert modellierten Zelluloidkörper werden nun von den Thüringern selbst hergestellt. Sang- und klanglos scheint diese jahrzehntelange Geschäftsverbindung gelöst worden zu sein. Seit 1929 war die „Rheinische" unter neuer Leitung mit dem Kampf ums Überleben beschäftigt und reduzierte ihre geschäftlichen Verpflichtungen.
Die von Kämmer & Reinhardt selbst hergestellten Zelluloidpuppen sind – bis auf einige Nachzügler aus der Charakterserie – Kinder einer neuen Geschmacksrichtung: Es sind die „rosigen Lieblinge", die flirtenden, neckischen Mädchen mit runden Backen, enormen Schleifen in der Lockenfrisur oder „deutschen Zöpfen".

Firmenansicht im Jahr 1925.

J. D. KESTNER
Waltershausen und Ohrdruf
1805 bis 1935

Kestner gehörte mit zu den ersten Produktionspartnern von „Schildkröt". Um 1900 ließ die Firma schöne Mädchenbrustplattköpfe in Mannheim formen, die ausmodellierte Augenbrauen hatten und ganz im Stile der idealisierten Porzellankinder gehalten waren. 1903 wurde eine eigene Art, die Zelluloidköpfe zu schminken, geschützt. Die Patentschrift 160 378 ist deshalb interessant, weil sie nebenbei eine andere frühere Oberflächenbehandlung beschreibt:
J. D. Kestner, J. R. in Waltershausen, i. Th.
Verfahren zur Vorbereitung von Celluloid für die Bemalung
Patentiert im Deutschen Reiche vom 3. Dezember 1903 ab.
Zur Vorbereitung von Zelluloidpuppenkörpern für die Bemalung ist ein Verfahren vorgeschlagen worden, welches darin besteht, daß man die zu färbenden Stellen oder erforderlichenfalls den ganzen Puppenkörper mit einem wachshaltigen Lack überzieht, auf welchen dann erst die Farben oder Schminken aufgetragen werden.
Es hat sich jedoch bei diesem Verfahren herausgestellt, daß durch den wachshaltigen Lack die aufgetragenen Farben im Laufe der Zeit etwas verändert werden, so daß die Puppen dann nicht mehr das frühere Ansehen aufweisen. Diesen Übelstand zu beseitigen und eine Auftragefläche für die Färbung auf dem Zelluloidkörper zu erzielen, welche die Farbe in der ursprünglichen Frische bewahrt, ist der Zweck der vorliegenden Erfindung, welche darin besteht, daß zum Überziehen des Puppenkörpers in Äther aufgeschlemmter Puder verwendet wird. Nach der Verflüchtigung des Äthers haftet der Puder fest in der Oberfläche des Zelluloids und bildet den Malgrund für die aufzutragenden Farben.
Kestner war berühmt für seine Charakterpuppen – auch in Zelluloid ließ er solche lebensecht modellierten Kinder herstellen. Am bekanntesten ist aus dieser Serie das etwa 1910/11 entwickelte Baby mit der Halsmarke 203.
Auch nach dem Krieg gehörten immer Zelluloidpuppen zum Kestner-Programm, und auch der letzte Katalog aus dem Jahre 1932 enthielt eine Kollektion hübscher Zelluloid-Steh- und Sitzbabies – die Mädchen alle, wie es dem Zeitgeschmack entsprach, mit geradezu bombastischen Schleifen.

7145

7146

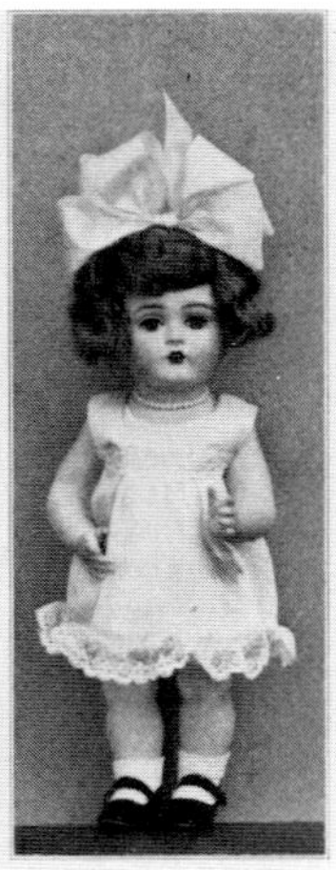
7147

7148

7149

7150

7151

7152

7078

7113

7153

7071

7110

7154

7042

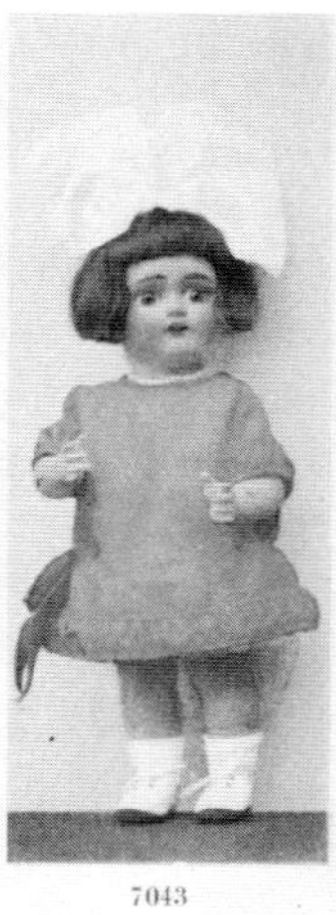
7043

7044

7045

7046

7047

7048

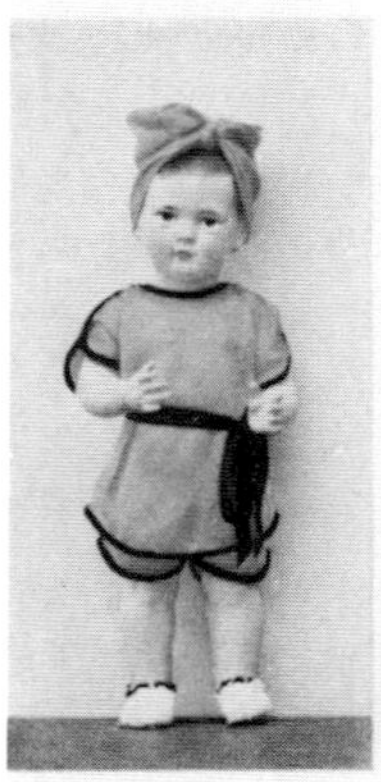
7049

7017

7021

7050

7011

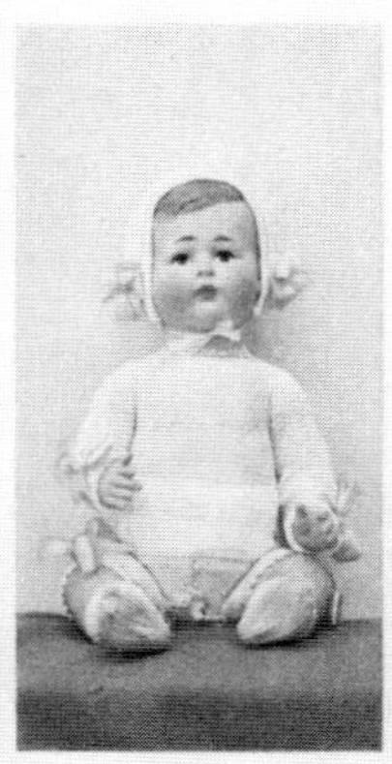
7015

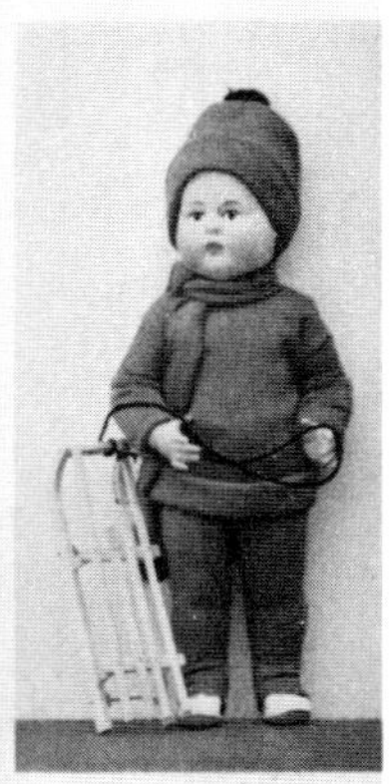
7051

Seite 120:
Die Zelluloidpuppen, die die Firma Kestner in einem ihrer letzten Kataloge anbietet. (Um 1932)

Oben links:
Mädchen mit rötlichem nach dem von Kestner patentierten Verfahren getöntem Zelluloidkopf. Offener Mund, Schlafaugen, Mohairperücke, Kugelgelenkkörper, 32 cm groß, um 1904. (Schildkröte ohne Raute.) J. D. K. 200.)

Oben rechts:
Baby mit offen-geschlossenem Mund, Kompositions-Babykörper, Perücke und Schlafaugen, 40 cm. Etwa 1911. (Schildkröte ohne Raute. J. D. K. 203-8.)

Brustkopfpuppe mit offenem Mund, Schlafaugen, ausmodellierten Augenbrauen, Echthaarperücke, 45 cm groß, um 1904. (J. D. K. 201. 5. Schildkröte ohne Raute).

KLEY & HAHN

Ohrdruf/Thüringen
1902 bis ca. 1950

Als die Ohrdrufer Firma ihre Fabrikation aufnahm, begann gerade die große Begeisterung für Zelluloid, und renommierte Porzellanpuppenfabrikanten wandten dem neuen Material ihre Aufmerksamkeit zu. Schon recht bald scheinen Kley & Hahn – wie andere Thüringer Kollegen – die übliche Produktionsallianz mit der „Rheinischen" geschlossen zu haben. Die Mannheimer lieferten die nach den Modellen von Kley & Hahn vorgeformten Kopfrohlinge, in Thüringen wurden sie bemalt und montiert. 1906 ließ die Firma sich ein eigenes Verfahren zur Bemalung dieser Zelluloidköpfe schützen:
Auszug aus der Patentbeschreibung (DRP 193 587):
Verfahren zum Bemalen von nicht angrauhten Zelluloid-Puppenkörpern unter Verwendung von Schminke, dadurch gekennzeichnet, daß die Schminke mit einem Klebstoff, wie Gummi, Honig, Harz, Albunin, innig vermischt in trockenem oder feuchtem Zustand auf den vorher gereinigten Puppenkörper aufgetragen und verrieben wird, worauf die Figur wie üblich mit Mattlack überzogen wird.
1909 inseriert die Firma „Cellulit", das nicht teurer als Porzellan, aber viel billiger als Zelluloid sei. Wie weit dieses Produkt dem „Cellulin", das in England entwickelt worden war, gleicht, ist nicht mehr zu klären. Auf alle Fälle handelt es sich um einen mit Kampferersatzmittel (daher billigeren) zelluloidähnlichen Stoff. Im Jahre 1913 meldeten Kley & Hahn Warenzeichenschutz für den Namen „Cellunova" an. Als Geschäftsbetrieb wird die Fabrikation von Puppen und Spielwaren genannt.
Dieses neue Material, das nun im eigenen Werk verarbeitet wird, ist eindeutig eine Zelluloidvariante. Auch in den zwanziger Jahren inserieren Kley & Hahn „prima Zelluloid-Babies und Zelluloidköpfe, nach eigenem Verfahren bemalt und mattiert". Diese Art der Formulierung legt den Schluß nahe, daß die Ohrdrufer Firma inzwischen die eigene „Cellunova"-Fertigung wieder aufgegeben hatte (sie hätte sonst zweifellos damit geworben), Kopfrohlinge aus Mannheim bezog und sie nach ihrem Patent 193 587 fertigstellte.

KOENIG & WERNICKE GMBH
Waltershausen/Thüringen
und
ROLF WERNICKE KG
Dornstetten
1912 bis Neuzeit

Auch diese Puppenfirma arbeitete eng mit „Schildkröt" zusammen; früher in der gleichen Weise wie die anderen Thüringer Puppenfirmen, indem eigene Modelle in Mannheim geblasen wurden, nach dem Zweiten Weltkrieg einfach durch fast vollständige Übernahme des Schildkröt-Programms.
Merkwürdigerweise ist mir fast ausschließlich der „298" markierte Kopf begegnet – es muß eines der häufigsten Modelle der Firma gewesen sein. Dieses Modell findet man gewöhnlich in der „Cellowachs"-Ausführung. Diese „Miblu"-ähnliche Erfindung der Walthershausener Firma führte möglicherweise dazu, daß in Deutschland keines der beiden Verfahren patentiert wurde (in Amerika wurde das Verfahren der „Rheinischen" patentiert). Cellowachs-Puppen erscheinen fast gleichzeitig mit den ersten „Miblu"-Puppen. Auch die Modelle 1610 und 1510 waren aus dem „hautähnlichen" Zelluloid, und die Firma versicherte in der Werbung, daß es sich trotz Namens nicht um Wachs, sondern um „neuartiges Celluloid" handelte.
1927 bekamen die Puppen Reflexaugen, vermutlich eine Lizenzherstellung nach dem Patent 493 080 von Hugo Seyfarth, und in der Werbung wurde sinnig gereimt:
Der Puppe Blick folgt immer Dir
ob links, ob rechts, Du stehst vor ihr.
Das „lebende Auge", das die Mannheimer Geschäftspartner einige Zeit später auf den Markt brachten, war eine – vermutlich etwas nachempfundene – eigene Firmenentwicklung. Für so etwas gab es dann eine „Weihnachtsgratifikation", eine preiswerte Methode, Neuheiten einzuführen.
Ende der dreißiger Jahre stellte Koenig & Wernicke ein ganz ansprechendes Programm freundlicher Perücken-Kinder her – leider gibt es wie gesagt, nur wenige überlebende Exemplare.
In den fünfziger Jahren vertrieb Rolf Wernicke, Dornstetten, das Schildkröt-Programm, allerdings teilweise mit den eigenen „Nicaput" Hartgummikörpern. Bis in die siebziger Jahre blieb eine enge Kooperation zwischen Schildkröt und der Koenig & Wernicke Nachfolgefirma (siehe Schildkrötfirmengeschichte) bestehen.

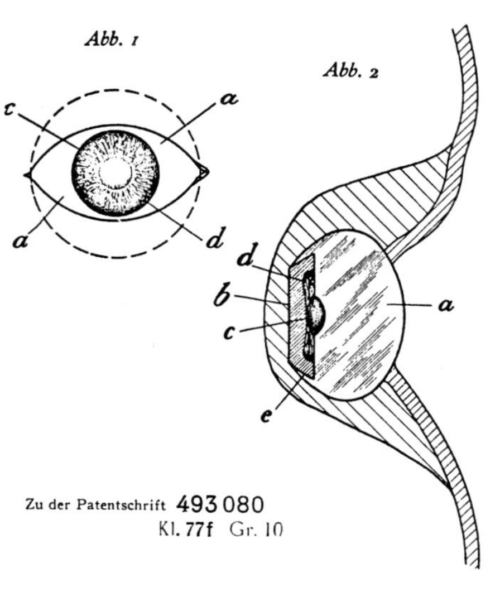

PATENTANSPRÜCHE:

1. Künstliches Auge für Puppen o. dgl., dadurch gekennzeichnet, daß sowohl die Pupille (*c*) mit Iris (*d*) als auch ein Teil des Augapfels (*e*) eine plattgedrückte Fläche bilden, welche mit einer wenigstens der Schlitzweite der geöffneten Augenlider angepaßten und die Iris umschließenden Augapfelfläche überdeckenden, den vorderen Augenteil bildenden Kristallinse (*a*) überzogen ist.

2. Künstliches Auge nach Anspruch 1, dadurch gekennzeichnet, daß das Auge als Pupille (*c*) und Regenbogenhaut (*d*) an der Rückseite (*b*) der Linse (*a*) in Schalenform angeordnet ist, während die Darstellung des Augapfels durch die eine reflektierende Wirkung besitzende Abdeckung gebildet wird.

3. Künstliches Auge nach Anspruch 1 und 2, dadurch gekennzeichnet, daß um den unteren Teil der Linse (*a*), an die Abdeckung als Augapfeldarstellung anschließend, ein Kranz (*e*) angeordnet ist, welcher die Reflexwirkung erhöht.

Aus dem Patent von Hugo Seyfarth vom Oktober 1926.

Seite 125:
Schönes Cellowachsköpfchen von Koenig und Wernicke. Flirtaugen, offener Mund, Mohairperücke, Babykörper, 37 cm, ab 1926 hergestellt. (Kopfmarkierung: K + W. W 298-5. Schildkröte mit Raute. Germany.)

Ganz besonders hübsche seltene Puppe mit viel Ausstrahlung. Dreißiger Jahre, 42 cm groß. (K + W. 90. Schildkröte mit Raute.)

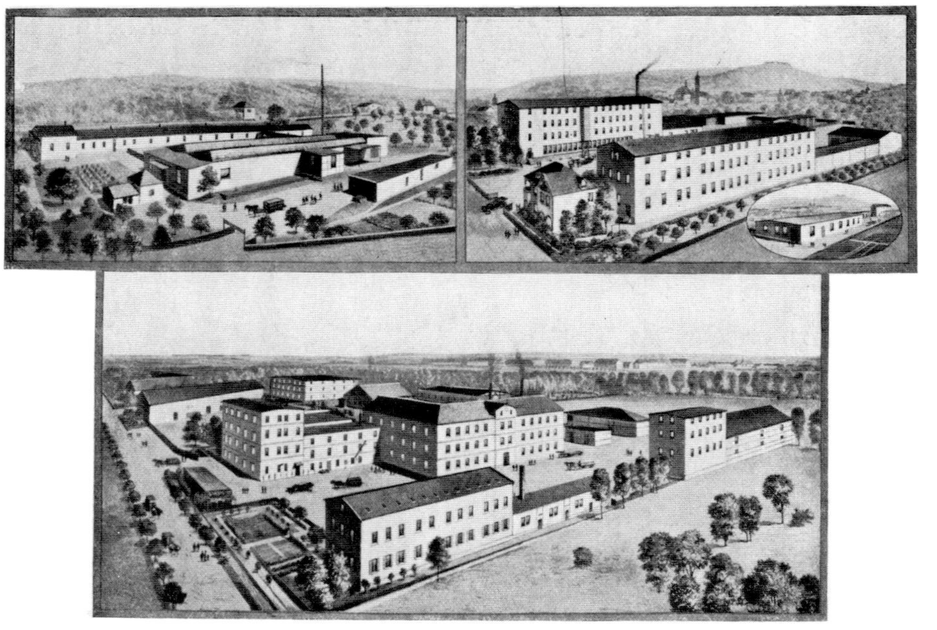

Die drei Puppenfabriken von Bruno Schmidt um 1925

Bruno Schmidt

Originalmodell des Herzbabys von 1913 in Bronze

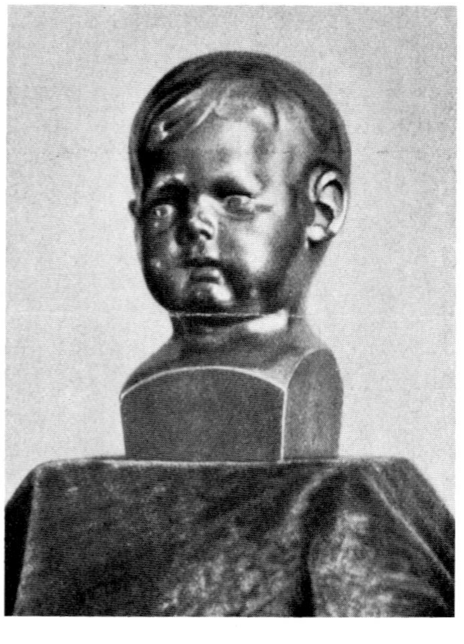

BRUNO SCHMIDT

Waltershausen/Thüringen
1900 bis 1972

Eine Puppenfabrik, eine Zelluloidfabrik und später sogar noch die Porzellanfabrik Baehr & Proeschild konnte der geschickte Unternehmer Bruno Schmidt innerhalb von 18 Jahren erwerben. Er beschränkte sein Programm auf ein überschaubares Ausmaß und setzte besonders auf einen Jungenkopf – das sogenannte Herzbaby – das augenscheinlich derselben Gipsbüste des Niederländers „Fiamingo" (Francois Duquesnois) nachgebildet wurde, die auch Grundmodell für Käthe Kruses Puppenkopf I war. Damit erfaßte auch Bruno Schmidt genau den Zeitgeschmack, und sein „Herzbaby" konnte bis in die vierziger Jahre im Programm bleiben. Es wurde aus allen Materialien gefertigt, mit denen die Firma arbeitete. Interessant ist in diesem Zusammenhang, daß Bruno Schmidt nicht nur Porzellan und übliches Zelluloid herstellte, sondern auch „Bruschi", ein transparentes Zelluloid mit wachsartigem Überzug (also ein Parallelprodukt zu Cellowachs und ähnlichen Entwicklungen) und „Herzolit", eine unzerbrechliche waschbare und nicht feuergefährliche (!) Masse.
Die 1918 angekaufte Porzellanfabrik Baehr & Proeschild hatte 1910 das Warenzeichen „Buporit" für die Fabrikation von zelluloidähnlichem Material eintragen lassen. Die von Bruno Schmidt betriebene Zelluloidfabrik war aber schon 1913 in Waltershausen errichtet worden. Ob Bruno Schmidt seine Zelluloidherstellung von „Buporit" beeinflussen ließ, ist nicht bekannt. „Buporit" taucht in Veröffentlichungen nicht weiter auf.
Zur Entwicklung der Zelluloidpuppen von Bruno Schmidt heißt es in dem auf die Zelluloidproduktion bezogenen Teil der Firmenschrift, mit der 1925 die „Herzkinder" präsentiert wurden:
Einen Markstein in der Geschichte der Firma bildet das Jahr 1913, in welchem die Celluloidfabrik für die Herstellung von Charakterbabys aus Celluloid eröffnet wurde. Das vorerwähnte Modell 1911 gab dem neuen „Herzbaby" jenen eigenartigen, unübertrefflichen Liebreiz, der ihm unter den bisherigen derartigen Erzeugnissen, die wenig Anspruch auf Schönheit und Natürlichkeit erheben konnten, einen raschen Siegeslauf sicherte. Wer kennt wohl nicht das Schmidtsche „Herzbaby"? Aus allen Schaufenstern der Spielwarengeschäfte lacht es uns entgegen. Der beste Beweis dafür, daß die Firma mit diesem Modell den Vogel abgeschossen hatte, zeigte sich aber darin, daß die Konkurrenz es für unumgänglich notwendig befunden hat, ihre Erzeugnisse nach diesem Modell zu veredeln. Im Kriegsjahr 1917 mußte die Celluloidfabrik wegen Rohstoffmangels leider geschlossen werden. Die im November 1918 versuchsweise

Ein Blick in den Betrieb der Firma Bruno Schmidt, Celluloidwarenfabrik, Waltershaufen i. Th.

Zifelieren der Formen

Malerei

Blaferei

Lackiererei

Schleiferei

Zufammenfetzen und Einpacken

Aufnahmen von 1925

wieder aufgenommene Fabrikation konnte aus dem vorerwähnten Grunde nicht aufrechterhalten werden und erst ab 1920 erlaubte die inzwischen zu früherer Höhe gelangte Materialfabrikation die regelmäßige Fortführung des Betriebs. Dem beim Werdegang des Charakterbabys eingeschlagenen Weg folgend, wurde im Jahre 1924 das Stehbaby aus Celluloid mit gemaltem Haar und mit Schlafaugen und Perücke geschaffen, dem weiter ein höchst erfreulicher Erfolg beschieden war, denn diese an Schönheit und Auswahl unerreichten Serien dürfen heute in keinem Spielwarengeschäft, das Anspruch auf erstklassige Auswahl macht, fehlen. In dem steten Bestreben, der Kundschaft Neues zu bieten, hat die Firma neben den erfreulich bereicherten Zelluloid-Stehbaby-Serien die seit dem Jahre 1913 fabrizierte Sitzbaby Serie G in lebhaft bunter, die Kleidung ersetzender Bemalung herausgebracht, die auf der Herbstmesse 1925 großen Anklang gefunden hat und 1926 erst die weiteste Verbreitung erzielen durfte. Außer dem Ausbau der bisherigen bewährten Baby- und Kopfserien durch Schaffung neuer Größen, wird für das kommende Jahr eine drollige, originelle Neuheit, die in einer hübschen Auswahl von aus weißem Zelluloid hergestellten, komischen Menschen- und Tierfiguren besteht, auf den Markt gebracht. Diese sind so eingerichtet, daß der Kopf abnehmbar ist und der zylinderförmige untere Teil zur Aufnahme allerlei Kleinigkeiten, die zum ständigen Bedarf unserer Damenwelt, wie Ringen, Nadeln usw. gehören, dient. Aber auch

„Glücksbringer Huddi" werden 1926 in den Spielwarenzeitschriften angepriesen.

Alle Welt verlangt nach Glück, aller Welt sind Glücksbringer willkommen. Mögen es nun die ernsthaft sich gebenden Propheten einer besseren Zeit sein oder die heiteren Symbole von Hoffnungen auf ein Glück oder auf das Glück; mögen es auch nur Dinge sein, die, wie die bekannten Glücksvögel, mit ihren grotesken Karikaturen, jene Hoffnungen leise zu verspotten scheinen. Glücksbringer sind willkommen. Also werden sich den geöffneten Armen Huddis alle Hände entgegenstrecken, wird Huddi als lieber Gast in allen Häusern Aufnahme finden, denn auch Huddi ist, da man ja seiner eigenen Versicherung glauben muß, ein Glücksbringer. Er sagt: „Wenns Glück dir lacht, ich habs gemacht", und das muß wahr werden. — Wer ist aber Huddi? Wie, Sie kennen Huddi nicht? Dann ist es die höchste Zeit, daß Sie ihm kennenlernen, diesen neuesten Füllartikel der **Puppen- und Zelluloidwarenfabrik Bruno Schmidt in Waltershausen,** von der der Spielwarenmarkt einen großen Erfolg erwarten darf. Huddi ist zunächst ein Mann, wenn er seine männlichen Hosenbeine auch in einer Röhre verbirgt, in einem Zelluloidzylinder, in dem eben die Füllung untergebracht werden kann. Er trägt einen blauen Frack, eine rote, goldbeknöpfte Weste und eine verwegen grüne Krawatte, alles aufgemalt auf den schlanken Körper, über dem sich kugeligrundlich der Kopf erhebt, mit dem immer sonnig lachenden Antlitz, dem heiter verzogenen Munde, den pfiffig blickenden großen Augen und dem verwogenen roten Hütchen. Die Arme sind beweglich. Sie lassen sich abspreizen, und dann ist der Eindruck Hud-

dis vollkommen, dann bietet er allen denen freundlich die Hände, die ihn, Huddi, als Glücksbringer aufnehmen. — Aus der Kollektion neuer Kinderklappern, Rasseln, die dieselbe Fabrik auf die bevorstehende Leipziger Messe bringen wird, erwähnen wir eine Reihe Muster, die durch handlichste, ihrem Zwecke besonders gut entsprechende Form auffallen. Es sind Kinderklappern und zugleich Püppchen mit Kugelkörpern und Kugelköpfen und mit bunt aufgemalter modischer Bekleidung, die bei dem hierbei abgebildeten Muster an Wintersport und winterliche Vergnügungen erinnert. Alles ist rund, selbst der Handgriff dieser Rasseln. Es gibt keinen eckigen oder vorspringenden Teil an ihnen, und das scheint uns für den Gebrauch dieses weltbekannten Kinderspielzeugs, das ja für die Allerkleinsten bestimmt ist, ganz richtig.

Das neue glattköpfige Baby mit kleinem Mündchen wird 1927 im „Wegweiser“ inseriert.

Stehbabies aus Celluloid

Marke „Herz“

6070 / G
gemalte Augen, gemaltes Haar

6070 / Frisur A / Hemd
mit Schlafaugen und Wimpern

6070 / Frisur J / Hemd
mit Schlafaugen und Wimpern

Celluloid-Babies

Marke: Herz

910 G 2070 J

Ausschnitte aus einem Katalog von Bruno Schmidt in den dreißiger Jahren.

Das Püppchen mit dem Pagenkopf von 1926

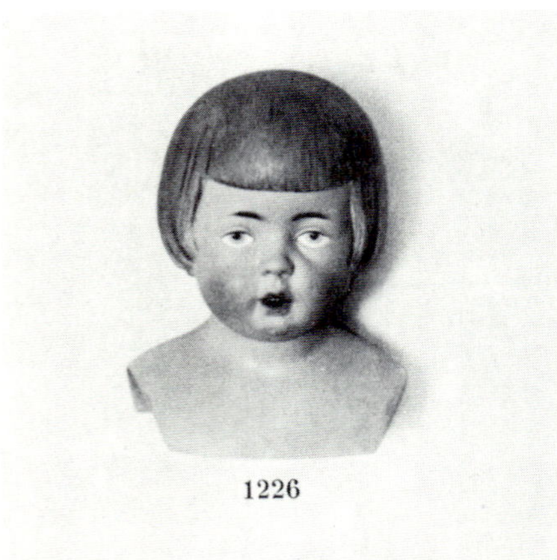

kleine Parfümflakons und dergleichen lassen sich darin unterbringen. Diese Figuren, „Huddi“ genannt, sind als glückbringend mit der Aufschrift „Wenn's Glück Dir lacht, ich hab's gebracht“, versehen und werden unzweifelhaft bei ihrem Auftauchen im Handel weiteste Verbreitung finden.

Neben den oben erwähnten Puppen meldet 1925 die Firma Musterschutz für drei Babys an, die auf einem Schaukelpferd, einem Rodelschlitten oder einem Schwan saßen. Die beschriebene Serie „G“ in „lebhafter bunter, die Kleidung ersetzender Bemalung“ erhielt auch einen Negerbruder mit gemalter Kleidung.

1926 wurde ein Kopf vorgestellt mit ganz ebenmäßig modellierter Pagenfrisur, der große Ähnlichkeit mit den Köpfen von Canzler & Hoffmann aufweist.

1927 kam ein weiteres glattköpfiges Baby mit kleinem zusammengezogenem Mündchen dazu, und 1936 erschien ein Mädchen mit lockigem Haar und leichtem Lächeln. In den dreißiger Jahren bot auch Bruno Schmidt „Reflexaugen“ an. Nach dem Krieg ist das Prunkstück der Firma, das erste Herzbaby, nicht mehr im Programm – im übrigen besteht das reduzierte Programm aus den Puppen der Vorkriegszeit.

Stehbabies aus Celluloid

mit Schlafaugen und Wimpern

Marke „Herz“

6070 / Frisur A / Kleid 810

6070 / Frisur A / Kleid 811

6070 / Frisur A / Kleid 812

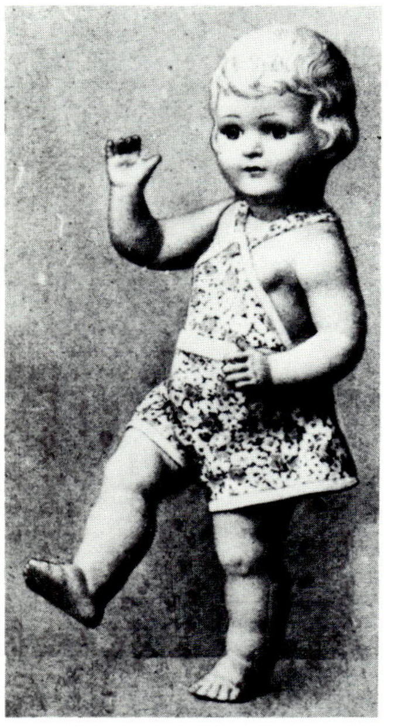

Gelocktes Kind mit rundlichem Stehbabykörper von 1936.

Babies mit Celluloidkopf

Marke: Mein Goldherz

6066 6068 A 2068 J 6068 J

Ausschnitte aus einem Katalog von Bruno Schmidt in den dreißiger Jahren.

Links:
Mädchen der Puppenserie „S" mit Schlafaugen, offenem Mund und Mohairperücke. Sitzbabykörper aus Zelluloid. Diese Puppe wurde 1919 hergestellt. (Kopfmarkierung: Schutzmarke Herz. S/30. Germany.)

Rechts:
Dieses Mädchen mit der lockigen Kurzhaarfrisur aus der Serie H wurde 1936 inseriert. Es gab sie mit gemalten (wie abgebildet) und Glasaugen. Der Stehbabykörper ist besonders ansprechend modelliert. Kopfmarkierung: Schutzmarke Herz. H/30. Germany.)

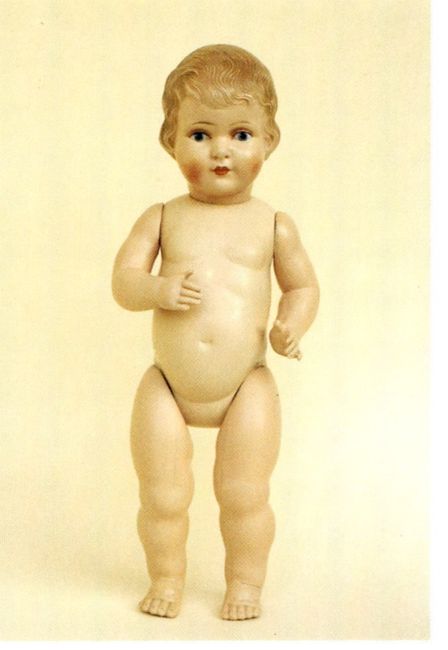

Ein Mädchen der Serie „H" mit festem Kopf und gemalten Augen zusammen mit vier verschiedenen Typen des „Herzbabys". Links ein kleiner Junge mit Stehbabykörper und gemalten Schuhen und Strümpfen, 18 cm groß. Hinten eine Puppe mit Stoffkörper und Zelluloidunterarmen, 28 cm. Rechts vorn sitzt ein Baby mit Zelluloidbabykörper mit festem Kopf (größere haben einen Kurbelkopf), 21 cm. In der Mitte sitzt ein Herzbaby mit „Bruschi"-Kopf (transparentes Zelluloid von innen bemalt) und Stoffkörper (24 cm). Es gibt dieses Herzbaby außerdem mit einem Stehbaby-Körper mit Gelenkarmen, ähnlich den Gelenkkörpern von „Schildkröt" wie auf Seite 97 abgebildet.

FRANZ SCHMIDT & CO.

Georgenthal-Waltershausen
1890 bis 1945

Es ist bisher kaum bekannt, daß auch Franz Schmidt – der sich vor allem mit qualitätvollen Porzellanpuppen einen Namen machte – nach der Jahrhundertwende ebenfalls (wie Buschow & Beck und Karl Standfuß) Metallköpfe mit Zelluloidüberzug fabrizierte. Mit „Cellolubrin" – von Hugo Braun erfunden – versuchte er einen neuen Zelluloidersatzstoff durchzusetzen. Die 1909 gegründeten „Cellolubrinwerke" in Georgenthal stellten jedoch vermutlich nur Puppenteile her, obwohl das Material „zur Herstellung von Puppenköpfen und Puppenteilen" registriert wurde. In den zwanziger Jahren bot auch Franz Schmidt Zelluloidbabys an. Aus den späten dreißiger Jahren kann man Babys im „Strampelchen"- bzw. „Puz"-Stil finden – ohne Blick auf die Halssignierung würde man sie für Produkte von „Schildkröt" oder Kämmer & Reinhardt halten können. Die Zelluloidpuppenfabrikation von Franz Schmidt zeichnete sich weder durch besondere Individualität noch Menge aus, sondern war eher von untergeordneter Bedeutung.

Eine große und Aufsehen erregende Neuheit sind die von einer Thüringer Firma herausgebrachten **Cellulobrin-Puppenköpfe.** Nach mit enormen Opfern an Kapital, Arbeit und Zeit verknüpften Versuchen ist es endlich gelungen, einen unverbrennbaren Ersatz für Celluloid-Puppenköpfe herzustellen, welcher von jedem Fachmann mit besonderer Freude begrüßt werden wird. Diese Köpfe, welchen mit der Zeit auch noch andere Artikel folgen werden, bestehen aus einer hornartigen neuen Masse, welche folgende Eigenschaften besitzt:

1. Cellulobrin ist absolut nicht feuergefährlich!
2. Cellulobrin ist abwaschbar!
3. Cellulobrin ist äußerst haltbar!
4. Cellulobrin ist sehr leicht im Gewicht!
5. Cellulobrin vergilbt nicht wie jedes Celluloid!
6. Cellulobrin ist mit der Fleischfarbe durch und durch homogen verbunden, sodaß kein Abplatzen stattfinden kann!
7. Cellulobrin ist nicht teuerer als Celluloid!
8. Cellulobrin-Puppenköpfe sind fein gemalt und von reizend kindlichem Gesichtsausdruck!
9. Cellulobrin-Puppenköpfe lassen sich in jedem Modell und in jeder Größe herstellen!

Diese neun wichtigen Vorzüge besitzt kein anderer Puppenkopf, sodaß Cellulobrin-Puppenköpfe das einzige vollkommene Erzeugnis der Puppenbranche darstellen! Die Adresse des Fabrikanten ist durch uns zu erfahren.

Der erste Pressebericht über das neue zelluloidähnliche Material Cellolubrin von Franz Schmidt (Rundschau Nr. 4, 1909).

Inserat der Firma Franz Schmidt von 1925. Zu diesem Zeitpunkt taucht nicht mehr die Bezeichnung „Cellolubrin" auf, sondern einfach „Celluloidbabys".

SCHÖBERL & BECKER CELLULOIDWARENFABRIK „CELLBA"

Babenhausen, Hessen
etwa 1923–1966

Zwar wurde erst im Februar 1924 die Eintragung des Warenzeichens „Cellba" (also noch keine Wassernixe) von der Firma Schöberl, Becker & Co. in Babenhausen beantragt, aber schon im Jahre 1923 wurden erste Patente erteilt. Die Verbindung der Puppenglieder bei dünnwandigen Zelluloidhohlkörpern war das Problem, das den Erfindern am Herzen lag und sie bis 1927, ja sogar noch bis ins Jahr 1953 immer wieder beschäftigte. (DRP Nr. 396 778, DRP 406 615, DRP 435 781, DRP 445 866, DRP 884 167 und DRP 1001 935). Das verformbare Zelluloidmaterial, das zwar Stürze und ausführliche Badetage ganz gut überstehen konnte, war leider gegen Zug und Druck recht empfindlich und stellte deshalb die Zelluloidpuppenhersteller – auch „Schildkröt" entwickelte immer wieder neue Systeme – vor einige Probleme. 1927 erfand die Firma „Cellba" ein Verfahren, Augen in Zelluloidköpfe mit Hilfe von Zelluloidstreifen und Ringen zu befestigen. Ähnlich wie Buschow & Beck waren Schöberl & Becker wenig experimentierfreudig bei der Zusammenstellung ihres Programmes. Sie formten die üblichen sicheren Figuren: kleine Steh- und Sitzbabys und Schwimmtiere. Eine Puppe mit Glasaugen wurde 1928 unter Musterschutz gestellt.
Auch bei den Branchenkollegen wurden die Programme jahrzehntelang beibehalten, evtl. um modische Typen erweitert, während andere ausliefen. Im wesentlichen aber umfaßte sogar noch das Programm der frühen fünfziger Jahre Puppen, die zwanzig bis dreißig Jahre vorher entstanden waren. Nur die bei allen Firmen vorkommenden Babys, die typisch für die zwanziger Jahre waren, verschwanden.
In der ersten Hälfte der dreißiger Jahre entstanden in Babenhausen ein „Hans-Typ", ein „Inge-Typ" und etwas später ein „Christel"-ähnliches Mädchen. Mit den

Links:
Patent von Carl Wimmer, Babenhausen, für das die Zelluloidpuppenherstellung begleitende Problem der Befestigung von „dünnwandigen Hohlkörpern", 1923.

Mitte:
Ein weiterer Verbesserungsversuch mit dem Patent 435781, 1925.

Rechts:
Zelluloidfassungen für Augen in Zelluloidköpfen wurden immer wieder entwickelt, setzten sich aber nicht durch. Hier das Patent 465743 von Schöberl & Becker, 1927.

PATENT-ANSPRÜCHE:

1. Verbindung der Glieder von Puppen mit dünnwandigen Hohlkörpern mittels elastischer Zugmittel, dadurch gekennzeichnet, daß auf die Enden der Zugmittel, z. B. der Gummischnüre, starre, so gestaltete Körper (*A*) aufgebracht sind, daß sie knopfartig in die Öffnung des zu verbindenden Gliedes unter elastischer Federung der Lochränder eingedrückt werden können.
2. Verbindungsmittel (*A*) nach Anspruch 1, bestehend aus einem durchbohrten, auf die Gummischnur gezogenen kegelartigen Körper mit Nut, in die sich der Lochrand einlegt.

PATENT-ANSPRUCH:

Verbindung für Puppenglieder aus Celluloid mittels halbkugelförmiger Pfannen und diese durchsetzender Gummischnüre, dadurch gekennzeichnet, daß die Pfanne (*p*) eine zweite Pfanne (*p*¹) geringeren Durchmessers mit Öffnung (*l*) zum Einführen der mit Röhrchen (*v*). mit Flansch (*f*) aus Celluloid oder sonst geeignetem Material bewehrten Gummischnur (*s*) trägt und daß die Pfanne (*p*) Versteifungsrippen (*r*) erhält.

Abb. 1.

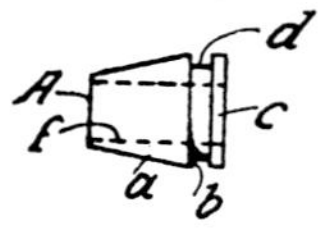

Abb. 2.

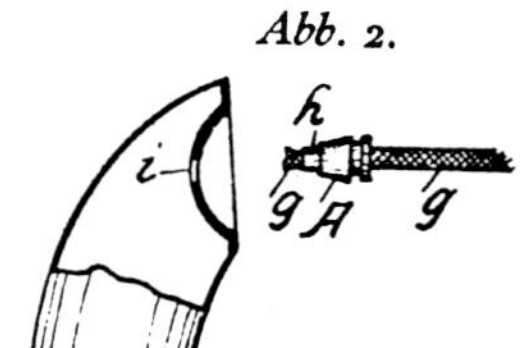

Abb. 3.

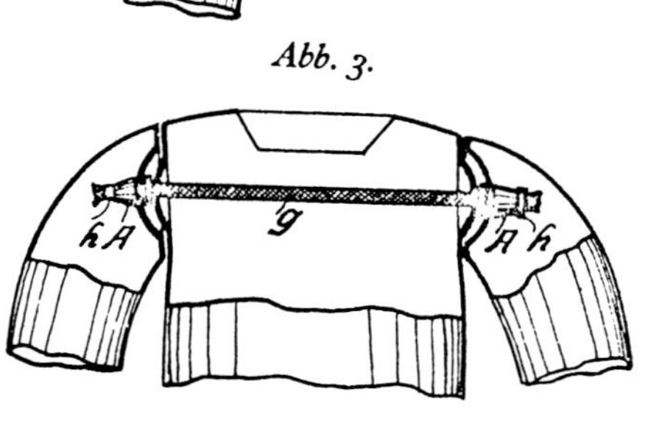

Abb.1.

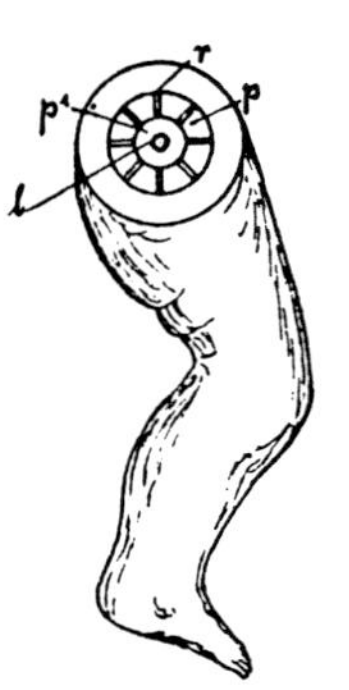

Abb.2

Abb.3.

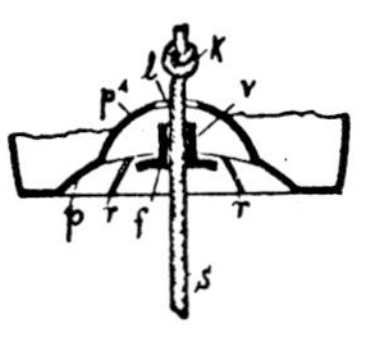

Abb. 1.

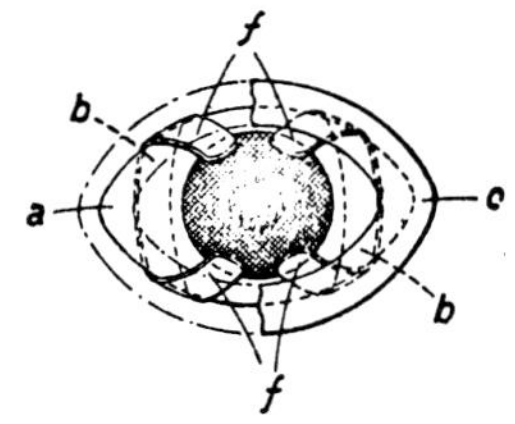

Abb. 2.

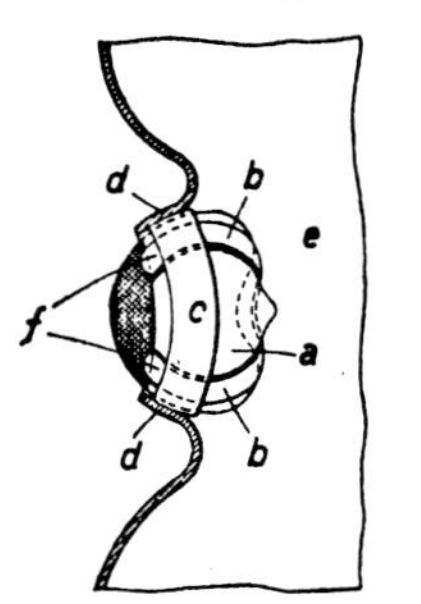

Cellba-Sortiment von 1937 (Deutsche Spielwarenzeitung).

beiden jüngsten Töchtern schufen Schöberl & Becker etwas Besonderes: 1937 brachten sie ein Mädchen mit Affenschaukeln auf den Markt (also ein Jahr vor „Bärbel" von „Schildkröt") und 1939 kam eine Schwester mit Gretchenfrisur dazu. Hier – wie auch beim „Inge-Typ" zeigt sich, daß „Schildkröt" häufig nicht Vorreiter, sondern eher „Nachahmer" war. Das Mädchen mit den Affenschaukeln war offensichtlich Vorbild für „Bärbel".
1937 ahmte man die Mannheimer Werbeidee mit kostenlosen Bildermärchen nach, aber dieser Versuch scheint schnell wieder aufgegeben worden zu sein.
1943 gehört „Cellba" zu den vier verbliebenen Zelluloidspielwarenproduzenten, die in einer – staatlich angeordneten – Preissenkungstabelle enthalten sind – „Cellba" immerhin mit 33 Positionen.
Nach dem Krieg wirbt „Cellba" vor allem mit seinen Standardtypen, dem Jungen und dem „Inge"-ähnlichen Mädchen. Im Jahre 1950 findet man die „Cellba"-

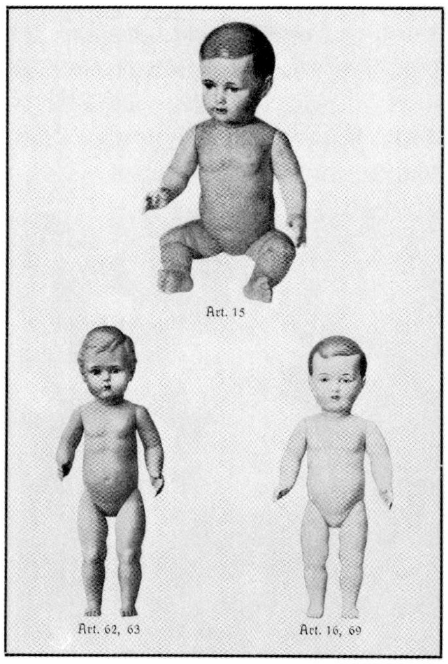

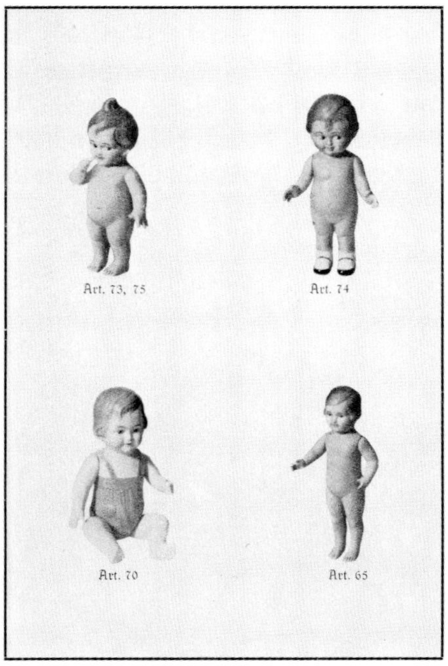

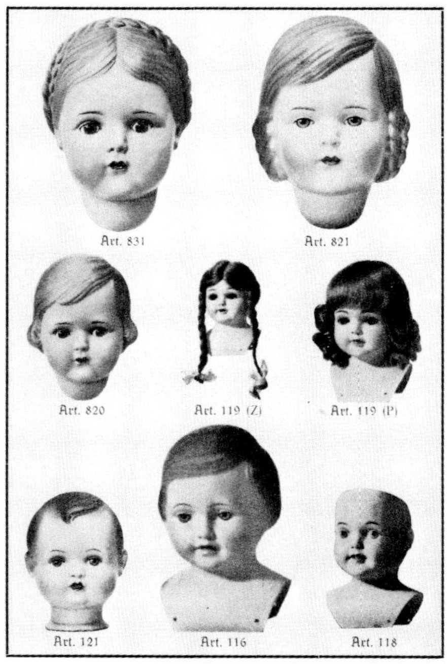

Aus dem Puppensortiment von Cellba Ende der dreißiger Jahre. Zusätzlich gab es einzelne Zelluloidglieder, Schwimmtiere, Rasseln, Trompeten, Stehaufs, Alpenglocken (!), Beißringe und Bälle.

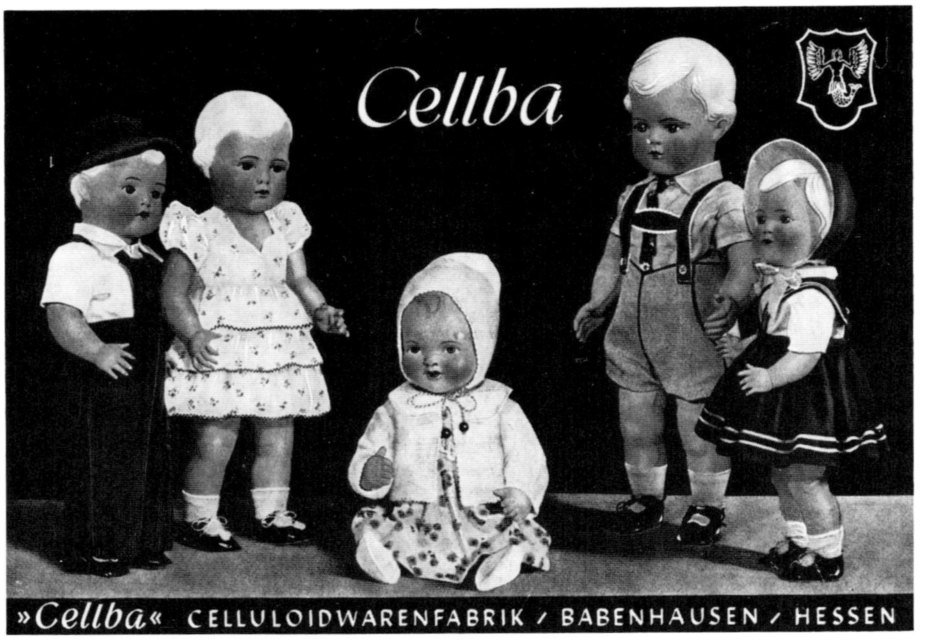

Das Cellba-Angebot um 1950

Mädchen mit hochglänzenden Kunststoffperücken „geziert", und im Jahre 1953 treten die jungen Puppendamen in prächtigen Abendkleidern auf.
Fast gleichzeitig mit „Schildkröt" – nur 3 Wochen liegen zwischen den Anmeldungen – beantragt „Cellba" am 6.3.1952 (eingetragen am 4.2.1953) Namenschutz für einen neuen, nicht brennbaren Kunststoff: „nonflam" auch „noflamm" und „ultranoflam" heißt das neue Material aus dem vom Jahre 1953 an die Babenhauser Puppenkinder geschaffen sind. Gleichzeitig fabriziert „Schildkröt" 1953 die ersten „Tortulon"-Modelle. Es ist nicht ganz eindeutig, aber scheint so, daß die hessische Firma sofort ihr ganzes Programm aus dem neuen Kunststoff gefertigt hat, während „Schildkröt" zu dieser Zeit nur neue Modelle aus Tortulon herstellte.
Bis zum Herbst 1966 heißt die Firma noch „Cellba", ab 1967 gehört sie dem amerikanischen Konzern „Mattel", und der alte Firmenname verschwindet aus den Anzeigen. Mit „Kullertränchen", „Kuschelbaby" und „Nuschelbaby" (das den Mund bewegen kann) wurde das zeitübliche Vinylpuppenprogramm angeboten. Hauptverkaufsschlager aber war nun „Barbie", die – nachdem sie vorher etwa 2 Jahre lang von „Schildkröt" vertrieben worden war – jetzt in Babenhausen für den deutschen Markt hergestellt wurde. Im Jahre 1981 stellte man die Puppenfertigung in Babenhausen endgültig ein.
Das Warenzeichen von „Cellba" – eine Nixe – gibt gelegentlich zu Spekulationen Anlaß, weil das schöne Mädchen mal mit und mal ohne Krone auftaucht. Ich konnte bisher folgendes feststellen: 1930 ist die Nixe ungekrönt und ohne Schriftzug, von 1936 bis 1941 trägt sie eine Krone und – in oder unter dem Schild – die Bezeichnung „Marke Nixe" bzw. (1936) „Marke Wassernixe". Nach dem Krieg hat die kleine Nixe, wie nicht anders zu erwarten, ihre Krone verloren.

Cellba-Dekoration und die ersten „non flamm"-Puppen 1953.

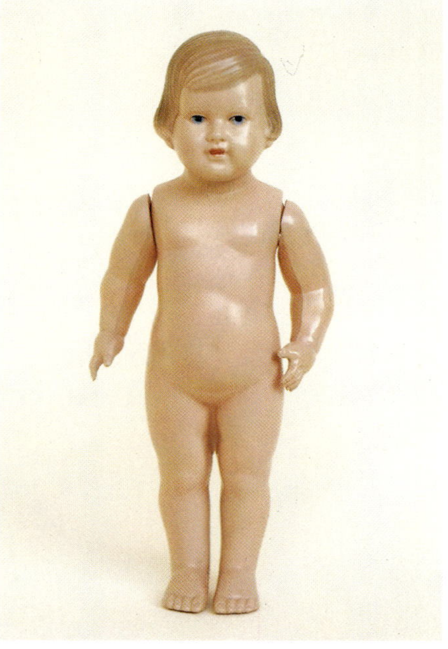

Links:
Zu den Puppen, die mit am längsten im Programm blieben, zählt dieses Steifbeinmädchen, das schon zu Beginn der zwanziger Jahre entwickelt und auch nach dem Krieg noch angeboten wurde. Gemalte Augen. (Markierung: DRP. Germany. Nixe im Schild. 20.)

Rechts:
Ein frühes Baby, Typ „zwanziger Jahre" von Cellba. Feststehender Kopf, offengeschlossener Mund, Babykörper. (DRP. Nixe im Schild. Germany. 15.)

Unten:
Drei Cellba-Kewpies, je 18 cm groß und bis in die fünfziger Jahre produziert. Das nackte Kewpie hat heller eingetöntes Zelluloid.

Links:
Neger von Cellba: Keine negroiden Züge hat dieser schwarze Junge, der 1930 von der Firma inseriert wurde. Dieselbe Form konnte unproblematisch auch für europäische Puppen benutzt werden. Kurbelkopf, gemalte Augen, glatte Haare, 29 cm. (Kopf nur 29 markiert. Körper DRP. Germany. Nixe im Schild. 29.)

Rechts:
Der stehende Neger ist von Kopf- und Haarform her typgerecht gestaltet. Kurbelkopf mit Kringellocken, Glasaugen, um 1925. (Kopf 34 markiert. Körper: Nixe im Schild. 35-36.)
Das sitzende Negerbaby gab es auch in weiß. Es ist nicht spezifisch negroid geformt, hat glatte, mit einer Locke in die Stirn modellierte Haare, gemalte Augen und ist in den zwanziger Jahren hergestellt worden. (DRP. Germany. Nixe im Schild. 22. 24.)

Eine Notiz in der deutschen Spielwarenzeitung kündigte diese Puppe im Mai 1937 mit folgender Lobeshymne an:
„Cellba", Celluloidwarenfabrik, Babenhausen (Hessen), kann für die diesmalige Kollektion 1937/38 wieder mit einem außerordentlich gepflegtem Sortiment aufwarten. Neben den bereits auf den Weltmärkten befindlichen, bestens bekannten Puppenserien, hat der Fabrikant u. a. auch einen neuen Zelluloid-Puppenkopf hergestellt, bei dem man von der allgemein üblichen Haargestaltung abgewichen ist und ihn diesmal mit Zöpfen versehen hat. Es ist, wie üblich, beste deutsche Wertarbeit.

Die „Cellba"-Familie. Links ein Mädchen wie „Christel", 24 cm groß, dahinter und daneben zwei Jungs, 30 und 25 cm groß, rechts der „Inge"-Typ, 26 cm groß. Alle Puppen aus den dreißiger Jahren.

Dieses Mädchen mit der modellierten Kränzchenfrisur wurde 1939 vorgestellt. Kurbelkopf, feststehende blaue Glasaugen, 42 cm groß. (Kopf: 42 gemarkt. Körper: Nixe im Schild. 42.)

Links:
Die beiden Cellba-Söhne im Vergleich. Die größere Puppe mit dem lockigeren Haar wird leicht mit „Hans" verwechselt, hat aber ein wesentlich runderes Gesicht (36 cm groß). Beide Puppen ab Mitte der dreißiger Jahre hergestellt.

Rechts:
Die „Jungstypen" der dreißiger Jahre von drei verschiedenen Firmen: links der Bruno Schmidt-Junge, in der Mitte der Sprößling aus dem Hause Schöberl & Becker, rechts „Hans" von „Schildkröt".

SCHWÄBISCHE CELLULOIDWAREN-FABRIK AUGUST HAIDORFER

Mengen, Württemberg
1912 (13) bis 1967

Die Angaben über das Gründungsjahr dieser Firma sind nicht ganz eindeutig: Während meist das Jahr 1912 genannt wird, weist eine Notiz in der „Rundschau", Nummer 145/1913, auf folgendes hin: „Schwäbische Celluloidwaren GmbH, Marbach-Heberting eröffnet hier eine Celluloidwarenfabrik." Wie die meisten anderen Firmen begannen auch die Schwaben mit Kämmen, Bürsten und ähnlichen Toilettenartikeln. Kinderrasseln und Schwimmtiere – einfach und billig zu produzieren – gehörten ebenfalls zum Programm.
Ein leitender Angestellter (Herr Karpf) modellierte 1930 die Vorlage zu dem ersten Puppenkopf „Helga" nach seiner kleinen Tochter. Diese erste Helga hatte einen feststehenden Kopf und gemalte Augen. Es gab sie von winzig klein (8,5 cm) bis 42 cm sowohl mit als auch ohne Haarspange. Schulterköpfe dieses Modells wurden von fehlerhaften Körpern „gerettet" und als Billigware abgegeben. Damals verwendete man das Warenzeichen „S" im Ring. Das gleiche Modell wurde als Kurbelkopf hergestellt und „Gabi" genannt. 1935 wurde „Marlen" kreiert, deren Locken über den Ohren aufspringen und der im Gegensatz zur Mannheimer Konkurrentin „Inge" eine Haarlocke in die Stirn fällt. Diese neue Puppe konnte in verschiedenen Ausführungen bezogen werden: mit feststehenden oder Glasschlafaugen, mit oder ohne Stimme.
1935 änderte sich auch das Warenzeichen: In einem „S" stand ein Storch mit einem Baby auf dem Rücken. Dieses Warensymbol wurde übrigens von der Firma auch als Spielzeug hergestellt – auf Rädern zum Schubsen und als Stehaufﬁgur. Unverändert gehörten auch Rasseln und Schwimmtiere zum Angebot.
1955 kam „Ute" als erstes neues Kunststoffkind (aus Polysterol-Hartplastik) in den Handel, gefolgt von „Katrin", die auch als Negermädchen zu haben war. Etwa 1964 begann auch in Mengen die Vinyl- (für Köpfe) und Hartplastikzeit (für die Körper) mit den heute üblichen eingestanzten Haaren. 1967 hörte die Firma mit der Puppenproduktion auf.

Inserat der Schwäbischen Celluloidwarenfabrik 1957

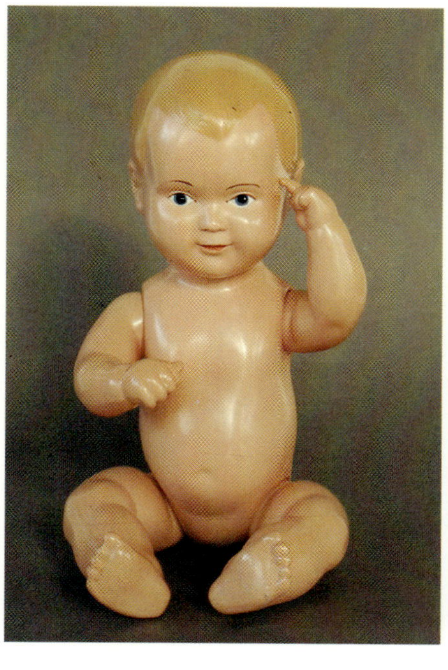

Links:
Das Baby aus dem schwäbischen Elternhaus. Es entspricht dem zeitüblichen Baby der Branchenkollegen, hat aber das typische kleine, leicht lächelnde Mündchen, das an die großen Schwestern erinnert. 25 cm groß. (Mit dem Storch und Baby im „S" markiert.)

Rechts:
Das Symbol der Schwäbischen Firma gab es auch als Stehaufspielzeug. Der Schaukelstorch wurde Anfang der fünfziger Jahre inseriert und ist 13,5 cm groß.

Die schwäbische „Karin" (Ende der fünfziger Jahre) aus dem Zelluloidnachfolger Polystyrol-Hartplastik als Negerin (Glasaugen, 39 cm) zusammen mit einem „Schildkröt"-Negermädchen.

Eine süße kleine „Gabi" (der Typ „Helga" mit Kurbelkopf). Etwa 1934. 31 cm. („S" im Ring markiert.)

Kopfbefestigungen Marke „Kleiderbügelhaken" dachten sich die Schwaben in den sechziger Jahren aus. Diese an sich recht praktische Lösung erforderte allerdings eine sehr weite Halsöffnung.

Ein Puppenpaar der Kunststoffzeit – Anfang der sechziger Jahre. Sie ist 39 cm groß, er 42 cm. Beide in Originalerhaltung.

Fig. 1. Fig. 2. Fig. 3.

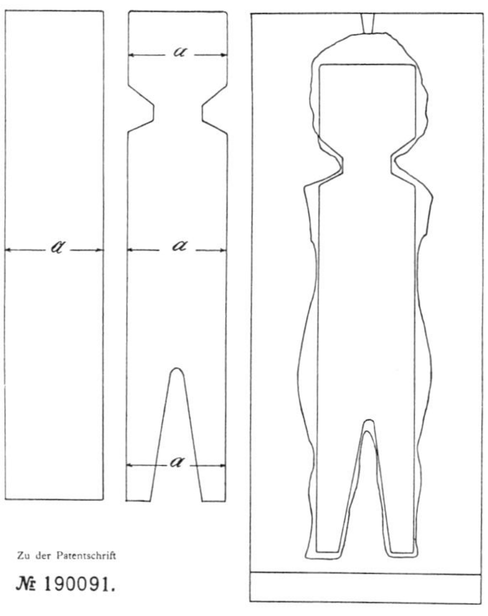

Patent-Anspruch:

Verfahren zur Herstellung von Zelluloidkörpern durch Blasen von Röhren, deren Weite etwa der mittleren Weite der Blasform entspricht, dadurch gekennzeichnet, daß die plattgedrückte Röhre an den Stellen, an denen die Blasform enger als die Röhre ist, vor dem Blasen mit entsprechenden Aussparungen versehen wird, die verschlossen werden, worauf die so vorbereitete Röhre frei in die Blasform eingelegt und sodann in bekannter Weise zu dem gewünschten Gegenstande durch Blasen geformt wird.

Das Patent zum „Verfahren zur Herstellung von Zelluloidkörpern durch Blasen von Röhren" vom 15.12.1906.

KARL STANDFUSS, METALL- UND CELLULOIDWARENFABRIK

Deuben bei Dresden
etwa 1898 bis 1930/31

Anfang und Ende dieser Firma liegen im Dunkeln - nicht zuletzt deshalb, weil die Person des Firmengründers nirgends „auftrat". Obwohl mit dem eigenen Namen kennzeichnend, kommt Standfuß nicht wie Käthe Kruse, Margarethe Steiff, Kestner, Reinhardt, Hunaeus oder etliche andere Puppenfabrikanten als eigene Person vor. Nur seine Waren sind greifbar – hübsch, witzig und von besonderer Qualität.

Lediglich drei Firmen fertigten erst Metall-, zelluloidüberzogene Metallköpfe und endlich reine Zelluloidköpfe: Buschow & Beck, Franz Schmidt und Karl Standfuß. Im Jahre 1898 ließ er sich ein besonderes Gußverfahren für Metall schützen und zwei Jahre später, am 5.10.1900, erhielt er das erste Patent zur „Herstellung von Celluloidgegenständen durch Guß" (DRP 125 20). Ohne Zweifel stellte er zu dieser Zeit auch schon Zelluloidpuppenköpfe und Figuren her. 1903 wird ein Verfahren geschützt, bei dem ein Zelluloidüberzug das Abspringen der Farbe von Metallköpfen verhindern soll. Diese Brustblattköpfe der Anfangszeit tragen gelegentlich eine Krone als Markenzeichen.

Werfpuppen (aus Zelluloid) werden dann mit der Marke „Juno" angekündigt. 1906 erleichtert eine Erfindung von Karl Standfuß das Röhrenblasverfahren (DRP 190 091). 1909 werden die ersten Witztiere von der Firma geformt: Kater und Katzen, die baden und rodeln, und ein „Schützendackel", alle mit anmodellierten und bemalten Kostümen und in mehreren Größen. Eine Badepuppe (DRP 226 324) konnte dadurch, daß in den beweglichen Gliedern Schrotkugeln oder ähnliches herumrollte, im Wasser verschiedene Stellungen einnehmen. Ein Jahr später gab es Stehauf- und Schwimmfiguren (patentiert wurde die Befestigungsweise mit DRP 238 219) und Zelluloidbadepüppchen mit anmodelliertem Hemd. Auch Soldaten tauchten nun im Warenprogramm auf (ab 1910), und im Kriegsjahr 1916 warb Karl Standfuß nicht nur mit einer Babypuppe, sondern auch mit einem Zelluloidsoldaten mit Pickelhaube.

Am 9.10.1912 meldete Karl Standfuß das Warenzeichen „Juno" zur Eintragung für Spielwaren an. Die Eintragung wurde abgewiesen, vermutlich wegen Namensgleichheit. Standfuß benutzte trotzdem das ungeschützte Zeichen und nannte es „Schutzmarke".

Nach dem Ersten Weltkrieg erwarb Standfuß das Recht, als einziger die Kewpies von Rose O'Neill in Zelluloid herzustellen. Sie wurden gelegentlich in der Werbung „Cupido der Liebesbote" genannt. Ob Standfuß auch die Neger-Kewpies, die mit „Germany" gemarkt sind, hergestellt hat, läßt sich anhand der deutschen Werbung zwar nicht nachweisen, ist aber wahrscheinlich.

Ein weiteres Alleinvertretungsrecht sicherte sich die Firma 1926 für das Bye-Lo-Baby und 1927 für den Boxerhund „Bonzo". „Bonzo" scheint einerseits ein großer Erfolg gewesen zu sein, aber es gab auch Ärger mit ihm: Die Japaner imitierten ihn und bremsten so den ursprünglich schwungvollen Absatz. Inzwischen hatte Standfuß sein Scherztierprogramm kräftig vergrößert: „Knurr", „Schnurr", „Ooloo" und der Glückshund „Bully" kamen innerhalb von zwei Jahren dazu. Bemalte Klein-puppen mit modellierter Kleidung – recht ähnlich den Figuren von „Kowenko"-Rasseln, Stehauffiguren, Babys und Köpfe aus Zelluloid

Links:
Fürs Mädchen das Zelluloidbaby, für den Knaben den Zelluloidsoldaten – das Kriegsjahr 1916 im Kinderzimmer.

Rechts:
Steifbeinpüppchen und bunte zelluloidgekleidete Figuren von „Juno" 1924.

Zwei 11 cm große Soldaten mit beweglichen Armen und Beinen für die 1910 unter der Nummer 494 266 DRGM-Schutz eingetragen wurden. (Foto: Legoland, Dänemark)

Ein früher „Juno"-Brustblattkopf mit Zelluloid überzogen. Auf der Vorderseite mit einer Krone und „Juno" signiert. Stoffkörper, 35 cm, um 1900.

Links:
Junge mit Spielanzug und Ball, modellierte und gemalte Kleidung und ein Negermädchen, ebenfalls „Zelluloid gekleidet". Beide Puppen 7,5 cm groß, Juno gemarkt.

Rechts:
Liebenswerter kleiner „Juno"-Neger. Beine unbeweglich, Arme beweglich, 10 cm groß, etwa 1929.

Max und Moritz von Juno. Einbindeköpfe, Stoffkörper, Filzkleidung, 14 und 15 cm groß, nur „Juno" gemarkt, etwa 1914.

Es läßt sich nicht ganz eindeutig klären, ob der blaue Hund „Schnurr" oder „Bully" ist. Die beiden dahinter sind jedenfalls klar: „Bonzo" küßt sein „Bonzo-Kind". Die drei Hunde sind nur in der Zeit zwischen 1927 und 1930 hergestellt worden.

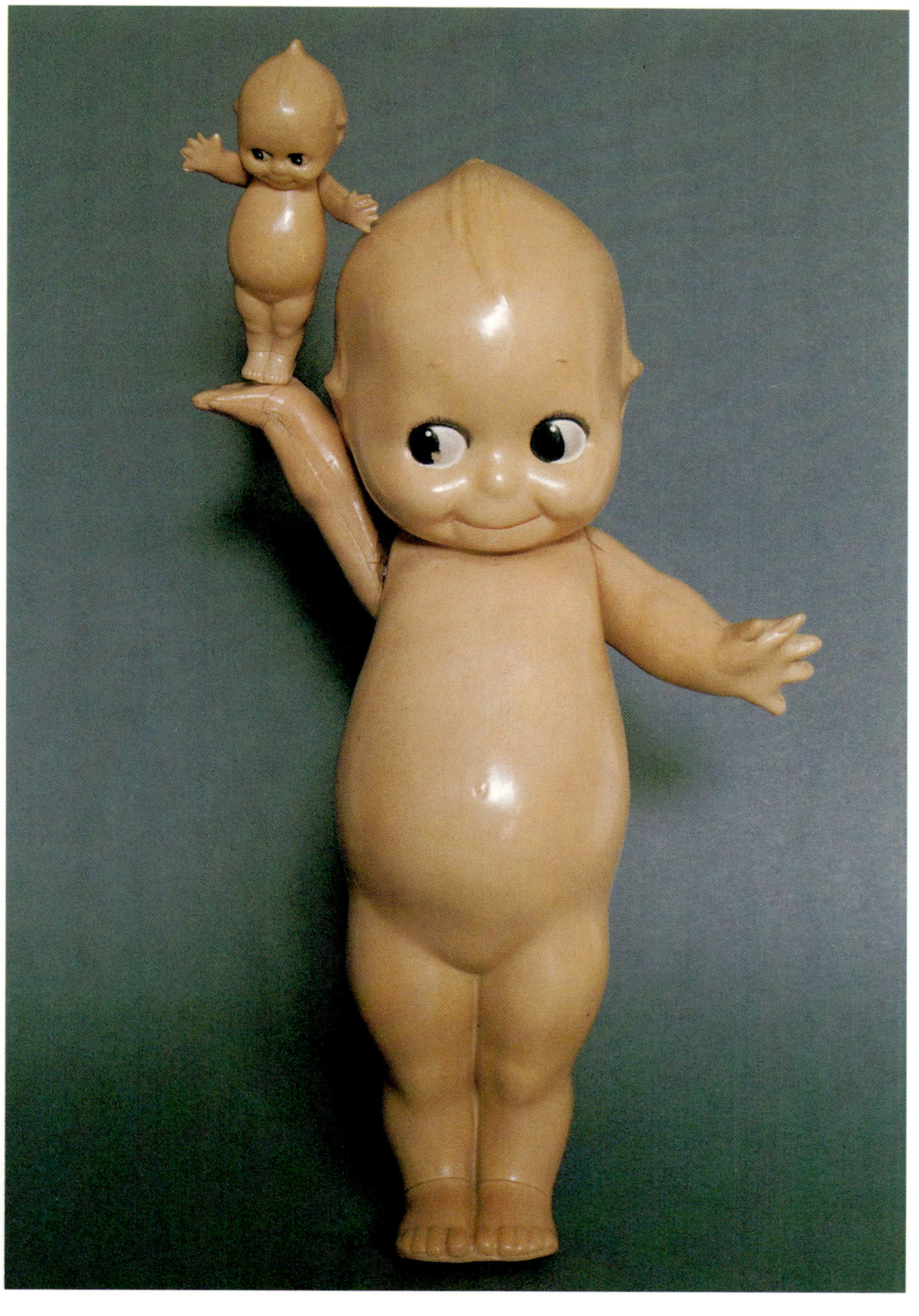

Cupido – woher sich der Name „Kewpie" ableitet – von Juno in zwei Größen: 25 und 8 cm, beide vollkommen gleich modelliert mit kleinen Flügelchen am Rücken. Sehr gutes festes Zelluloid nur mit Größe markiert.

und Blech gehörten weiterhin zum Sortiment. Ab dem 1.9.1930 wird von der Firma Karl Standfuß das Warenzeichen „Cellabaster" für Kunststeine eingetragen. Spielwaren tauchen nicht mehr auf.
Noch im März 1931 wettert Karl Standfuß in Annoncen in den Spielwarenfachblättern gegen die „Bonzo"-Plagiate aus Japan und warnt jeden davor, sie zu vertreiben. Er werde unnachsichtig gegen die Verletzung seiner Rechte vorgehen – das ist die letzte Verlautbarung, die von der Firma zu hören ist.
Im Handbuch der deutschen Aktiengesellschaften von 1930 werden die Fabrikationsbetriebe der Deutschen Celluloidfabrik-Aktiengesellschaft Eilenburg (1879 gegründet) aufgezählt. Es gehört eine Zelluloidwarenfabrik in Freital-Deuben dazu mit 130 Angestellten und Arbeitern. Der Grundbesitz dieser Firma ist mit Vorkaufsrecht gepachtet. Im Warenverzeichnis der Deutschen Celluloidfabrik-Aktiengesellschaft tauchen auch Spielwaren auf. Seit 1926 gehörte die Deutsche Celluloidwarenfabrik zum IG-Farben-Konzern. Mit anderen Worten: Ab 1930 war die verpachtete Firma Karl Standfuß in Händen der gleichen Gesellschaft, die auch die Firmen „Schildkröt" und Paul Hunaeus besaß. Die Formen von Standfuß, das „Bye-Lo-Baby", „Bonzo", die Kewpies, die Tiere und die kleinen Figürchen wurden in Deutschland nie wieder gefertigt.

„Bonzo" folgten andere Scherztiere und Figuren mit Tierköpfen, verkleidete Puppen für den „Karneval in der Puppenstube" (Deutsche Spielwarenzeitung, 1929).

GEBRÜDER WOLFF GMBH
Nürnberger Celluloidwarenfabrik
Nürnberg
1894 bis 1943
und
ROBERT FEY KG
Nürnberg
1940 bis 1967

Die Warenzeichen der Gebr. Wolff: Stern und Kleeblatt wurden 1900 eingetragen, die zwei Wolfsköpfe – mit diesem Zeichen wurden die Puppen meist gekennzeichnet – 1913; nur noch einen Wolf zeigte das Zeichen 1921.

Uhrengehäuse und Fahrradteile aus Zelluloid produzierten die Gebrüder Wolff um die Jahrhundertwende. Sie ließen ein vierblättriges Kleeblatt und einen achteckigen Stern mit den Buchstaben G.W. für ihre Produkte eintragen. Für alle Zelluloidwarenproduzenten schien es verlockend, sich dem neuen Produktionszweig „Zelluloidspielwaren und -Puppen" zuzuwenden. Die befürchtete Auseinandersetzung mit dem kämpferischen Branchenriesen – die man am Beispiel Buschow& Beck im Jahre 1903 auch deutlich vorgeführt bekam – mag viele jedoch davon abgehalten haben, sich auf diesem Gebiet zu versuchen. Aber Nürnberger Spielwarenproduzenten, im Bewußtsein der langen Tradition ihrer Heimatstadt als wichtigem Zentrum der Spielzeugfertigung, ließen sich nicht so gern von Mannheim aus steuern. Nürnberg wurde im beginnenden zwanzigsten Jahrhundert zu einem wichtigen Zentrum der Zelluloidfertigung und blieb es auch bis zum Ende der Zelluloid-Ära.
Genau wie die Bayerische Celluloidwarenfabrik begannen die Gebrüder Wolff erst mit einigen harmlosen Zelluloidspielwaren wie Rasseln und Schwimmfiguren. Um 1910 fingen sie an, eine Puppenkollektion zu entwickeln und wurden prompt von „Schildkröt" verklagt. Obwohl die „prachtvollen Modelle" – so die Werbung – wirklich teilweise verblüffende Ähnlichkeit mit den Mannheimer Produkten aufwiesen (vgl. „Hänsel" mit gemalter Kleidung von „Schildkröt"), gewannen die Nürnberger den Prozeß. In einem Bericht über die Leipziger Frühjahrsmesse 1912 lobte G.A. Rudi – natürlich ein Nürnberger – die Firma in der „Rundschau" in den höchsten Tönen:
Es gibt in Deutschland bereits einige Betriebe, die Zelluloidpuppen herstellen. Vor allem kommt hier die Rheinische Gummi- und Zelluloidwarenfabrik in Neckarau in Betracht, die bis jetzt den Markt auf diesem Gebiet beherrscht. Nun hat sich neuerdings auch die Nürnberger Zelluloidwarenfabrik Gebrüder Wolff damit befaßt. Sie hat solche Puppen in der Art, wie die Rheinische Fabrik, herzustellen begonnen und wurde von letzterer deshalb wegen angeblicher Kopierung ihrer Modelle und dergleichen verklagt. Sie hat den Prozeß glänzend gewonnen und kann jetzt nach wie vor ungehindert ihre Fabrikation solcher Zelluloidpuppen fortsetzen. Es ist sehr erfreulich, daß zu unserer hochentwickelten Spielwarenfabrikation jetzt auch noch die von Zelluloidpuppen gekommen ist. Dies wird gewiß dazu beitragen, den Ruf unserer Nürnberger Spielwarenfabrikation noch mehr zu befestigen. Es ist aber auch sehr erfreulich, daß die Firma Gebrüder Wolff mit soviel Unternehmungsgeist an die Sache herangegangen ist und sie bis jetzt schon zu einer respektablen Höhe entwickelt hat. Es ist zu erwarten, daß sie die Sache auch weiter gut führen wird. Das verbürgt schon der bisherige Entwicklungsplan dieses Werkes. Im Jahre 1894 hat die Firma mit einem Arbeiter angefangen, heute hat sie über 300 und arbeitet mit den modernsten, besten Maschinen. Sie ist mit der Fahrradfabrikation groß geworden, da sie einzelne Fahrradteile aus Zelluloid, wie Griffe, Läufer usw. liefert.
Was nun die Puppenfabrikation aus Zelluloid der Gebr. Wolff betrifft, so habe ich von deren diesbezüglichen Fabrikaten Einsicht genommen und muß sagen, daß sie vorzüglich ausgefallen sind. Sie sind aus einem Guß, nahtlos, haben reizende Typen, sowohl mit Normalgesichtern wie in Charakterbabies, mit gemalten, wie mit künstlerischen Haaren. Ihre Vorzüge und Vorteile sind, daß sie nahtlos, unzerbrechlich, sehr leicht waschbar, mit beweglichen Armen, Köpfen, Beinen, mit und ohne Schlafaugen sind und sich überhaupt durch eine

sehr hübsche Gesamt-Aufmachung auszeichnen. Die Firma liefert auch einzelne Teile aus Zelluloid für Puppen aus Stoff, wie Beine, Arme, Köpfe. Die Gebr. Wolff haben in kurzer Zeit schon eine Reihe sehr hübscher Serien hergestellt und können bereits weitgehende Ansprüche befriedigen. Die Firma wird bemüht sein, diesen Betrieb fortwährend weiter auszugestalten und ihre neuen Fabrikate auch auf der Leipziger Messe zur Ausstellung bringen. Es wäre sehr wünschenswert, daß die Preise in dem Artikel eine Besserung erfahren würden. Der Export in dem Artikel wie der Absatz im Inlande sind sehr umfangreich, umsomehr als auch im Ausland die Puppenfabrikation aus Zelluloid verschwindend gering ist und der Bedarf an solchen Puppen jährlich zunimmt...

Verblüffend ist bei diesem Artikel die Behauptung, die Puppen und -Köpfe dieser Firma seien „nahtlos". Es kann sich nur um besonders perfekt verarbeitete und verschliffene Nähte gehandelt haben, denn die Möglichkeit, Zelluloidhohlkörper nahtlos herzustellen, wurde erst in den dreißiger Jahren perfektioniert. Auch weisen die wenigen Puppen, die man von der Firma noch finden kann, durchaus Nähte auf. Selbst bei den patentierten Verfahren von Karl Standfuß (DRP 190 091, siehe Kapitel über Karl Standfuß) sind feine Nahtstellen unvermeidbar, da die Form immer notwendig zweiteilig ist. Ohne Zweifel aber weist der Artikel darauf hin, daß die Puppen der Gebrüder Wolff damals besonders sorgfältig verarbeitet wurden.

Am 22.8.1912 wurde das Warenzeichen mit den zwei Wölfen in verbundenen Kreisen angemeldet. Man produzierte Rohzelluloid und lapidar „Waren aus Zelluloid". 1921 wurde die Firma in eine GmbH umgewandelt und ein Warenzeichen eingetragen, das auf den ersten Blick dem Zeichen von Wacker sehr ähnelt: ein großes W im Ring, in dessen Mitte nur noch ein Wolfskopf zu sehen ist.

Die mutigen „Wolffsbrüder" konnten auf dem Puppenmarkt trotz des gewonnenen Prozesses gegen „Schildkröt" auf Dauer nicht Fuß fassen. Ihre arbeitsaufwendige „erstklassige Ware" war ja ebenfalls der enormen Preiskonkurrenz der Billiganbieter ausgesetzt. Auch die Gebrüder Wolff zogen sich nach dem Ersten

Menschlich angezogene Tierfiguren als Stehaufs und ein kleines Babypüppchen mit Pfeifenreinigern geschmückt von den Gebrüdern Wolff. Große Stehaufs 9 cm, Schaukelfiguren auf halbrund 8 cm. Babyjunge 8 1/2 cm mit den zwei Wolfsköpfen im Doppelkreis markiert.

Weltkrieg – wie viele ihrer Kollegen – wieder stärker auf das Kleinspielzeug zurück. Die zukunftsträchtige Automobilindustrie wurde in den zwanziger Jahren von den Gebrüdern Wolff mit Steuerrädern beliefert, und das Warenverzeichnis war wieder breit gefächert.
1929 gehört die Firma zur Richard Bauer GmbH. 1930 kommt „Lya" auf den Markt, eine Schwimmpuppe, deren Arme mittels einer eingebauten Mechanik Kraulbewegungen machen können. 1937 erscheint eine neue Serie Stehauffiguren: Tiere in Anzügen, Mänteln, mit Pfeifen, Koffern, Regenschirmen oder ähnlichen menschlichen Accessoires. Eine Notiz im „Wegweiser" zeigt an, daß die Firma im Februar 1943 liquidiert wird.
Genau dieselben Stehauf-Tiere werden in den fünfziger Jahren von der Robert Fey KG angeboten, die sich ebenfalls Nürnberger Celluloid- und Metallwarenfabrik nennt und die gleiche Adresse hat, wie zuvor die Firma der Gebrüder Wolff.
Bei genauer Überprüfung der Eintragungen stellt sich folgendes Wechselspiel heraus. Die ursprünglich (1940) in Weinsberg gegründete Firma Robert Fey übernahm 1943 Sitz, Namen und Produktionspalette der Gebrüder Wolff. 1953 wurde für denselben Betrieb wieder der Firmenname Gebrüder Wolff GmbH

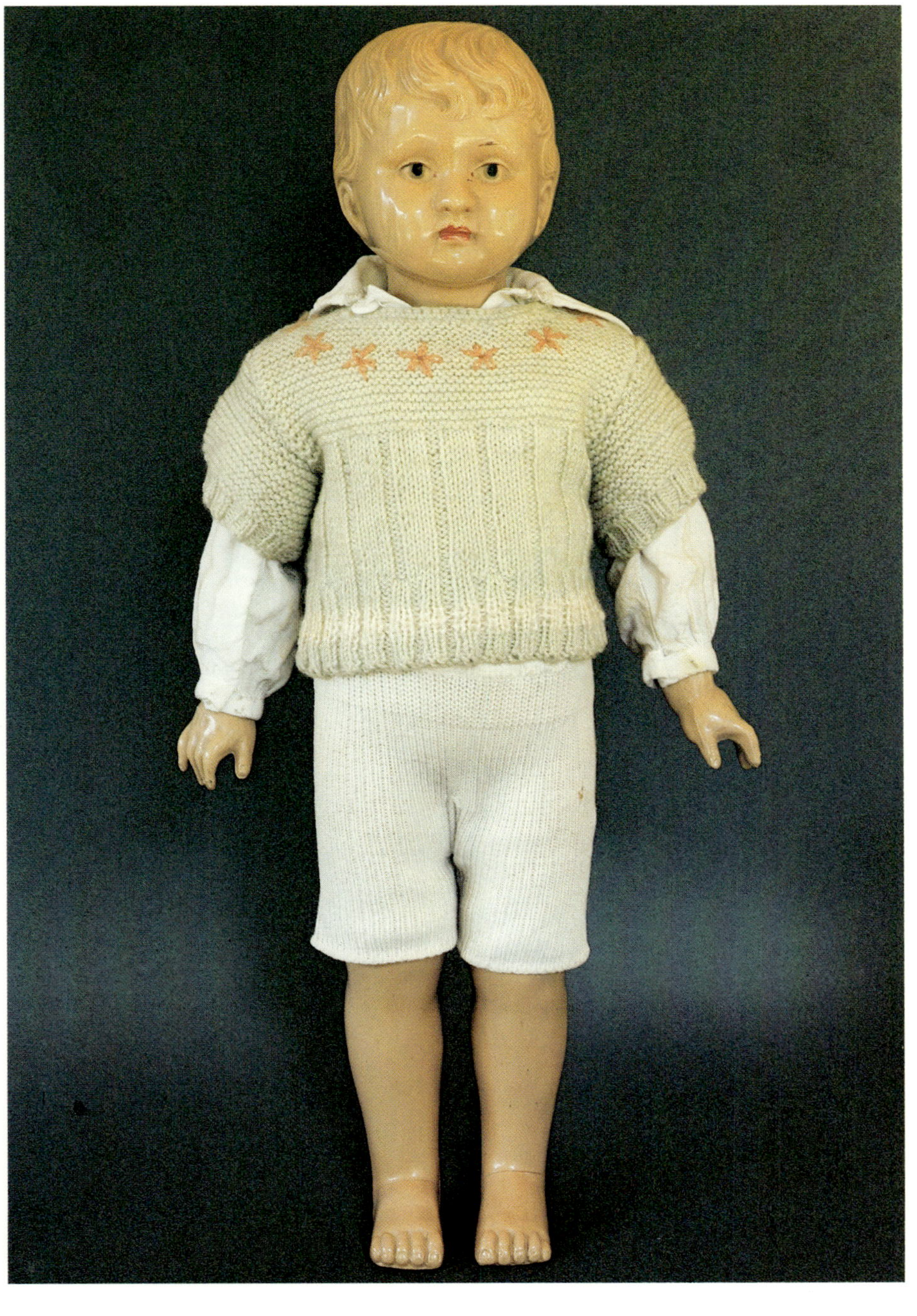

Eine frühe große Steifbeinpuppe von sehr guter Qualität. Festes Zelluloid, gut versäuberte Nähte, etwas verblaßtes, sorgfältig bemaltes Gesicht mit grünen Augen. Mit den zwei aneinanderhängenden Kreisen und zwei Wölfen markiert, 43 cm. Um 1910.

Die Schwimmpuppe „Lya" war die Messeneuheit der Gebrüder Wolff 1930.

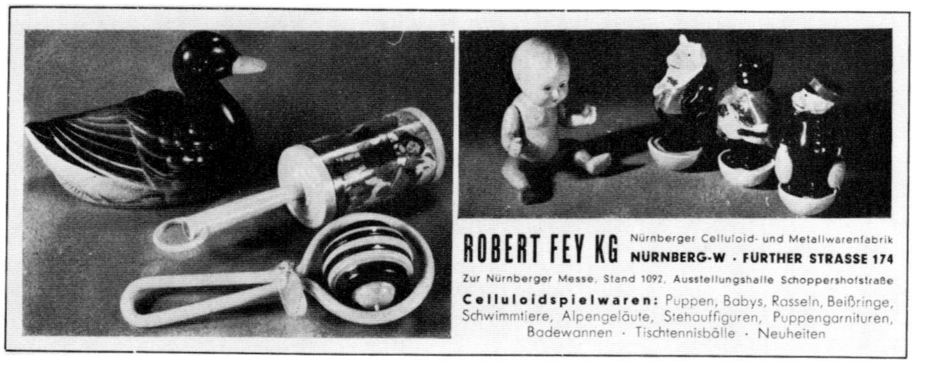

1937 bieten die Gebrüder Wolff Tierstehaufs an. Genau diese Figuren werden von der Robert Fey KG unter derselben Anschrift 1952 inseriert.

eingetragen. 1956 hieß die Firma wieder Robert Fey und am 15.12.1967 wurde die Eintragung endgültig gelöscht.

Aus diesem Grunde also findet man dieselben Figuren einmal von den Gebrüdern Wolff, ein anderesmal von Robert Fey inseriert. Sie wurden immer an derselben Stelle mit denselben Formen produziert – nur unter zwei verschiedenen Firmennamen.

Anhang

Weitere Hersteller und wichtige Vertreiber von Zelluloidspielwaren

Die folgende Zusammenstellung ist eine Auflistung von Firmen, die Zelluloidspielwaren entweder gefertigt oder (wie z. B. Meyer für „Schildkröt") für andere in fester Partnerschaft vertrieben haben, sich aber keinen Namen als „Zelluloidspielwarenfabrik" gemacht haben. Nicht immer läßt sich zweifelsfrei klären, ob die Herstellung im eigenen Betrieb oder außer Haus geschah. Die Hinweise sind aber dennoch möglicherweise geeignet, hier und da eine bisher undefinierbare Markierung eines Spielzeugs zu klären. Auch geht aus der Liste hervor, daß sich durchaus einige sehr große Rohzelluloidfirmen (z. B. die Galalithgesellschaft, die Rheinisch-Westfälische Sprengstoff AG und die Westdeutschen Celluloidwerke GmbH) unter den Spielwarenfabrikanten befanden. Sie zeigt ferner, daß eine unvermutete große Zahl deutscher Firmen ihr Geld wenigstens teilweise mit Zelluloid verdiente. Die Zelluloidwarenfabrikation war ein wichtiger Produktionszweig der deutschen Wirtschaft, und es ist interessant, daß gerade wieder die renommierte Spielwarenstadt Nürnberg ein Zentrum dieser ersten Kunststoffspielwarenfabrikation wurde.

C. ABEL-KLINGER
Nürnberg
läßt 1919 eine Spielwarenfabrik eintragen, die u.a. Waren aus Zelluloid und ähnlichen Stoffen herstellt.

Warenzeichen von Abel-Klinger

KARL BENDEFELDT
Lübeck
Gummi- und Zelluloidwaren
inseriert Mitte der zwanziger Jahre Zelluloidpuppen, Zelluloidspielwaren und besonders preiswerte Puppenbälge.

BLOCK & KREBS
Hannover-Linden
Celluloidwarenindustrie
Diese – am selben Ort wie Paul Hunaeus angesiedelte – Firma tritt nur kurz in Erscheinung. Sie scheint das in den zwanziger Jahren übliche Kleinspielzeug und Babypuppenprogramm angeboten zu haben.

Werbung in der Deutschen Spielwarenzeitung 1924

GEORG BRUNNER
Nürnberg
Metall- und Celluloidwaren
Nürnberg war ein wichtiges Zentrum der Zelluloidverarbeitung. Die Firma Brunner begnügte sich mit der Herstellung preisgünstiger Babyspielwaren.

Puppen von Canzler & Hoffmann mit außergewöhnlichen strengen Bubikopffrisuren aus den zwanziger Jahren.

CANZLER & HOFFMANN
Berlin, Sonneberg, Coburg
Nur eine Großhandel- und Exportfirma hatten Canzler & Hoffmann 1906 im Sinn – aber sie scheinen immer mehr Geschmack an ihrer Handelsware gefunden zu haben. 1910 wurde eine eigene Fabrik gegründet und vor allem Puppenkleidung gefertigt. Von 1924 an wurden in einer Zweigniederlassung in Sonneberg weichgestopfte Babys hergestellt. Ab 1926 inserierte die Firma „Unsere neuen eigenen Celluloidkopfmodelle". Ob diese – wirklich von allen üblichen Formen abweichenden – Zelluloidköpfe nach ihren eigenen Entwürfen bei einer großen Zelluloidfabrik in Auftrag gegeben oder selbst geformt wurden, ist nicht bekannt. Neben der normalen Puppengröße fertigte die Firma vor allem auch Stubenpuppen. Nach dem Krieg scheinen die Köpfe nicht mehr aus Zelluloid zu bestehen. Das Zelluloidprogramm der Firma wurde vermutlich mit Beginn der vierziger Jahre eingestellt.

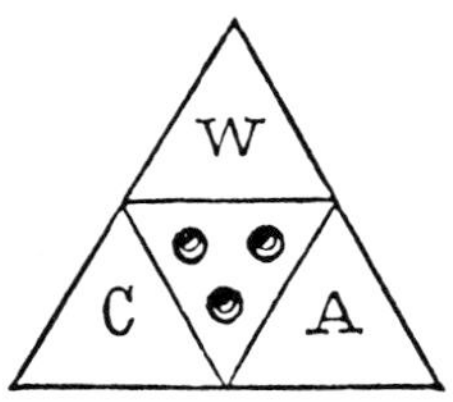

Warenzeichen der Celluloid-Werke Aschaffenburg

CELLULOID-WERKE ASCHAFFENBURG GMBH
Aschaffenburg
Völlig unbekannt ist bisher das Werk dieser Firma, die 1901 mit der Produktion und dem Vertrieb von Zelluloidwaren begann und u.a. die Herstellung von Bällen, Puppen und Puppenköpfen anmeldete.

1926 inseriert Ebeling mit einer Raute und einer Schildkröte auf dem Bild – ein deutlicher Versuch, ein bißchen „Schildkröt"-Image abzubekommen.

GUMMI-EBELING
Magdeburg
Gummi- und Zelluloidspielwaren
Mitte der zwanziger Jahre bot die Magdeburger Firma Wasserspielzeug an und benutzte ein Firmenzeichen, das der Schildkrötraute etwas nachempfunden war.

GEBR. FEISENBERGER
Berlin und Frankfurt
Schwimmgürtelfiguren, Schwimmtiere u.ä.
Um 1930

FRIEDMANN & OHNSTEIN
Breslau
Fabrikation und Export
„Gekleidete Kleinpuppen aus Porzellan und Zelluloid von 4 bis 18 cm" inseriert die Firma 1924.

INTERNATIONALE GALALITH-GESELLSCHAFT HOFF & CO.
Hamburg
1913 wird eine Kunsthornfabrik eingetragen, die u.a. aus „Celluloid und ähnlichen Stoffen" auch Spielwaren in ihrem Fertigungsprogramm hat.

MAGNUS GEIER
Giessübel/Thüringen
Spielwarenfabrik
Zelluloid eignete sich für billiges Zugabe- und Reklamespielzeug. Einige Firmen waren, so Magnus Geier, nur darauf spezialisiert.

OTTO GREINER ALEX SOHN
Steinach/Thüringen
Unter dem Namen „OGAS" meldet die Firma 1917 eine Holz- und Spielwarenfabrik an, die auch Spielwaren aus Zelluloid in ihr Programm aufnimmt.

O.&A. GREISER
Hannover
1921 inseriert die Firma „Celluloidpuppen, – Rasseln, Schwimmtiere, Toilette-artikel usw."

HARZER CELLULOIDWARENFABRIK ING. KARL BRINKMANN
Gernrode
Windmühlen, Flieger

HELESS
Schwetzingen/Baden
Celluloid- und Spielwarenfabrik H. Moll
Die vielen kleinen Puppenspielsachen, die aus Zelluloid gefertigt wurden, sind meist „Marke unbekannt".Heless nahm nach der Währungsreform in Schwetzingen noch einmal die Produktion dieser liebenswerten Kleinigkeiten auf.

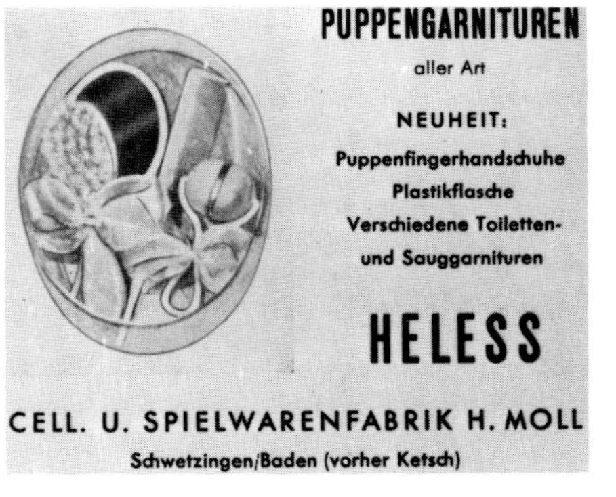

Anzeige für Puppengarnituren in „Das Spielzeug" 1955

J. HIRSCH & CO.
Frankfurt am Main
Die Frankfurter Zelluloidspielwarenfirma bot Anfang der zwanziger Jahre einen einmaligen Service an: Sie fertigte nach Entwürfen und Aufzeichnungen innerhalb „kürzester Lieferfrist" Zelluloidspielwaren. Ob dieses Angebot angenommen und ein Erfolg wurde, ist, so verlockend es auch zu sein scheint, zweifelhaft: Die Firma inseriert nur wenige Jahre.

„Bebi"-Puppen, aber auch Anfertigungen nach eigenen Entwürfen, offerierte J. Hirsch. Deutsche Spielwarenzeitung 1921.

EDUARD HÜBENTHAL
Frankenhain
Zelluloidwarenfabrik
1923 wird diese Firma angemeldet, die neben dem Vertrieb von Apothekerbedarfsartikeln auch Spielwaren zu ihren Produkten zählt.

KIENBERGER & CO.
Nürnberg
Spielwarenfabrik und Neuheitenvertrieb
1911 zeigt „Ki.Co." in seinem Warenzeichen, was die Uhr geschlagen hat: Ein Wecker mit den Abkürzungen Ki.Co. markiert die Produkte der Firma. Unter den Materialien, aus denen die Spielwaren und Neuheiten der Firma bestehen, befindet sich auch Zelluloid.

Inserat von Franz R. Kirchner 1925 und 1926. Die Programme der Zelluloidwarenfabriken ähnelten sich fast zum Verwechseln, man fühlt sich z. B. stark an Hunaeus erinnert.

FRANZ R. KIRCHNER
Stützerbach i. Thür.
„Abteilung Celluloidwaren-Fabrik" heißt es nur in den Anzeigen der Firma Kirchner, was nahelegt, daß die Firma noch über andere Abteilungen verfügte. Nachweise konnte ich dafür nicht finden.
Mitte der zwanziger Jahre tritt die Fabrik mit einigen Werbeserien auf, die durchaus an das Programm von Hunaeus, Kohl & Wengenroth und auch Wacker erinnern. Zelluloidfigürchen mit bemalter Kleidung, Tiere, Rasseln, Vogelspielzeug und die beliebten Wunderkugeln werden angeboten.
Ende der zwanziger Jahre ist die Firma nicht mehr in den Veröffentlichungen zu finden.

Wie man sieht, gab es mehrere Sorten „Storchenpuppen". Werbung von Leschinski & Co., 1951. Auch Paul Hausmeister & Co. hatten 1909 einen Storch für Puppenköpfe aus Gelatine schützen lassen.

LEHOWA-WERKE
Hohenstein & Wagner
Sonneberg/Thüringen
Die Firma, die 1922 das Warenzeichen „Express" schützen läßt, und als Holz- und Spielwarenfabrik firmiert, bietet ebenfalls Zelluloidprodukte an.

KARL LEIB
Hannover
wirbt in den zwanziger Jahren für Gummi- und Zelluloidspielwaren und Zelluloid-Toilette-Artikel.

OTTO LEIBER
Buchenberg bei Königsfeld/Baden
Ein Enzianblümchen im Sechseck wählte diese Firma als Warenzeichen, die 1932 die Fabrikation von „Schwarzwälder Volks- und Eigenkunst" eintragen ließ. Unter den Materialien befindet sich Zelluloid. Zu den Produkten gehören Spielwaren.

LESCHINSKI & CO. K.G.
Freudenberg/Siegen
Celluloidwarenfabrik
Störche gab es eine ganze Menge in der Zelluloidspielwarenbranche, allerdings ist einer der Störche nur das Firmenzeichen einer Spielwarenhandlung, nämlich

Die Firma Anton Link hatte ein besonders hübsches Warenzeichen. Inserat in der „Deutschen Spielwarenzeitung" 1924.

Werbung von „Emaso" 1951

das bekannte Zeichen von Jakob Jung. Die Firma Leschinski wurde sicher gelegentlich mit den schwäbischen Herstellern der Storchenpuppe verwechselt. Die „unerreichte Ausführung" zu „niedrigsten Preisen" scheint kein Marktrenner geworden zu sein, keine weitere Werbung ist zu finden.

ANTON LINK
vorm. F. J. Hoch
Saulgau/Württemberg
Auch diese alteingesessene Firma (1866 gegründet) verkaufte in den zwanziger Jahren Zelluloidpuppen und -Spielwaren.

E. MAAR & SOHN
Mönchröden bei Coburg
Kurz vor dem Krieg und nach der Währungsreform stellte auch die bekannte Firma „Emaso" Puppen mit Zelluloidköpfen her mit den zeitüblichen runden Gesichtern mit Kunststoffperücken.

HERRMANN MEYER
Hannover
Gummi- und Celluloidwaren
Herrmann Meyer vertrieb – außer den „deutschen Syndikatsbällen" und etlichen anderen Gummi-Emaillewaren das Schildkrötpuppenprogramm.

Inserat von Herrmann Meyer, Mitte der zwanziger Jahre.

NAUNDORF & BLANKE
Leipzig-Connewitz
Spielwarenfabrik und Exportgeschäft
Unter den Materialaufzählungen 1923 befindet sich ebenfalls Zelluloid.

G. NEIFF
Nürnberg
Die Firma vertreibt und produziert Spielwaren und Lehrmittel. 1920 zählt auch sie Zelluloid zu ihren Herstellungsmaterialien.

NIEDERRHEINISCHE ZELLULOIDWARENFABRIK
Krefeld
Was man sich an Spielsachen für Kinder in reizendster Ausstattung nur denken kann, ist da. So Kinderrasseln, Bälle, bemannte Aeroplane, mechanische Figuren, Stehaufsachen, die allerdings schon etwas überlebt sind, Schwimmtiere in feinster Bemalung, Wiegengesänge usw.
So heißt es in einem Messebericht aus dem Hansa-Haus in Nürnberg in der „Rundschau" Nr. 73, 1911.

HERMANN PENSKY, ALFRED PENSKY
Coburg
Die auf Puppenstubenpuppen spezialisierte Puppenfabrik fertigte auch ein Sortiment ihrer „Kleinpuppen" mit Zelluloidköpfen. Die meisten ihrer Kinder hatten jedoch Masseköpfe.

RHEINISCH-WESTFÄLISCHE SPRENGSTOFF AG
Köln
Dieser – keineswegs nur auf friedliche Zwecke – gerichtete Firmenbetrieb meldete 1920 ein merkwürdiges und für den Namen überraschendes Warengemisch an:
Geschäftsbetrieb: Pulver, Sprengstoff- und Zelluloidfabriken. Waren: Wärmeschutzmittel, Kämme, Damenhaarschmuck, Toilettegeräte, Knöpfe, Automobil- und Fahrradzubehör, Knochen-, Horn-, Schildpatt-, Elfenbein-, Perlmutter-, Bernstein-, Meerschaumimitation, Druckstöcke, Kunstgegenstände, Spielwaren, Linoleum.

FRANZ RICHTER ZELLULOID- UND METALLWARENFABRIK
Zschopau in Sachsen
Brillen aus Zelluloid für Scherz, Sport und Schutzzwecke, auch Puppenbrillen (speziell für Scherzfotografien) dreißiger Jahre

KARL SCHEFFLER SPIELWARENFABRIK
Marienberg
Bekleidete Celluloidpuppen usw. um 1930.

MAX FR. SCHELHORN
Sonneberg
Die Sonneberger Spielwarenfabrik nahm u.a. auch die Fertigung von Zelluloidwaren in ihr Programm auf.

HEINRICH SCHMUCKLER
Liegnitz
Erste Schlesische Puppenfabrik
Schon 1910 inseriert die 1882 gegründete Fabrik „Werfpuppen mit Celluloidkopf" und gekleidete Zelluloidpuppen. Die Firma, die 1921 einen kleinen Hasen mit der Schrift „Hesli" auf dem Fell als Warenzeichen eintragen ließ, warb noch Ende der zwanziger Jahre mit „unzerbrechlichen gestopften Puppen mit Celluloidköpfen und mit Celluloid-Charakterköpfen".

PAUL SCHROEDER
Berlin
Fabrikation von Modellspielwaren
1922 vermerkt die Firma in ihrer Warenaufzählung auch Waren aus „Zelluloid und ähnlichen Materialien".

PAUL SEIFERT
Leipzig
Spielwaren und Reklameartikel
„Celluloidwindmühlen mit feststehender Reklamescheibe" waren beliebte Werbemittel, die die Kundschaft zu freiwilligen Reklameträgern machte. Paul Seifert versorgte die Läden mit solchen „Zugabeartikeln".

MARGARETE STEIFF
Giengen, Württemberg
In den zwanziger Jahren werden von der Firma „Schlopsnies"-Puppen angeboten. Dies waren Zelluloidkopfpuppen (Körper aus Stoff), die von innen her gelblich („aprikosenfarben") getönt waren.

STRISCH & BEIER
Fürth
inserieren ein Zelluloidblasspielzeug „Sunny Boy", mit Stimme um 1930.

SÜDDEUTSCHE ZELLULOIDWARENFABRIK GMBH
Nürnberg
Zu den vielen Nürnberger Zelluloidwarenfabriken gehört auch die Süddeutsche Zelluloidwarenfabrik, die in den zwanziger Jahren vor allem Kleinkinderspielzeug fabrizierte. Nach 1930 taucht sie in der Spielzeugwerbung nicht mehr auf.

CHRISTIAN WEIDINGER
Nürnberg
„Herstellung und Vertrieb von Zier- und Gebrauchsgegenständen aller Art aus echten und künstlichen Stoffen" gibt die Firma 1939 als Geschäftszweck an. Unter den „Stoffen" befindet sich Zelluloid. Zu den „Gebrauchsgegenständen" gehören Spielwaren.

GEBRÜDER WEISBACH
Straßburg
Für eine Kurz-, Galanterie- und Spielwarenmanufaktur ließen die Gebrüder Weisbach 1910 eine imposante Abbildung der „Hohkönigsburg" als Warenzeichen eintragen. In ihrem umfangreichen Warenverzeichnis befinden sich auch Spielwaren und unter den Materialien taucht Zelluloid auf.

WESTDEUTSCHE ZELLULOIDWERKE GMBH
Lang-Latum
Die große Firma, die u.a. mit „Lancos" auf einer Fahne markierte, ließ 1914 im Warenzeichenblatt eintragen:
Celluloidwarenfabrik. Waren: Rohzelluloid (!) Kämme, Dauerwäsche, Spielwaren und andere Celluloidwaren.

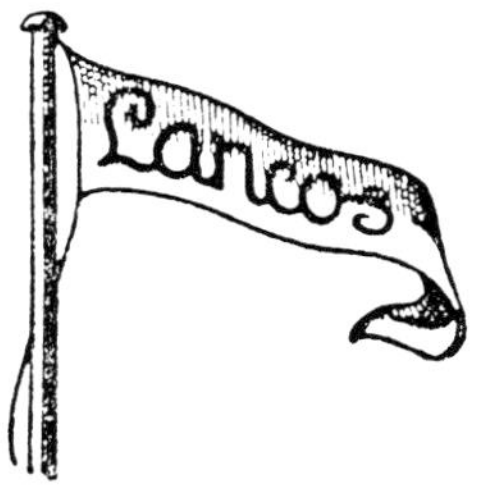

Oben:
Beliebte Werbung in den zwanziger Jahren: Reklamewindmühlen.

Mitte:
Inserat in der „Deutschen Spielwarenzeitung" 1927

Unten:
Warenzeichen der Westdeutschen Zelluloidwerke

Aus zeitgenössischen Veröffentlichungen

Zelluloidpuppen und -Spielzeuge.

In der Fabrikation dieser beliebten Kinderspielzeuge hat sich das Zelluloid sehr rasch einen hervorragenden Platz erobert, der namentlich darin begründet ist, daß dieses Material — abgesehen von seiner leichten Formbarkeit und Unzerbrechlichkeit — in nicht hochglänzend poliertem Zustande dem eigentümlichen Schimmer der menschlichen Haut am nächsten kommt, also den Puppen ein sehr natürliches Aussehen verleiht. Dabei gestattet das Material die Erreichung außerordentlich zarter und natürlicher Züge, während beispielsweise Porzellanpuppen immer ein starres Aussehen haben. Das Material eignet sich sowohl für große als auch kleine Puppen, für Puppenköpfe und einzelne Teile von Puppenkörpern, dann auch für die Herstellung von sonst aus Holz. Blech und Papiermaché gefertigten Soldaten, Tieren, Figuren jeder Art, vor denen es den Vorzug der Leichtigkeit und Unzerbrechlichkeit besitzt. Die Herstellung erfolgt nach dem bekannten Verfahren der Zelluloidfabrikation durch Pressen, wobei natürlich die betreffenden Teile immer in zwei oder auch mehreren Formen gearbeitet und dann mittels Zusammenklebens unter Beihilfe von Unterlagen, Laschen usw. vereinigt werden oder durch Blasen in geschlossene, aus zwei Teilen bestehende Hohlformen; die so erhaltenen Puppenfiguren usw. bedürfen dann keiner Nacharbeit durch Kleben oder irgendeine andere Art des Zusammenfügens. Aus zwei oder mehreren Teilen bestehende Puppen müssen nach der Vereinigung dieser noch an den Fügestellen beschnitten, abgefeilt oder geschmirgelt und allenfallsige Vertiefungen mit plastischer Zelluloidmasse ausgefüllt werden. Dann schreitet man zur Bemalung oder anderweitigen Vollendung.

Links:
Ein besonders frühes und ausführliches Lob auf Zelluloidspielwaren in einem Fachbuch von 1908. Aus: L.E. Andés „Celluloid und seine Verarbeitung". Wien und Leipzig 1908. (Auszug)

Unten:
Interessant ist hier der Hinweis auf Cellowachs schon im Jahr 1925, ein Jahr, bevor „Miblu" von der „Rheinischen" auf den Markt gebracht wurde. Aus: „Wegweiser für die Spielwarenindustrie" 1925.

Spielwaren aus Zelluloid

Als vor kaum sechzig Jahren der Amerikaner Hyatt das **Zelluloid**, eine Verbindung von Nitrozellulose (Schießbaumwolle) und Kampfer entdeckte, ahnte die Spielwarenindustrie nicht, daß damit ein Material gefunden wurde, das bestimmten Zweigen der Spielwarenbranche besondere Entfaltung ermöglichte. Neben Holz, Metall, Steingut, Gummi, Papier usw. kam die Spezialfabrikation von Spielwaren im Zelluloid zu einem Werkstoff, dessen besondere Verarbeitungsmöglichkeit und lange Lebensdauer eine neue Aufmachung für Spielzeug ermöglichte. Die hervorstechendsten Eigenschaften der Zelluloidspielwaren: Unzerbrechlichkeit und Leichtigkeit, sicherten vom Anfang an diesem Spezialspielzeug die Sympathie des Publikums und gaben somit dem Erfindergeist in der Spielwarenbranche Gelegenheit, Spielzeug aus Zelluloid von der einfachsten Zweckform bis zum beweglich-dekorativen Stück den Kollektionen einzuverleiben. Die fortschreitende Technik, die bei der Zelluloidherstellung von der „nassen" Mischmethode zur Uebergießung trockener Nitrozellulose mit Aether und Kampferbeimengung überging und eine hornmassige Rohmasse herstellte, die beim Erwärmen im kochenden Wasser plastisch gemacht wird, fand auch Mittel, die gefürchtete „Feuergefährlichkeit" des Zelluloids durch besondere Bereitung so zu beseitigen, daß die Explosiosgefahr fast gänzlich ausgeschaltet und die Verbrennung bei offener Flamme oder beim Verglimmen ziemlich harmlos wurde. Zelluloid wird bei 125 Grad weich und biegsam; läßt sich drücken, prägen, biegen, in erwärmtem Zustande stückweise vereinigen und mit Metallen verbinden, bleibt dabei elastisch, hart und fest, so daß es wie Horn oder Hartgummi bearbeitet werden kann. Von besonderer Wichtigkeit ist es, daß das Rohmaterial durch Zusätze farbig gemacht oder die fertigen Gegenstände haltbar bemalt und lackiert werden können. Die ersten Spielwaren, die aus Zelluloid hergestellt wurden, waren Bälle und Klappern. Weiße und bunte Bälle, Bälle in Regenbogenfarben, die einst so beliebt waren, zeigen heute moderne, dekorative Musterung, gehen aber vom Kleinstformat (Tennistischbälle) über Mittelgröße kaum hinaus. Auch die Klappern, Schlottern und Rattles haben sich in Form und Ausführung gewandelt. Der einfach gestielte Ring wird durch kugelförmige Gehäuse überholt, der Klapperhalter trägt Tier-, Puppen- und Maskenköpfe, man kombiniert Armringe mit Schlottern; schon bei der Klapper kann man erkennen, daß es das Bestreben der Zelluloidspielwarenfabrikation ist, individuelles Spielzeug herzustellen. Ein Hauptgebiet für Spielwaren aus Zelluloid ist die Puppe. Die nackten Babis aus Zelluloid versuchte man anfangs durch fleischfarbige, schwarze und braune Kuleurs zu beleben, man malte ihnen Badehose, Schuhe und Strümpfe an und brachte durch verschiedene Größen in die Modelle Abwechslung. Stehende Kollektionsnummern waren auch die lachenden oder weinenden Zelluloidsbabys. Heute werden aus Zelluloid Charakterpuppen mit beweglichen Gliedmaßen hergestellt, der unzerbrechliche und wasserechte Körper weist Drehköpfe und Kurbelköpfe. Scharnierbeine, Scharnierarme, Bindearme, Halbarme, Hände für Gelenkpuppen auf und kann durch Locken- oder Bubikopfperücke und beliebiger Kleidung komplettiert werden. In diesen Spielarten vermag die Zelluloidpuppe mit den „Modepupen" aus Stoff und Plüsch, mit den Porzellanmasse- und Gummikopfpuppen erfolgreich zu konkurrieren. Sehr leistungsfähig ist die Zelluloidspielwarenindustrie auf dem Gebiete der Puppengarnituren geworden. In den Farben weiß, blond, braun und schildpatt werden Garnituren hergestellt, die alles enthalten, was zur Puppenpflege und zum Puppenspiel gehört: Badewanne, Waschschüssel, Bürste, Kamm, Seifendose, Miniatursauger, Zahnbürstenständer usw. In größeren Dimensionen werden diese Garnituren als Toilettegarnituren so erzeugt, daß sie dem Spiel und der praktischen Kinderpflege gleichzeitig dienen können. Technik, Mode und Kunst vereinigen sich bei den zeitgemäßen Ausführungen der weichgestopften Werfpuppen mit unzerbrechlichen Zelluloidköpfen, bei den originellen Cello-Wachsköpfen (Zelluloidköpfen mit wachsartigem Aussehen), bei den Sitz- und Stehbabys und Charakterpuppen, die bei Güte und Billigkeit des Materials eine fast unbegrenzte Haltbarkeit aufweisen. Eine moderne Note haben dem Zelluloidspielzeug in jüngster Zeit die beweglichen und Wasserspielzeuge gegeben. Die auf gestielten Zelluloidbällen durch den Luftstrom tanzenden Tier-, Menschen- und Phantasiegestalten sind im wahrsten Sinne des Wortes „Schlager" geworden. „Sie machen Musik und drehen sich im Tanze", — dieser Reklameruf zieht. Ungeahnten Anklang fanden die „Wasserspielzeuge" aus Zelluloid. Das in der transparenten Kugel auf Wasser schwimmende Entlein wuchs sich rasch zur Entenfamilie aus, Märchenszenen (Froschkönig, Schwanenritter usw.) machten die „Wunderkugel" zu einem Spielzeug, das der Phantasie des Kindes freien Spielraum ließ. Und noch ein Schritt weiter ins Gebiet der physikalischen Technik: der „geheimnisvolle Taucher" wurde in die glasartige Zelluloidröhre eingesperrt, der „auf Befehl" taucht oder steigt, es wurde das Fischbassin geschaffen, in dem die Fischarten lustig umherschwimmen, während farbenprächtige Wasserpflanzen nach den Gesetzen der Schwere stets Bodenlage halten, zum Geduldspiel wurde die „Wunderkugel" ausgebaut, indem man zwei Kugeln durch ein tunnelartiges Rohr verband, durch welches „mit Geduld und Geschicklichkeit" die Schwimmfiguren ihren Standort wechseln können, — — wirklich geschmackvolle Neuheiten und klug erdachte Variationen sind auf diesem Gebiete zu finden. Da die meisten „Wasserspielzeuge" patentiert sind, muß der Erfindergeist immer rege bleiben, um auf diesem Gebiete mit zugkräftigen Neuheiten auf den Plan zu erscheinen. Auch auf dem Gebiete des mechanischen Spielzeugs geht das Zelluloidspielzeug mit den Forderungen der Zeit. Den mechanischen Blechspielwaren ist eine arge Konkurrenz erstanden durch die Tiere und Puppen aus Zelluloid, wenn sie mit Roll-, Schwimm- und Flugwerk ausgerüstet sind. Nach gebräuchlicher Formel werden die Zelluloidtiere auf Rädermechanik gesetzt oder mit einer Schraubenmechanik verbunden, so daß sie sich aufgezogen in der Luft, im Wasser, auf der Erde fortbewegen können. Neben dem „lebenden Spielzeug" aus Zelluloid kommt auch das pädagogische zu seinem Rechte. Badetiere, Haustiere, Exotentiere werden naturgemäß nachgeahmt. Man findet ganze „zoologische Gärten" aus Zelluloid in den Musterkollektionen, die in Farbe und Anschaulichkeit den Holz- und Plastikafiguren nicht nachstehen und im Preise viel billiger sind. Beliebte Abarten der Tierfiguren sind flötende Kanarienvögel, freischaukelnde Papageien usw. Altbewährte Anziehungskraft auf die Käuferscharen üben die Stehauffiguren aus Zelluloid aus, die vom zollhohen Klown bis zum halbmeterhohen Eulenspiegel Kleinen und Großen immer wieder Spaß bereiten. Zu dem Spielgerät (Fang- und Wurfspiele) aus Zelluloid gehören auch die Musikinstrumente aus Zelluloid (Trompeten, Querflöten, Signalpfeifen usw.), die sehr hygienisch sind. Vom einfachsten, buntfarbigen Windrädchen bis zur Charakterpuppe mit Schlafaugen, vom Kreisel herauf bis zum mechanisch-physikalischen Spielzeug, — Zelluloidspielwaren haben sich so eingebürgert, daß sich der Kundenkreis immer erweitert.

K. Mei. Hc.

Blasverfahren in der Celluloidwarenherstellung

Neben dem Zieh- und Preßverfahren findet das sogen. Blasverfahren in der Zelluloidwarenfabrikation eine verbreitete Anwendung. Es gründet sich, wie das Ziehverfahren, auf die Eigenschaft des Zelluloids, sich bei ausreichender Erwärmung zu erweichen und dadurch bildsam (plastisch) zu werden und sich (unter Verringerung seiner Dicke) in gewissem Grade zu strecken, wenn der ursprüngliche Wärmegrad zum mindesten beibehalten wird. Das Blasverfahren kann nun aber eine weitere Eigenart des erweichten Zelluloids nicht entbehren, die Eigenschaft nämlich, bei ausreichendem Druck in beschränktem Maße sozusagen schweißbar zu sein. Die Anwendung eines Verbindungs- bezw. Lösungsmittels, sowie Aceton, ist dabei ganz unnötig.

Die Grundzüge des Blasverfahrens bestehen darin, einen vorhandenen Hohlraum in einer allseitig geschlossenen Zelluloidmasse durch Einpressen geeigneter erhitzter Gase oder auch einer auf mindestens 100 ° C erwärmter Flüssigkeit allseitig zu erweitern und auf diese Weise die Masse zu strecken. Dadurch nehmen die Umflächen des betr. Zelluloidkörpers natürlich beständig an Ausdehnung zu und werden schließlich an irgend einer Stelle aufreißen (platzen) müssen, wenn dieser innere Preßdruck ohne Einhalt weiter fortgesetzt wird. Bei gleichmäßiger Wandstärke des unter Innendruck stehenden — zunächst kleinen — Zelluloid-Hohlkörpers wird die Zunahme des Umfanges im allgemeinen eine gleichmäßige sein und der so behandelte Hohlhörper — etwa ein Stückchen Zelluloidrohr — wird naturgesetzlich die Kugelgestalt anzunehmen bestrebt sein, wobei die Wandstärke aber in dem Grade abnehmen muß, als der äußere Umfang zunimmt. Die Zelluloidmasse erfährt also eine beständige Streckung, die bis zur Elastizitätsgrenze (wie der Techniker sagt) fortgesetzt werden kann.

Bei jeder Streckung oder Dehnung findet naturgemäß eine molekulare Massenumlagerung statt, genau so, wie es ja auch bei jeder Stauchung (im umgekehrten Sinne) der Fall ist. Die Möglichkeit der planmäßigen Herbeiführung einer solchen Umlagerung (Molekularverschiebung) ist bekanntlich bei jedem so behandelten Körper eine andere und ist durch zahlreiche Versuche bei den meisten gebräuchlichen Stoffen technisch festgestellt und daher bekannt. Das Verhalten des Zelluloids hingegen ist im allgemeinen nur demjenigen Praktiker bekannt, der sich berufmäßig mit der Verarbeitung dieses beliebten Kunsterzeugnisses befaßt. Er weiß aus Erfahrung, wie er z. B. transparentes und wie vielbeschwertes bezw. verschiedenartig gefärbtes Zelluloid bei der Verarbeitung zu behandeln hat.

Als Druckgase kommen beim Blasverfahren, falls man nicht grundsätzlich Heißwasser benutzen will, gewöhnlich Dampf, seltener Heißluft zur Anwendung. Tritt der Dampf unter einem gewissen Druck z. B. in ein enges Stück Zelluloidrohr ein, das an seinem einen Ende geschlossen ist, so wird dieses Rohrstück vom Beginn der Einströmung an zunächst erwärmt und alsdann zunehmend erweicht werden. Bei kaltem Rohr wird natürlich immer erst ein Teil des Dampfes kondensiert, d. h. in Form von Warmwasser an der Wandung abgesetzt, die sich dabei aber allmählich erwärmt und damit erweicht. Für einen praktischen Betrieb würde das jedoch unwirtschaftlich sein und einen erheblichen Zeitverlust mit sich bringen. Deshalb wird das beim Blas-Verfahren verwendete Zelluloidmaterial zunächst in Heißwasser vorgewärmt. Der in das aufzuweitende Rohr eintretende Dampf darf einen gewissen Wärmegrad aber nicht überschreiten; jedenfalls darf kein überhitzter Dampf angewandt werden, denn er würde das Material verbrennen. Je nach der Druckhöhe des Dampfes wird sich nun die Rohrwandung entsprechend langsam oder schnell ausdehnen und zwar so lange, bis seine äußere Umfläche an irgend einen Widerstand stößt. Ist dieser Widerstand an einzelnen Stellen geringer, als an anderen, so wird das Zelluloidrohr an einigen Stellen Erweiterungen oder Ausbauchungen aufweisen, an anderen Stellen wird es dagegen Einschnürungen erkennen lassen. Umgibt man das erweichte Rohr mit einer Hülle, die im Innern neben großen auch kleine Erweiterungen bezw. Erhöhungen und Vertiefungen oder sonstige Unebenheiten aufweist, so wird sich beim Eintritt des Dampfes in das Zelluloidrohr seine äußere Umfläche solange ausdehnen, bis sie an allen inneren Unebenheiten der fragl. Hülle völlig zur Anlage gekommen ist. Das Zelluloidrohr ist dann sozusagen aufgeblasen und weist außen genau die gleiche Oberflächengestaltung auf, die sich in der Innenfläche der Hülle vorfindet. Demnach ist die Hülle als Form für den Zelluloidgegenstand anzusehen, der durch Einblasen von Dampf in ihr hergestellt wurde. Damit nun dieser Gegenstand aus der Form herausgenommen werden kann, ist es erforderlich, die Form mindestens zweiteilig oder auch dreiteilig auszuführen, je nach der äußeren Gestaltung des herzustellenden Gegenstandes. Je größer die Wandstärke des Zelluloidrohres ist, desto höher muß im allgemeinen der beim Blasverfahren angewandte Druck sein. Die mehrteilige Blasform muß nach erfolgtem Blasdruck sofort abgekühlt werden, um dadurch auch zugleich den eingeschlossenen Gegenstand selbst abzukühlen. Das ist notwendig, wenn man sicher sein will, daß die eben erzeugte äußere Gestaltung des Gegenstandes genau erhalten und nicht etwa an einzelnen Stellen nach innen etwas zurücksinken soll.

Auf die eben geschilderte Weise werden nun aus engen Zelluloidrohren verschiedene Massenartikel, wie z. B. Hörrohre an Fernsprechern hergestellt. Die zu ihrer Fertigung bestimmte Form besteht aus zwei etwa 1 m langen Leisten mit in der Längsrichtung schlangenförmig verlaufenden Aussparungen, die in einander übergehende Erweiterungen und Einschnürungen aufweisen. Die Formgebung ist in beiden Leistenhälften natürlich eine völlig gleiche, denn sie bilden eben die sich ergänzenden Hälften einer Vollform und sind mit konischen Paßstiften auf einer Hälfte und mit Paßlöchern in der andern Hälfte versehen, damit beim Aufeinanderlegen jede Längs- und Querverschiebung verhindert wird. Bei den fragl. Fernsprech-Hörrohren werden beide Hälften der Form im aufgeklappten Zustande auf eine geheizte Platte gelegt und dort vorgewärmt, während die für die Hörrohrerzeugung bestimmten Zelluloidrohre in einem Heißwasserbehälter erweicht werden. Da die rohen Rohre etwas enger sind als die fertigen Hörrohre, so lassen sie sich wegen ihrer jetzt weichen Beschaffenheit leicht etwas biegen und damit in die erwähnten Schlangenwindungen der einen Blasformhälfte hineinlegen. Die andere Formhälfte wird dann so über die soeben belegte Hälfte gelegt, daß die Paßstifte der einen Hälfte sich in die Paßlöcher der andern Hälfte schließend hineinlegen. Durch angebrachte umklappbare Schrauben werden dann beide Formhälften unnachgiebig mit einander verbunden. Das Blaspressen kann jetzt beginnen und geschieht gewöhnlich in einem Heißwasserbehälter, wobei der Druck nicht zu schnell gesteigert werden soll. Das Zelluloidrohr weitet sich jetzt und füllt zunächst die engen Stellen an den Biegungen der Form aus, dann beginnt es, sich an die Erweiterungen anzulegen, um schließlich auch diese gänzlich auszufüllen. Diese kugeligen Erweiterungen sind diejenigen Stellen, die späterhin als Einsprech- oder Hörtrichter zu dienen haben. Je nach der Länge der Form wiederholen sie sich in entsprechender Anzahl und je größer diese Zahl ist, desto vorteilhafter ist natürlich die Gesamterzeugung dieser Fernsprechtrichter.

Wird die Form geöffnet, was aber erst nach vorheriger Abkühlung geschehen darf, so hat man ein langes Schlangenrohr mit abwechselnd regelmäßigen Verdickungen und Einschnürungen. Nach Herausnahme der erkalteten Rohre wird das einzelne Schlangenrohr zunächst an den Einschnürungsstellen auf einer Kreissäge mit feingezahntem Sägeblatt unter Verwendung eines schräggestellten Anschlages oder besser mit Benützung einer passenden Zulage in eine Anzahl gleicher Teile zerschnitten, die darnach das Aussehen von Doppeltrichtern haben. Unter Benützung einer anderen Zulage werden dann diese Doppeltrichter, die mit den späteren Schalleintritts- bezw. Austrittsöffnungen zunächst noch zusammenhängen, auf der gleichen Kreissägemaschine wiederum durchgeschnitten, worauf man dann endlich zwei Rohrtrichter im Rohzustande erhält. Jetzt wird noch eine Weiterbearbeitung erforderlich, denn der Trichter selbst muß noch verlängert und seine Muschelöffnung auch erweitert werden. Das kann wieder nur nach vorherigem Erweichen der Trichter geschehen, die zu diesem Zweck auch wieder in ein Heißwasserbad gelegt werden. Die erweichten Trichter kommen nun in eine Presse mit entsprechend geformtem Werkzeug und ein Druckstempel wirkt ziehend und auch zugleich ausweitend auf die Wandung des muschelartigen äußeren Teils des Hör- bezw. Sprechtrichters ein, wobei sich die Wandstärke nach außen zu in dem Maße verringert, als das Trichtermaß zunimmt.

Obwohl beide Hälften der Form beim Preßdruck schließend aneinander liegen, zeigt sich doch nach Herausnahme des gepreßten Schlangenrohrs beiderseits eine feine Naht, die beseitigt werden muß. Dies geschieht mehr oder minder vollkommen dadurch, daß nach dem eben erwähnten Ausweiten alle Trichter (meist mit noch anderen Zelluloidartikeln) in ein sog. Rommel- oder Rollfaß befördert werden, worin sie stundenlang durcheinander geschüttelt werden. Das Rollfaß ist zum Teil mit Bimssteinmehl und kleineren Kugeln angefüllt und in dieser Füllung kommen die Trichter und die sonstigen Zelluloidgegenstände mit ihren (abzuschleifenden) scharfen Kanten und Ecken längere Zeit in sich immer wiederholender Reibungsberührung untereinander, wodurch die erwähnte Naht größtenteils abgescheuert wird.

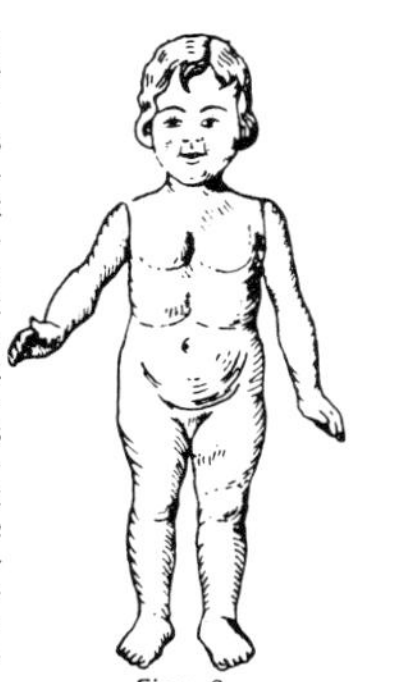
Figur 3.

Figur 4.

Ganz besonders verbreitet ist das Blasverfahren zur Herstellung allerlei kleiner und auch größerer Spielsachen, namentlich kleiner Schwimmgegenstände, wie Fische, Frösche, Schwäne und auch anderer Tierfiguren, wie Hahn, Huhn, Ente, Hase, Hund, von Stehauf, Kind und ganz besonders von Puppenköpfen und ganzen Puppen in den verschiedensten Größen (Fig. 3—5). Auch Hohlgriffe aller Art mit den mannigfachsten Verzierungen und dergl. mehr werden nach dem Blasverfahren hergestellt. Die Wandstärken bei diesen Gegenständen sind zum Teil, wie z. B. bei den Schwimmkörpern, nur ganz geringe. Zu ihrer Herstellung wird in der Regel kein Zelluloidrohr genommen, sondern es kommen dünne Zelluloidplatten zur Verwendung; dafür wird aber die Benützung einer sogen. Spindelpresse von besonderer Bauart notwendig. Die Blasformen sind hier ebenfalls zweiteilig. Während der Form-Oberteil am Stößel der senkrecht auf- und abgehenden Preßspindel befestigt ist, ist der Form-Unterteil auf dem Preßtisch angebracht, der herausziehbar angeordnet ist, damit das zu bearbeitende Zelluloidmaterial bequem aufgelegt und die hergestellten Gegenstände leicht aus der Form herausgenommen werden können. Sowohl der Preßtisch, als auch der Preßstößel sind hohl, damit sie — durch Anordnung eines Dreiweghahnes — je nach Erfordern entweder mit einer Heißwasser- oder mit einer Kaltwasserleitung in Verbindung gebracht werden können. Auf diese Weise ist es möglich, auch zugleich die Präge- bezw. Blasformen mit zu erwärmen bezw. abzukühlen. Da es sich meist um kleinere und kleinste Gegenstände handelt, die in Massenerzeugung hergestellt werden sollen, so ist die betr. Blasform unter Ausnützung der Tischgröße möglichst groß zu halten, damit recht viele gleichartige Gegenstände in einem Arbeitsgang (Stößelniedergang) hergestellt werden können. An einer oder (je nach Art und Anzahl der herzustellenden Gegenstände) auch an zwei Seiten der (zweiteiligen) Form sind kleine Eintrittsöffnungen für das Blasmittel (Heißwasser oder Dampf) so angebracht, daß sie sich von innen nach außen hin erweitern, damit die Blasdüsen leicht eingeschoben werden können. Bemerkt sei, daß die Herstellung von Blas-, Preß- und Ziehformen bedeutende sachliche Erfahrungen erfordert.

Figur 5.

Die Gegenstände werden im Blasverfahren nun dadurch hergestellt, daß zwei entsprechend dünne und erweichte Zelluloidplatten über einander liegend auf den Blasform-Unterteil gelegt werden und der Oberteil darüber gelegt wird. Die Blasdüsen werden dann zwischen unterer und oberer Zelluloidplatte eingeschoben und durch Drehen des Schwungrades der Spindelpresse (an angebrachten Griffen) wird der Stößel der Spindel nach unten befördert. Er drückt jetzt auf den Oberteil der Blasform und quetscht damit außen ringsum die Ränder der Zelluloidplatten auf- und ineinander, die sich dabei umso fester verbinden, sozusagen zusammenschweißen, je besser sie erwärmt waren. Wird jetzt durch die erwähnten Einblasdüsen Heißwasser eingelassen oder Dampf eingeblasen, so entfernen sich innerhalb des Formenhohlraumes beide Zelluloidplatten von einander, sie blähen sich unter der Einwirkung des Dampf- oder Wasserdruckes fortwährend und so lange auf, bis sie an den inneren Umflächen der Form Widerstand finden. Das ist nur möglich durch beständige Streckung des Zelluloids, wobei natürlich die Dicke der Wandung (die Plattendicke) fortwährend abnehmen muß. Sie wird durch den Dampfdruck in die feinsten Einzelheiten der Forminnenfläche getrieben, nimmt also dessen Form genau an, da sie beständig nicht nur erwärmt, sondern auch nach außen gedrückt wird. Aber auch die zwischen den Blasformhälften eingeklemmten Ränder, die ja, wie erwähnt, inzwischen verschweißt (vereinigt) worden sind, haben sich noch mehr erwärmt und erweicht, werden jetzt durch wiederholte kurze Druckstöße des Stössels (sogen. Schläge) noch inniger miteinander verschweißt. Dabei darf aber der Stößel keinesfalls gehoben und auch natürlich dann die mit ihm verbundene Schraubenspindel nicht gedreht werden. Um aber doch das Schwungrad ruckartig zur Wirkung kommen zu lassen, ist die Anordnung getroffen, daß es bis 75 ° lose oben auf dem Spindelkopf verdreht werden kann, ehe es auf die Spindel einwirkt. Man hat also nur nötig, nach dem erstmaligen Stößeldruck das Schwungrad entsprechend langsam zurückzudrehen und es dann unter Benützung der Handgriffe schnell bezw. ruckartig wieder anzudrehen. Es wird dann plötzlich auf den Spindelkopf einwirken und unter Vermittelung der Spindel wird nun der Stößel einen hammerschlagartigen Druck auf die vereinigten Ränder der aufgeblasenen Zelluloidplatten ausüben und sie noch fester zusammenfügen. Auf Grund dieser eigenartigen Betätigung des Schwungrades wird es vom Praktiker auch mit dem Ausdruck Schlagrad belegt.

Sollen die Blasform-Gegenstände in der äußeren Feinheit der Prägung keine Einbuße erleiden, so ist es notwendig, sie vor dem Herausnehmen erst abzukühlen. Um dies zu erreichen, läßt man Kühlwasser sowohl in den Preßtisch, als auch in den Stößel eintreten. Alsdann kühlt man gewöhnlich die Gegenstände auch in der Blasform noch ab, wenn auf tunlichst schnelles Arbeiten Wert gelegt wird. Nach ausreichender Abkühlung wird die Blasform durch Zurückdrehen des Schlagrades (Schwungrad) geöffnet, der Tisch darauf hervorgezogen und die geprägten Teile herausgenommen. Sie weisen natürlich ringsum eine dünne Randschicht auf, die entfernt werden muß.

Vielfach werden die so hergestellten Massenartikel noch farbig bemalt und dann gewöhnlich mit Zelluloidlack gestrichen oder beblasen. A. Bahls, Fabrikdirektor, Eilenburg.

Dieser Artikel ist vom Direktor der „Deutschen Celluloid-AG, Eilenburg" verfaßt, die vermutlich fünf Jahre später „Juno" übernahm und zum IG-Farben-Konzern gehörte – also mit der „Rheinischen" verbunden war.

Quellennachweis

Neben den Auskünften von Amtsgerichten und Stadtarchiven, den Unterlagen des Deutschen Patentamtes in Berlin und München, des Deutschen Museums in München, des Archivs Werner Schroeder, zahlreichen Firmenkatalogen und Festschriften sowie Firmenauskünften wurde folgende Literatur für das vorliegende Buch verwendet:

Handbücher und Monographien

Andés, L. E.: Celluloid und seine Verarbeitung, Hartleben's Verlag, Wien/Leipzig 1908

Anka, G., Gauder, U.: Die deutsche Puppenindustrie 1815–1940, Verlag Puppen & Spielzeug, Stuttgart 1978

Böckmann, Fr.: Das Celluloid, seine Rohmaterialien, Fabrikation, Eigenschaften und technische Verwandlung, Hartleben's Verlag, Wien/Rest/Leipzig 1880

Bonwitt, G.: Das Celluloid und seine Ersatzstoffe, Union Deutsche Verlagsgesellschaft 1933

Buchholz, S.: A Century of Celluloid Dolls, Hobby House Press Inc. Cumberland, Maryland 1983

Cieslik, J. & M.: Cieslik's Lexikon der deutschen Puppenindustrie, M. Cieslik Verlag, Jülich 1984

Ertel: Zelluloidindustrie, volkswirtschaftliche Bedeutung der technischen Entwicklung, Technisch volkswirtschaftliche Monographien Band 5, 1909

Feitler, S.: Das Zelluloid und seine Ersatzstoffe, Verlag der Exportakademie des K. u. K. österreichischen Handelsmuseums, Wien 1912

Heinzerling, Ch.: Die Fabrikation der Kautschuk und Guttaperchawaren sowie des Celluloids und der wasserdichten Stoffe, Braunschweig 1883

Krais, O. (Hrsg.): Werkstoffe, Handwörterbuch der technischen Waren und ihrer Bestandteile, Verlag J. A. Barth, Leipzig 1921

Lueger: Lexikon der Technik, Deutsche Verlagsanstalt, 4. Auflage Stuttgart 1960

Piest, B., Stich, E., Vieweg, W.: Das Celluloid. Beschreibung seiner Herstellung, Verarbeitung und seiner Ersatzstoffe, Wilhelm Knapp Verlag, Halle an der Saale 1913

Sievers, E.: Beitrag zur Geschichte der Celluloidwaren-Industrie, Offenbach/Main 1903

Ullmann: Ullmann's Encyklopädie der technischen Chemie, Urban & Schwarzenberg, München/Berlin 1957; Verlag Chemie Weinheim 1975

Peridioca und Materialien

Mitteilungen aus dem kaiserlichen Patentamt 1891–1894

Blatt für Patentmuster und Zeichenwesen 1894–1944

Celluloidindustrie 1900/01 Beilage zur Gummizeitung

Deutsche Spielwarenzeitung, Nürnberg 1912–1942

Rundschau über Spielwaren, Galanteriewaren und Sportartikel, Plauen 1908–1914, 1920–1927

Wegweiser für die Spielwaren-Galanterie- und Kurzwarenindustrie, Berlin, später Pössneck, Einzelhefte vor dem Ersten Weltkrieg; 1920–1943 vollständig

Das Spielzeug, Verlagshaus Meisenbach & Co., Bamberg, Jahrgang 1946–1985

Kunststoffhandbuch Band III

Die Spielwarenindustrie, Verhandlungen und Berichte des Unterausschusses für allgemeine Wirtschaftsstruktur, Berlin 1930

Puppen & Spielzeug, Verlag Puppen & Spielzeug, Stuttgart 1975–1985

Danksagungen

Auch dieses Buch konnte nur entstehen mit Unterstützung vieler engagierter Puppen- und Spielzeugfreunde, denen ich hiermit von Herzen danken möchte:

Eine unschätzbare Hilfe waren mir Elisabeth Otremba und ihre Tochter Marie Mallinckrodt, die in München einen Zelluloidpuppenladen nebst Klinik zu einem wahren Treffpunkt aller begeistenter Zelluloidfreunde gemacht haben. Sie haben meine Arbeit mit all ihrem Fachwissen und unzähligen Puppen unterstützt.

Frau Anne Stitz stellte mir ihre museumsreife, vielseitige Zelluloidsammlung geduldig zur Verfügung. Herr Werner Schroeder ergänzte – zusätzlich zu seinem Artikel über die Wirtschaftsgeschichte der „Rheinischen" – aus seinem Archiv viele fehlende Bausteinchen. Frau Ursula Gauder-Bonnet half nicht nur mit Puppen, sondern auch mit wertvollen Katalogen mehrerer Firmen. Ohne die Unterstützung der genannten Helfer hätte das Buch in dieser Form nicht entstehen können.

Frau Elsbeth Lauber recherchierte dankenswerter Weise über die Schwäbische Zelluloidwarenfabrik. Die Münchner Puppenhändler – Frau Ulrike Heuss, Frau Liz Körle, Frau Wicki Schweizer und Herr Maximilian Fritz – unterstützten mich tatkräftig, ebenso Frau Traudy Hähnel (Karlsruhe), Frau Gisela Wegner (Bad Godesberg) und Herr Klaus Jörger (Berlin).

Viele Sammler haben dieses Buch mit ihren Sammelstücken bereichert: Frau Bühnen (Dortmund), Frau Dutschke (München), Herr Groß (Berlin), Frau Grote (Garbsen), Frau Hacke (München), Frau Huber (München), Frau Kerl (Dortmund), Frau Kreutz (Dortmund), Frau Kühne (München), Frau Niedernhöfer (Erndtebruck), Frau Ott (München), Fam. Stuhlmüller (Bruchsal). Dem Spielzeugmuseum Legoland A/S in Billund, Dänemark, danke ich ebenso wie Frau Seifert von der Franz-Carl-Weber Stiftung (Zürich), Herrn Peter Rauls (Mühlhausen) und Herrn Dieter Henne, für wertvolle Hinweise und Fotos.